Wolfgang Vater

# Sprechlernspiele für entwicklungsgestörte Kinder

REHA-VERLAG GMBH — BONN

CIP-Kurztitelaufnahme der Deutschen Bibliothek

*Vater, Wolfgang*

Sprechenlernspiele für entwicklungsgestörte Kinder /
Wolfgang Vater. — Bonn: Reha-Verlag; 1988

ISBN 3-88239-080-8



Verlag: Reha-Verlag, Roonstr. 30, 53175 Bonn,
Tel.: 0228/352328,366172, Fax: 0228/359569

Druck: Chudeck Druck Service, Brühl

ISBN 3–88239–080–8, 5. Auflage: 1996

*„Jeder Gegenstand, jede Sache, jedes Ding wird gleichsam erst für das Kind durch das Wort. Vor dem Wort war es für das Kind nicht, wenn auch das Auge es wahrzunehmen schien, noch gar nicht vorhanden (F. Fröbel in „Menschenerziehung„).“*

## NLEITUNG

eses Buch wendet sich in erster Linie an Eltern und Erzieher, deren Kinder Auffälligkeiten bei der rachentwicklung zeigen. Sei es, daß das Kind mit zwei, drei und mehr Jahren noch keine oder nur ne Handvoll Wörter spricht, sei es, daß ihm das Bilden von Sätzen allzu große Mühe bereitet. Vielicht ist seine Aussprache auch zu verwachsen, zu unverständlich oder es kann einzelne Laute oder utgruppen gar nicht bilden.

urch ausgesuchte und erprobte Sprech-, Sprach- und Hörspiele soll diesen Kindern der Weg in die rache erleichtert werden. Allerdings setzen die hier beschriebenen Spiele den Abschluß der Vorstaen der Sprachentwicklung wie Lallen, Selbst- und Fremdnachahmung und ein erstes Sprachverständs voraus. Gemessen an der Regelentwicklung beginnt die Spielesammlung dort, wo das Kind im Beiff steht, seine ersten sinnvollen Wörter auszusprechen und dementsprechend anzuwenden.

ie Anleitung für den Einsatz von Sprachspielen versteht sich daher als eine Fortsetzung des ersten uches „Vom Laut zum Wort“. Es gliedert sich in zwei Hauptteile:

Im ersten Teil, der bis zu den Anfängen der Satzbildung reicht, werden solche Sprachspiele beschrieben, die der Erwachsene mit dem Kind und umgekehrt spielen kann und bei denen die Erweiterung und Festigung des Wortschatzes im Vordergrund stehen. Eine erweiterte Spielgemeinschaft bestehend aus mehreren Kindern ist hierzu noch nicht notwendig.

Im zweiten Teil steht das Spielen mit den anderen, den gleichaltrigen Kindern, d.h. das Spielen in der Gruppe an erster Stelle. Daher werden diese Art von Sprachspiele mehr im Kindergarten oder sonstigen Spielgruppen mit und ohne Erwachsenen gespielt. Inhaltlich reichen diese Sprachspiele bis zum Bilden erweiterter Sätze und dem Gebrauch erster Nebensätze.

enn bei den beschriebenen Spielen immer wieder von den „Erwachsenen“ als Spielleiter, den Spielregern gesprochen wird, dann aus dem Grunde, weil sich beide Elternteile – Vater und Mutter, bzw. gliches Fach- und Betreuungspersonal – angemessen an der Förderung der Sprache beteiligen sollen. ie Sprache umfaßt so viele Aspekte und wird von einer Vielzahl von Bereichen in ihrem Werden benflußt, daß deren Förderung nicht auf eine bestimmte Person, auf eine bestimmte Zeit beschränkt erden kann und soll.

ach unseren Erfahrungen und Beobachtungen kommt der Sprachförderung im frühen Alter eine nicht beschreibende Bedeutung zu. Jede Entwicklungszeit hat eine ihr eigene Wichtigkeit. Wird die Zeit cht genutzt, verlassen sich die Eltern auf das „Es - wird - schon - noch - werden“, kann wertvolle Zeit r spielerischen Förderung vertan sein. Das Kind, der Jugendliche, der Erwachsene leben in und mit r Sprache. Bei der Früherziehung wurden bisher die medizinischen Fakten und Behandlungsweisen hr betont und in den Vordergrund gestellt, die pädagogische Seite ist jedoch nicht minder wichtig. eses Buch will einen Beitrag hierzu leisten.

**INHALTSVERZEICHNIS**

## DER WEG VOM WORT ZUM SATZ

Sprache verstehen und Sprechen können sind mit die Grundpfeiler der menschlichen Kultur und des menschlichen Zusammenlebens. Darum wird eine sprachliche Beeinträchtigung in jedem Alter und jeglichen Schweregrades von den Eltern und Verantwortlichen mit Sorge betrachtet.

Das Wissen um die Gesetzmäßigkeiten der Sprachentwicklung kann den Eltern und Erziehern helfen, Einblick in das momentane sprachliche Geschehen des Kindes zu gewinnen und manche Förderabsichten erst verstehbar machen. Aus diesem Grunde werden bei den einzelnen Spielesammlungen der theoretische Hintergrund der Vorgehensweise, die Zielsetzung der Spiele und Beschäftigungen beschrieben.

**Am Anfang steht das Wort**

Das eigentliche Sprechen setzt dann ein, wenn aus dem LALL- LAUT ein LALL- WORT geworden ist. Das Kind mag vielleicht schon lange die Silbenkombination „ada-ada" gelallt haben, aber erst, wenn es damit das Spazierengehen meint, ist aus dem Lallen ein Wort geworden.
Das Kind nähert sich von drei Seiten her der Sprache:

* vom Lallen
* dem Nachahmen von Lauten
* dem Verstehen der Erwachsenensprache

WENN SICH MIT DEN SELBSTGEÄUSSERTEN LAUTEN UND LAUTKOMBINATIONEN DAS VERSTEHEN UND MIT DEM VERSTEHEN DAS SELBST ÄUSSERN VERKNÜPFT, IST DAS SPRACHEN DA. (Stern)

Die Eltern und Erzieher werden daher viel Mühe und Geduld für diese Phase aufbringen müssen, denn je breiter das Fundament, je tiefer die Wurzeln hier schlagen, desto sicherer wird später der Sprachgebrauch.

**Wann beginnt das Selbstsprechen?**

Der Erscheinungstermin der ersten selbstgeäußerten und sinngemäß gebrauchten Wörter läßt sich nicht auf Tag und Monat bestimmen. In der Regelentwicklung liegt der Sprechanfang um das fünfte Vierteljahr herum.

Das genaue Festlegen wird noch dadurch erschwert, daß die Sprachentwicklung wellenförmig vorwärts schreitet. Es folgen Zeiten des schnelleren und des langsamenen Fortschritts. Dies hängt wohl damit zusammen, daß dem Kind nur eine bestimmte Menge ENERGIE für den Entwicklungsprozeß zur Verfügung steht. Es kann diese Menge mehr dem sprachlichen Geschehen, der motorischen oder sonstigen Entwicklung zur Verfügung stellen. Einmal ist diese Funktion mehr beteiligt, dann wieder jene. In der Regelentwicklung fällt auf, daß die neu zu erwerbende Funktion des Laufens starke Kräfte bindet, die dann in dieser Zeit der Sprachentwicklung fehlen. Dies bedeutet für die Eltern und Erzieher, daß sie während der Zeit des Laufenlernens eine minder schnelle Sprachentwicklung akzeptieren müssen, wenn sie das Kind nicht überfordern wollen.

Bei geistig behinderten Kindern ist das erste sinnvoll gebrauchte Wort *in der Regel* nicht vor dem zweiten Lebensjahr zu hören. Das bedeutet jedoch nicht, daß zuvor nicht an der Begriffsbildung gearbeitet werden soll. Geschieht dies nicht, verzögert sich der Sprechbeginn.

**Die Wahrnehmung der ersten Wörter**

Ein breiter Strom von Worten flutet an das Ohr des Kindes. Es ist nicht denkbar, daß das Kind schon alles verstehen und erfassen kann. Es versteht aus der Wortfolge jeweils nur einen „Wellengipfel". Nur ein Wort erreicht seine Verständnisschwelle und steht dann als Repräsentant für einen Satz, d.h. als eine in sich abgerundete Aussage.

Beispiel:

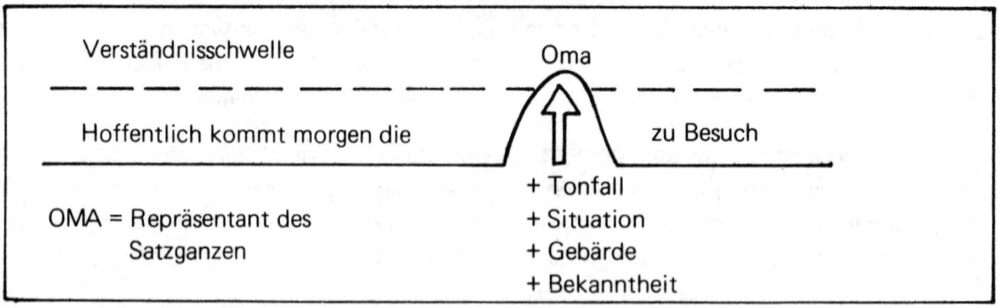


Das Übersteigen der Verständnisschwelle eines Wortes kann unter Mitwirkung mannigfacher Verständnishilfen wie dem *Tonfall*, dem *Sprechrhythmus*, dem *Situationsverständnis* und der ***Gebärde*** erleichtert werden. Das Hauptkriterium, wann ein Wort die Schwelle überwindet, liegt in seiner AFFEK' BETONTHEIT, d.h. in seinem gefühlsmäßigen Berührtwerden. Das Kind kann zu diesem Wort einen Bezug, der im Willens- und Gefühlsbereich liegt, herstellen oder hat ihn schon hergestellt.

Schauen wir uns die ersten Wörter genauer an, dann fällt auf, daß sie zum allergrößten Teil der Katego rie der HAUPTWÖRTER zugeordnet sind. Dies ist auch weiter nicht verwunderlich. Hauptwörter (Ko kreta) sind gegenständlicher als alle anderen. Das „Spielzeug" läßt sich anfassen, der „Wauwau" streicheln, die „Mama" erleben. Die ersten gesprochenen und gebrauchten Wörter sind daher „Hauptwörte in der Bedeutung eines Satzes.

Wenn wir bis jetzt von „Hauptwörtern" gesprochen haben, müssen wir sofort eine Einschränkung anfügen.

DIE SPRACHEINHEITEN DES KINDES GEHÖREN GENAU GENOMMEN ÜBERHAUPT KEINER WORTKLASSE AN; WEIL SIE KEINE EINZELWORTE, SONDERN SATZ-ARTIGE GEBILDE SINC

Das Wort ist der Ausdruck für einen Bedeutungstatbestand.

Der Satz ist der Ausdruck für eine Stellungnahme zu einem Bedeutungstatbestand.

Wenn das Kind beispielsweise „mama" sagt, dann meint das Gesagte nicht „Mutter", sondern es drückt damit aus, daß von und mit der Mutter und vor allen Dingen mit ihm und der Mutter etwas geschehen soll:

„Mama" → Jetzt kommt die Mutter endlich wieder.
→ Ich habe Angst (Hunger usw.)
→ Komm, spiel mit mir!

Das Stadium des Einwortsatzes kann unterschiedlich lange dauern. Die Zeitdauer hängt von der Begabungshöhe, dem Intelligenzgrad und dem sprachlichen Milieu, in dem das Kind aufwächst, ab. In der Regelentwicklung dauert diese Phase durchschnittlich ein halbes bis ein Dreivierteljahr. Diese doch lange Dauer ist nicht so sehr ein Zeichen der Langsamkeit der kindlichen Sprachentwicklung, sondern eher eines für die Leistungsfähigkeit des Einwortsatzes.

**Wodurch verändert sich die Einwortphase?**

Bis jetzt haftet dem vom Kind verwendeten Wort ein großer Mangel an. Es hat noch nicht erfaßt, daß jedes Wort die Funktion hat, dauernd eine bestimmte Bedeutung zu repräsentieren. Es gebraucht „dada" einmal in diesem und einmal in jenem Sinne. Es fehlt noch die Eindeutigkeit des Begriffs. Diese Fähigkeit erwirbt das Kind durch das Erwachen eines Symbolverlangens und eines Symbolbewußtseins.

AS KIND BRAUCHT NICHT NUR DIE WORTE ALS SYMBOLE, SONDERN MERKT, DASS IE WÖRTER SYMBOLE SIND. ES BEGINNT GERADEZU, NACH IHNEN ZU SUCHEN. AS KIND MACHT HIER EINE DER WICHTIGSTEN ENTDECKUNGEN SEINES GANZEN EBENS.

EDES DING HAT EINEN NAMEN.

**ie entsteht das Symbolbewußtsein?**
wei Aspekte müssen beim Entstehen des Symbolbewußtseins beachtet werden:

Die Erwachsenen sprechen bei bestimmten Situationen (Füttern, Waschen, Kämmen, Ball in die Hand geben) immer die selbe Lautfolge. Allmählich, d.h. bei einer gewissen Anzahl von Wiederholungen findet zwischen beiden eine Verknüpfung (Assoziation) statt, die bewirkt, daß beim Wiedervorkommen der Situation sich auch der entsprechende Ausdruck einstellt. Die Verknüpfungssituation wird mehr und mehr eingeengt und konzentriert sich auf ***einen*** Gegenstand, ***ein*** Ereignis, ***einen*** Vorgang.

Für das methodische Vorgehen bedeutet dies, daß der zu erlernende Begriff immer wieder und immer wieder in der für ihn charakteristischen Situationen dem Kind angeboten werden muß. Die Anzahl der Darbietungsweisen steht in Beziehung zur Begabungshöhe. Einem geistig behinderten Kind muß ein Begriff beispielsweise viel öfter angeboten werden als einem sehr sprachbegabten Kind.

Das Erwachen des Symbolbewußtseins ist ein geistiger Akt, der sich in der Regelentwicklung um das zweite Lebensjahr (1,7 – 2,4) vollzieht. Hier wird das spezifisch „Menschliche" an der Sprache deutlich. Es kommt neben dem ***ausdruckhaften*** (Schreien, Weinen) und dem ***sozialen*** (Angewiesen sein auf ein menschliches Gegenüber) Element das dritte Grundmotiv des Sprechens dazu – das ***absichtsvolle Tun.*** Das Kind möchte und kann mit der Sprache etwas bezwecken, kann etwas erreichen. Sprache wird Mittel und Absicht, wird Darstellungsmöglichkeit.

Im Hinblick auf die Vorgehensweise kann dieses bezweckende Element dadurch erreicht und gefördert werden, daß dem Kind so oft und so eindrücklich wie möglich die Wirksamkeit der Sprache erlebbar gemacht wird. Es ruft beispielsweise und der Gerufene erscheint augenblicklich, es sagt „Ball" und bekommt sofort einen Ball.

Hat das Kind einmal, d.h. an einer Wortkategorie das Wesen des Symbols erfahren, kann es dieses Wissen später auf alle anderen Wortgattungen (Zeitwort, Eigenschaftswort usw.) übertragen.

Hier wird noch einmal deutlich, warum gerade das Hauptwort am Anfang des Sprachentwicklung steht, ja stehen muß. An der Bezeichnung eines konkreten Dinges kann das prinzipielle Wesen des Symbols, dessen Stellvertreterfunktion am ***ehesten, einfachsten*** und ***wirkungsvollsten*** erfahren werden.

**e entsteht ein Satz?**
eben dem Hauptwort, das in der Funktion des Einwortsatzes gebraucht wird, erlernt das Kind der eihe nach andere Wortgattungen, die jeweils eine ***besondere Sicht der Welt ermöglichen.*** Die verschienen Gesichtspunkte, unter denen die Welt geistig bewältigt werden kann, erwirbt das Kind nicht eichzeitig, sondern nacheinander.

Am frühesten wird der Bereich des Gegenständlichen (Personen, Sachen) erfaßt = SUBSTANZ-STADIUM.

Danach folgt das genauere Wahrnehmen und Beachten der an und mit den Dingen und Personen erfolgenden Vorgänge = AKTIONSSTADIUM. In dieser Phase stehen die Tätigkeitswörter vermehrt im Vordergrund.

3. Schließlich treten die mehr abstrakten Seiten der das Kind umgebenden Welt über die Auffassungs- und Verständnisschwelle. Den Dingen haften Merkmale, Eigenschaften an, zwischen den Dingen, Ereignissen, Personen bestehen Beziehungen = BEZIEHUNGS- UND MERKMALSSTADIUM. Hier wer den die Eigenschaftswörter, die Umstandswörter, die Verhältniswörter usw. erfaßt und sinngemäß verwendet.

Der weitere Fortschritt der Sprachentwicklung wird an dem anteilmäßigen Erlernen der Wortklassen deutlich:

| Alter in Jahren | | bis 1,5 | 1,5 – 2,5 | 3 | 4 | 5,5 – 6 |
|---|---|---|---|---|---|---|
| Hauptwörter | % | 70,3 | 57,8 | 57,3 | 55,0 | 56,2 |
| Zeitwörter | % | 12,4 | 21,7 | 21,6 | 23,1 | 24,2 |
| Eigenschaftswörter | % | 4,5 | 9,2 | 10,6 | 11,8 | 13,5 |
| Umstandswörter | % | 8,7 | 5,0 | 4,7 | 5,4 | 3,3 |
| Fürwörter | % | 0,3 | 2,3 | 2,7 | 1,8 | 1,2 |
| Verhältniswörter | % | 0,6 | 1,4 | 1,6 | 1,3 | 0,5 |

(Tabelle nach Deussing)

Durchweg nehmen die Hauptwörter etwas mehr als die Hälfte, die Zeitwörter etwa ein Fünftel des Wor schatzes ein. Die Eigenschaftswörter folgen mit einem Achtel und alle übrigen Wörter sind zusammen mit nicht mehr als 5 % des Gesamtwortschatzes vertreten.

Verbindet das Kind zwei Einzelwörter, die bisher Satzfunktion hatten, zu einer Aussage, hat es den ersten Schritt zum Zwei- und Mehrwortsatz getan.

Sagt es beispielsweise: „Anne lade" so ist hier aus der Sicht des Kindes schon ein grammatikalisch rich tiger Satz vorhanden.
Der einfache ausgebaute Satz besteht aus:

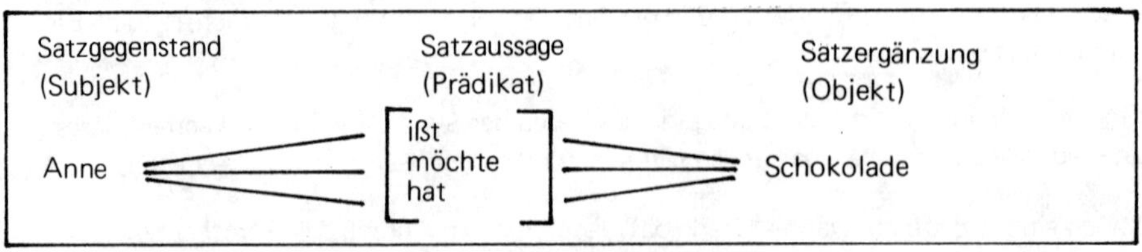


In unserem Falle fehlt zwar die Satzaussage, jedoch kann aus der Blickrichtung, dem Tonfall und einer beigefügten Gebärde die Absicht erklärt und erkannt werden. Für das Kind stehen beim Gebrauch dies Satzes die eigene Person und das begehrte Objekt im Vordergrund. Die Handlung, die damit vollzogen wird, ist noch von untergeordneter Bedeutung.

Die Entwicklung mit steigendem Alter äußert sich vornehmlich in der zunehmenden Länge und der Häufigkeit der vollständigen Sätze.

**Wie wird die Wortstellung erlernt?**

Das Kind hört den einfachen Satz: *„Papa* (S) *holt* (P) *die Seife* (O)." und wendet ihn analog auf andere Situationen an, indem es einfach die Glieder austauscht.

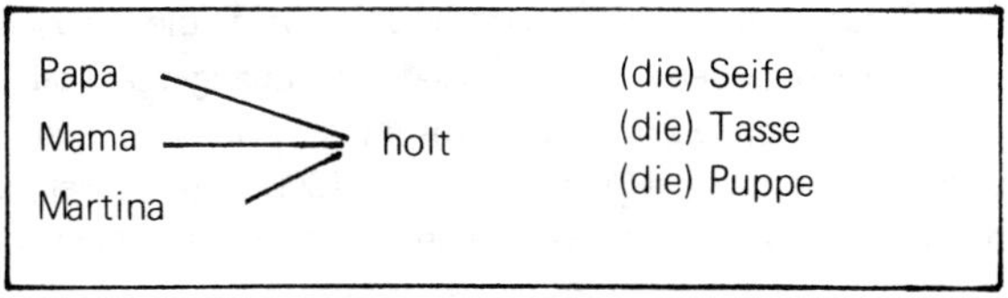


Das analoge Bilden, die ANALOGIEBILDUNG stellen ein äußerst wirksames Prinzip in der Sprachentwicklung dar.

DIE ANALOGIEBILDUNG BEDEUTET FÜR DIE SPRACHENTWICKLUNG EINE GEWALTIGE WIRTSCHAFTLICHKEIT, DA SIE MIT EINEM MINIMUM AN SPRACHLICHEM AUFWAND EIN HÖCHSTMASS AN SPRACHPRODUKTION LEISTET'.

Abschließend sollen noch zwei Tendenzen, die der Entwicklung der Wortstellung zugrunde liegen, genannt werden.

1. *Das Gefühlsbetonte wird vorangestellt*

   Das Wort, das für das Kind in seiner augenblicklichen Situation den größten Gefühlswert besitzt, wird an den Anfang der Aussage gesetzt.

   „Lein ä Aff" = „Klein ist der Affe."

   Die Kleinheit des Affen, nicht der Affe selbst, beeindruckt das Kind am meisten.

2. *Das Anschaulichere wird an den Anfang gestellt*

   Das, was für das Kind das Konkretere (s. Einwortsatz bzw. Hauptwort) ist, wird der Aussage vorangestellt. Diese Darstellungsform hat viel Ähnlichkeit mit der Gebärdensprache. Da wie dort stehen das Eigenschaftswort hinter dem Hauptwort und das Zeitwort hinter der Ergänzung.

   „Martin Schokolade gute essen" = „Martin ißt gute Schokolade."

   Beide hier beschriebenen Prinzipien sind in der Tendenz vorhanden und zu beobachten, sie stellen jedoch kein ausschließliches Gesetz dar.

## SPRACHENTWICKLUNGSSTUFEN

Die Sprachfähigkeit gehört zu den menschlichen Anlageformen, die am intensivsten von Außen in ihre Reifung und Ausprägung zu beeinflussen sind. So setzen sich beispielsweide die Anlagen, die die motorischen Vollzüge wie krabbeln, aufrichten, laufen bewirken, relativ unabhängig und selbständig durch. Die Sprachanlage ohne Außeneinwirkung, ohne Zusprache, Ansprache, ohne Erwiederung würde brach liegen. Einschränkend muß gesagt werden, daß die Sprachvorstufen (Schreien, Gurren, Lallen, Selbstnachahmung) von selbst einsetzen, jedoch sich wieder rückbilden können, wenn die Unterstützung ausbleibt oder wenn die sprachlichen Anstrengungen wirkungslos bleiben.

SPRACHFÖRDERUNG DURCH UND MIT SPRACHSPIELEN IST DAHER BEI ENTWICKLUN VERZÖGERTEN KINDERN EINE UNUMSTÖSSLICHE NOTWENDIGKEIT.

Wann liegt eine Sprachentwicklungsverzögerung vor? Diese Frage kann nur grob beantwortet werden, weil jedes Kind seine eigene Geschichte hat und eine Vielzahl von Faktoren zu der Verzögerung beitragen können. SPRICHT DAS KIND BIS ZUM BEGINN DES 2. LEBENSJAHRES NOCH NICHT IST DIE GRENZE EINER NORMALEN STREUBREITE VERLASSEN UND DIE ELTERN UN ERZIEHER SOLLTEN UNBEDINGT RAT EINHOLEN.
Der altbekannte und heute noch hie und da anzutreffende Hinweis, daß sich das schon noch geben we de, darf die Eltern nicht beruhigen, darf sie nicht vom Anbieten sprachfördernder Spiele abhalten.

SPRACHE IST IMMER UND AUF JEDER SPRACHENTWICKLUNGSSTUFE FÖRDERBAR!

Um den Eltern und Erziehern das Einordnen, das Einschätzen des Ausmaßes der Verzögerung zu ermö lichen, seien im Telegrammstil die Sprachentwicklungsstufen vorgestellt.

### Vorsprachliche Stadien

**Schreien:**
Das Neugeborene setzt mit seinem ersten Schrei den Atem- und Stimmapparat in Gang. Danach schrei es, wenn es in seinem Wohlbefinden gestört ist. Mit dem Erleben des Schreierfolgs wandelt sich sein Schreien zum Rufen. Es erfährt, daß seine lautlichen Äußerungen etwas bewirken. Es bildet sich die so wichtige LAUTGERICHTETHEIT heraus.

**Gurren:**
Das Kind beginnt gleichlaufend zum ersten Lächeln in Zuständen, in denen es sich wohlfühlt, Laute zu bilden. Es gebraucht spielerisch seine Sprechorgane. Es ist ein Gurgeln, Schnalzen, Schnurren, Schmatzen und Gurren zu hören.

**Lallen:**
Die anfänglichen Einzellaute verbinden sich zu umfangreichen silben- und wortartigen Lautkombinationen. Durch die sogenannten Lallmonologe übt das Kind all die feienn und feinsten Muskelpartien seine Artikulationsorgane.

**chahmen:**

ırch das anfängliche Selbst- und spätere Fremdnachahmen schaut das Kind seinem Sprechpartner ins sicht. Es entsteht die ANTLITZGERICHTETHEIT. Die Lautgebilde gleichen sich dadurch mehr d mehr der Muttersprache (Deutsch, Englisch, . . .) an. Zum anderen entwickelt sich das Sprachver- indnis. Das eigentliche Sprachverständnis ist dann erreicht, wenn das Kind bestimmte Lautgebilde mer einem bestimmten Gegenstand usw. zuordnet.

**st Wörter (Einwortsatz):**

ırch das Zusammenkommen der vorgenannten Einzelbefähigungen gelingen die ersten Benennungen. as gesprochene Wort hat die Bedeutung eines Satzes. Mit ihm werden Wünsche, Absichten und Befürch- ngen ausgedrückt. Der Satzinhalt wird durch Sprachakzent, Mimik und Gestik unterstützt.

**amenfragen:**

t der Erweiterung des Wortschatzes macht das Kind die Entdeckung, daß jedes Ding einen Namen hat, ß das Ding mit seinem Namen erst vollständig ist. Dies führt zum Erfragen der Dingnamen.

as Kind hat dadurch eine Methode entwickelt, sich die geistige Welt selbst anzueignen. er Sprachschatz wächst kontinuierlich an:

| Jahre: | Anzahl der Wörter: |
|---|---|
| 1,0 | 12 |
| 2,0 | 300 |
| 3,0 | 1 000 |
| 6,0 | 2 500 |
| 12,0 | 7 000 |
| 20,0 | 10 000 |

**wei- und Mehrwortsätze:**

eben dem Hauptwort tauchen im Wortschatz des Kindes mehr und mehr auch Tätigkeits- und Eigen- haftswörter auf.

it dem Namenfragen beginnt das Kind die Aussage aufzugliedern. Es entstehen die Zweiwort- und spä- r die Mehrwortsätze, wobei das Kind an ein bedeutungsträchtiges Wort ein zweites als Erweiterung, Prä- sierung der Aussage anhängt. Aus der anfänglichen Wortreihung entwickeln sich später die Beziehungs- rhältnisse zwischen den Wörtern.

**ormengebrauch:**

as Kind bildet aufgrund gehörter Muster nun selbst sprachliche Gebilde. Es bildet sie analog dem Ge- örten. Dadurch übernimmt es auch die Umformung der Wörter (Bedeutung). Die Grammatisierung der prache setzt ein. DAS KIND DENKT IN SPRACHE.

**Fragealter:**
Das Kind beginnt sich für die Zusammenhänge, die Beziehungen zu interessieren. Es fragt: „Warum?" Durch das Frage–Antwortspiel werden die SINNBLÖCKE aufgegliedert und wieder in die gleiche oder eine andere Beziehung zueinander gebracht. Dies ist der Ausgangspunkt für das Ausformen der Sätze.

**Hauptsatzreihung:**
Das Kind setzt zunächst einen Hauptsatz hinter oder neben den anderen (Nebenordnung).

**Nebensätze und Satzbaustabilisierung:**
Nach der Zwischenstufe der Hauptsatzreihung beginnt das Kind, Nebensätze (Unterordnung) zu bilden, wobei zunächst die verwendeten Hauptsätze Nebensatzcharakter haben. Die Sprachrichtigkeit der gebrauchten Nebensätze nimmt zwischen 4,6 und 6,0 Jahren um ca. 70 % zu. Am häufigsten werden richtig gebildet mit:

| | | |
|---|---|---|
| 4,6 Lj. | Bedingungssatz: | Das Licht brennt, *wenn* ich . . . . " |
| 5,0 Lj. | Zeitsatz: | Mama kochte, als Papa Zeitung las." |
| 5,6 Lj. | Ergänzungssatz: | Er glaubt, daß er ein Eis bekommt." |
| 6,0 Lj. | Grund-Satz: | Der Bub weint, weil er hingefallen ist." |

Der Sprachgebrauch löst sich mehr und mehr von seiner anschaulichen Grundlage, das Kind bildet abstraktere Begriffe, kann Eigentümlichkeiten, Merkmale von Dingen gedanklich abziehen und wieder neu zusammenfassen. Der Sprachgebrauch wird bewußter.

## SPRACHFERTIGKEITEN

Die hier vorgestellten Spiele beginnen dort, wo das Kind gerade anfängt, seine ersten Wörter zu sprechen, aber diese noch nicht in Zwei- oder gar Dreiwortsätzen zusammenfassen kann.

Die beiden grundlegenden Fertigkeiten, die das Kind erwerben muß, um sich später in ganzen Sätzen ausdrücken zu können, bestehen darin, daß es

- die Bedeutung der Lautgebilde (Wörter) erfährt,
- die Wörter zu Sätzen verbinden kann.

Hierzu sind jedoch eine Vielzahl von Erfahrungen, Wahrnehmungen, Handlungen und sprachliche Vorbilder notwendig. Das Besondere an der Sprachentwicklung ist, daß sie eingebettet und abhängig ist von der Entwicklung anderer Bereiche. Kinder, die nicht greifen können, nicht sehen, nicht hören können, werden in der Sprachentwicklung zurückbleiben. Daher ist es einsichtig, daß durch das Fördern beispielsweise der Motorik, der Wahrnehmung, des sozialen Verhaltens, der Fantasie, des Gedächtnisses immer auch die Sprache mittrainiert wird. Das eine regt das andere an.

Das gesprochene Wort hat immer zwei Seiten. Auf der einen Seite steht das Lautgebilde für etwas, es hat einen Inhalt. Das Erfassen und Wiedergeben des Inhalts hängt von der allgemeinen Auffassungsgabe, dem Gedächtnis und dergleichen ab. Daneben muß das Wort auch lautlich richtig ausgesprochen werden, wenn es ein Gegenüber verstehen soll. Also müssen die Mund- uzw. Sprechorgane die hierfür notwendigen Bewegungen ausführen können.

Spiele, die eine Hilfe beim Einüben der Sprachfertigkeiten sein wollen, werden dabei immer diese beiden Seiten im Auge haben. Sprache ohne Töne und Laute ohne Inhalt können nicht das Endziel der Bemühungen sein, sondern die Kombination all dessen.

Die nachfolgend abgebildete Übersicht zeigt den Grundcharakter jeglicher Sprachförderung: Sprache entwickelt sich aus dem Zusammenfügen aller Entwicklungsbereiche.

## Schema der Sprachentwicklungsförderung bei entwicklungsgestörten Kleinkindern

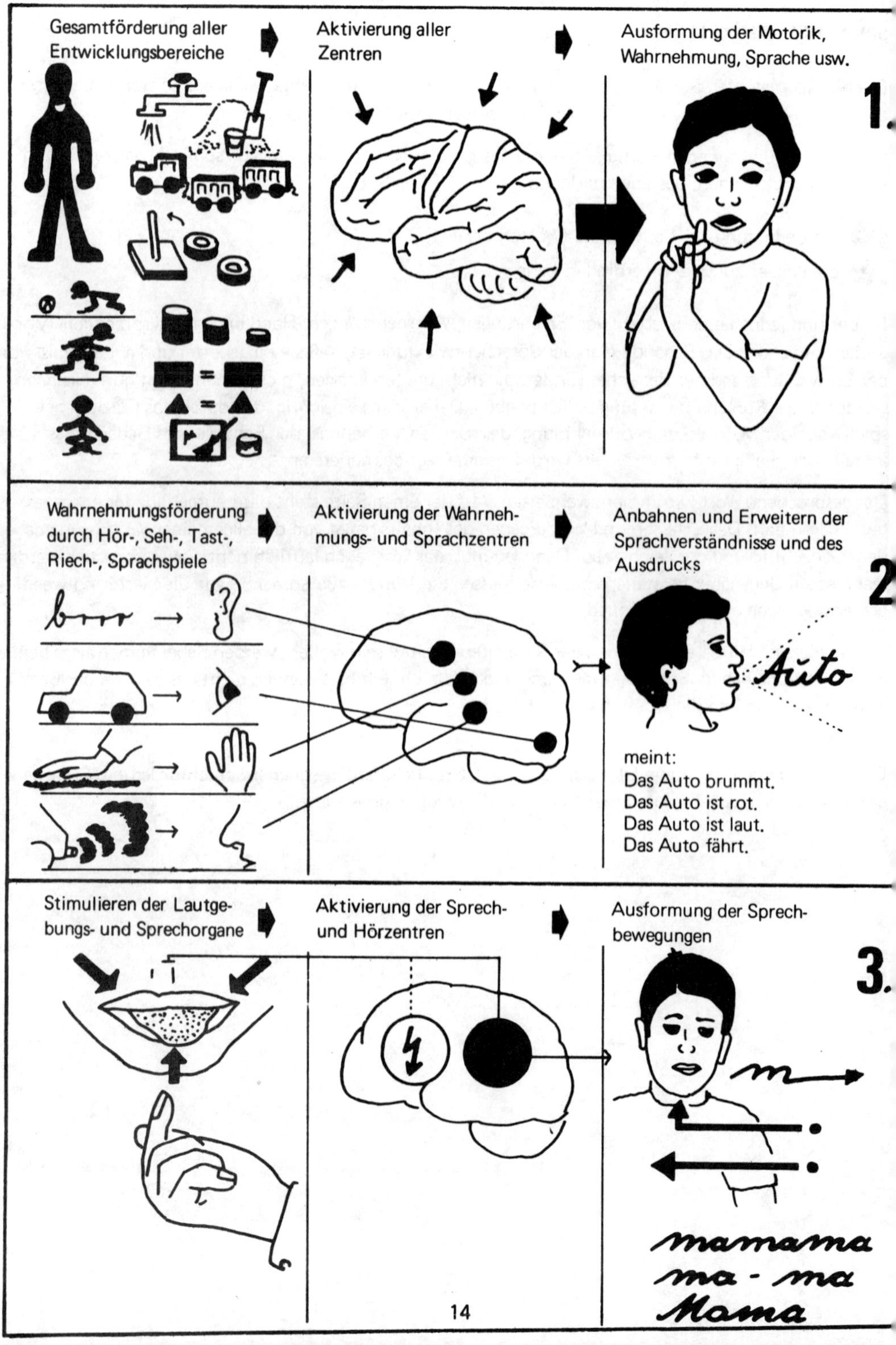

## PIELE ZUR NAMENSGEBUNG

)as Kind ist von einer Vielzahl von Dingen umgeben. Einige erregen seine Aufmerksamkeit, bekommen edeutung für es. Der Brei, den es beispielsweise ißt, die Milch, die es trinkt, der Ball, den es wegstößt — lles hat einen Namen. Wer diesen Namen kennt und ihn aussprechen kann, hat Zugang zu den Dingen, eherrscht sie. Daher werden dem Kind zuerst solche Spiele angeboten, ihm helfen, die Namen der s unmittelbar umgebenden Dinge und Sachen zu erwerben.

uvor einige Hinweise:

. Am Anfang werden solche Wörter bzw. Gegenstände ausgesucht und benannt, die zum Kind in einer Beziehung stehen. Zum Teller, aus dem es jeden Tag ißt, wird es einen innigeren und persönlicheren Bezug haben als zur Pfanne, in der die Mutter ab und zu etwas brät.

Vorschlag für die Wörter der ersten Begriffsbildung

MAMA, PAPA, BALL, AUTO, OMA, PUPPE, APFEL, BREI, TELLER, TASSE, BROT, MILCH, BETT, EI, NASE, OHR, LÖFFEL, SOFA, UHR, WASSER, SEIFE, HANDTUCH, SCHWAMM, BOOT, BAD, FOTO, NUDEL, HOSE, SCHUH, HAND, MÜTZE, DOSE, BÄR, SCHAUKEL, SAND, EIMER, EIS, AUGE, FUSS, RAUCH, HAARE, HUND, HOSE, VOGEL, RADIO, GLOCKE (KLINGEL), SPIEGEL, LAMPE, MANN.

. Kinder erzeugen selbst Laute, Silben und Silbenkombinationen. Die Erwachsenen werden sehr aufmerksam diese Lautproduktionen beobachten und registrieren und wenn sie meinen, daß eines dieser Lautgebilde Ähnlichkeit mit einem Wort hat, werden sie dem Kind das vollständige Wort und den betreffenden Gegenstand im Spiel anbieten.

. Es ist wichtig, daß die Erwachsenen für ein und dieselbe Sache immer das gleiche Wort verwenden, ansonsten würden sie das Kind unnötigerweise irritieren. Wird beispielsweise eine bestimmte Puppe mit einem Eigennamen (ANNE) bezeichnet, dann soll er auch von den übrigen Familienmitgliedern so verwendet werden. Es wäre sicher nicht richtig, wenn einmal „ANNE" und das anderemal „PUPPE" gesagt würde. Entweder die eine oder die andere Bezeichnung, aber nicht beide gemischt.

. Nicht alle Kinder mögen in der gleichen Weise die hier angebotenen Spiele. Die Erwachsenen werden daher hersusfinden, auf welche Spiele die Kinder besonders freudig reagieren. Diese werden sie dann zum Ausgangspunkt nehmen, sie abwandeln und zwischendurch immer wieder anbieten.

. Auch wenn das Sprachverständnis immer vor dem Sprachgebrauch kommt, so sollte bei sprachentwicklungsgestörten Kindern schon sehr früh das Sprachvermögen gefördert werden. Es ist nicht so, daß der eine Bereich abgeschlossen sein muß, bevor der andere beginnt. Es gibt immer Vorstufen, die parallel zu anderen Entwicklungsbereichen sich entwickeln, ja sich entwickeln müssen.

## ERSTE WÖRTER

### Das erste Wort

1. Das Kind sitzt im Stühlchen dem Erwachsenen gegenüber am Tisch. Spürt er, daß das Kind gerade zum Spielen aufgelegt ist, schiebt er langsam einen Ball über die Tischkante und macht mit geheimnisvoller Stimme auf das Ereignis aufmerksam. Der Ball wird außerhalb der Reichweite des Kindes gelegt.

„Martin, schau, was ich hier habe!
Was kommt denn da über die Tischkante?
Ein BALL! Schau! Ein BALL!
Da ist ein BALL!"

Während des Sprechens führt der Erwachsene den Ball an seinen Mund und achtet darauf, daß das Kind seinen Blick auf den Mund des Erwachsenen richtet. Erst wenn das Kind das Wort einige Male deutlich, d.h. ***isoliert von dem übrigen Redefluß*** gehört hat und die Mundbewegung sehen konnte, gibt der Erwachsene ihm den Ball zum Spielen in die Hand.

2. Der Erwachsene schubst den Ball leicht an und läßt ihn über die Tischplatte zum Kind rollen. Zeigt das Kind keine Anstalten,den Ball festzuhalten, führt der Erwachsene die Hände des Kindes zum Ball.

„Der BALL! Martin hat den BALL!
Jetzt rollt der BALL zurück.
BALL komm!"

Eingebettet in ein Spiel benennt der Erwachsene anfänglich drei bis vier Dinge aus der Umgebung des Kindes.

WICHTIG!

Die Dinge, die benannt werden, soll das Kind in die Hand bekommen. Es darf daran lutschen, sie auf den Boden werfen, gegen die Tischkante klopfen usw.

Der Inhalt eines Begriffes setzt sich aus vielen konkreten Einzelerfahrungen zusammen. Etwas Rundes, Rollendes, elastisch Zurückfederndes heißt „Ball".

## Jedes Spielzeug hat einen Namen

Das Kind sitzt mit gegrätschten Beinen auf dem Teppichboden. Der Erwachsene setzt sich dazu und bringt mit viel Geheimniskrämerei ein dem Kind vertrautes oder ein ganz neues Spielzeug hinter seinem Rücken hervor.

„Paß auf, die Mama hat etwas sehr Schönes hinter dem Rücken! Schau!
Der BÄR! Der BÄR kommt zu dir!
Der BÄR lauft über den Teppich!
Der BÄR setzt sich zwischen die Beine.
Nimm den BÄR!"

Der Erwachsene ermuntert das Kind, das Spielzeug in die Hand zu nehmen, es zu untersuchen und mit ihm zu hantieren. Flacht die Beschäftigung des Kindes und das Interesse an dem Bär etwas ab, streckt der Erwachsene dem Kind sein offene Hand entgegen und sagt:

„Gib den BÄR! Danke!
Jetzt hat die Mama den BÄR.
Möchtest du den BÄR wieder haben?
Da! Da hast du den BÄR!"

In dieser Art und Weise wird der Bär, einige Male hin- und hergereicht. Das Wort BÄR, das akzentuierter gesprochen wird als die übrigen Wörter, prägt sich dadurch immer fester ein.

Kennt das Kind schon drei bis vier Spielsachen, konnte es damit Erfahrungen sammeln und reagiert es im Ansatz auf deren Bezeichnung, verteilt der Erwachsene die drei Spielsachen, nachdem er sie zuvor noch einmal benannt hat, vor den Augen des Kindes im Raum und fordert es auf:

„Hol das Auto!
a) geöffnete Hand hinhalten,
b) Kind zum Spielzeug führen,
c) Spielzeug dem Kind in die Hand geben,
d) Gebehandlung gemeinsam mit dem Kind ausführen.

Durch das Verteilen verschiedener Spielsachen im Raum soll das Kind erfahren, daß unterschiedliche Dinge auch unterschiedliche Namen haben.

## Krabbelsack

Die Namen der Dinge, zu denen das Kind schon einen Bezug hat, können und sollen durch spielerischen Umgang gefestigt werden.

Der Erwachsene versteckt zwei, drei oder vier kleinere Gegenstände (Löffel, Ball, Auto) in einem Stoffsäckchen und zaubert sie vor den Augen des Kindes wieder hervor.

Er wird dabei das betreffende Wort deutlich und gut artikuliert aussprechen und darauf achten, daß das Kind ihm dabei auf den Mund schaut. Dies kann er daruch erreichen, indem er den Gegenstand neben seinen Mund hält oder indem er das Wort vor dem Herausholen des Spielzeugs aus dem Sack dem Kind vorspricht. Es empfiehlt sich nicht, dem Kind das Ding in die Hand zu geben und dann erst den Namen zu nennen. Das Kind ist dann von dem Gegenstand und dessen Umgebungsqualitäten gefangen, so daß es sich nicht mehr auf das Gesprochene zu konzentrieren vermag. Bei einem der nächsten Krabbelsackspiele soll das Kind ermuntert werden, selbst mit seiner Hand in den Sack zu greifen, um eines der Dinge herauszuholen.

## Die Puppe ist unter dem Becher

Hierzu benötigen wir einen, später mehrere Gebrauchsgegenstände, Spielsachen oder Eßwaren, zwei Plastikbecher oder Schachteln, die so groß sind, daß sie über die Dinge gestülpt werden können.

Anfänglich wird die Puppe vor den Augen des Kindes unter der Schachtel versteckt.

„Mama versteckt die PUPPE. Die PUPPE ist weg. Wo ist die PUPPE? Richtig, da ist die PUPPE!"

Hebt das Kind die Schachtel hoch, bringt der Erwachsene seine Freude zum Ausdruck, lobt das Kind gebührend und weist noch auf die Bezeichnung PUPPE hin.

Wenn das Spiel gut eingespielt ist, verwendet der Erwachsene andere, auch dem Kind noch nicht bekannte Gegenstände (Apfel, Keks, Klötzchen, Zug) und *zwei* Schachteln. Das Kind soll nun herausfinden, unter welchem der beiden Gefäße sich der versteckte Gegenstand befindet.

Schließlich kann unter jeder der beiden Schachteln ein anderes Ding versteckt werden.
„Wo ist der Löffel? Wo ist der Keks?"

● **Verschwundene Dinge**

In einen Karton wird ein genügend großes Loch geschnitten, so daß Dinge hindurch geschoben werden können.

Der Erwachsene sammelt einige beliebte und bekannte Dinge, benennt sie und steckt sie vor den Augen des Kindes in das Loch.

„Das AUTO! Das AUTO ist weg!
Wo ist das AUTO?
(Schachtel hochheben) Da!"

Nun kommt das Kind an die Reihe. Der Erwachsene benennt einen Gegenstand, reicht ihn dem Kind und kommentiert die Handlung des Kindes.

„Da ist der ZUG. Steck den ZUG in das Loch!
Wo ist der ZUG?"

Bevor der Erwachsene dem Kind den Gegenstand in die Hand gibt, fordert er es auf, den Gegenstand zu benennen.

„Da ist ..... (Pause, abwarten, mit den Augen zum Sprechen ermuntern) ..... !"

In gleicher Weise kann der Erwachsene das Loch mit der Hand so lange zuhalten, bis das Kind das Wort gesagt hat, wenn auch nur unverständlich oder nur im Ansatz.

Sollte das Kind hier noch nicht sprechen bzw. nachsprechen, müssen sich die Eltern in Geduld fassen und diese und ähnliche Spiele noch viele Male durchführen.

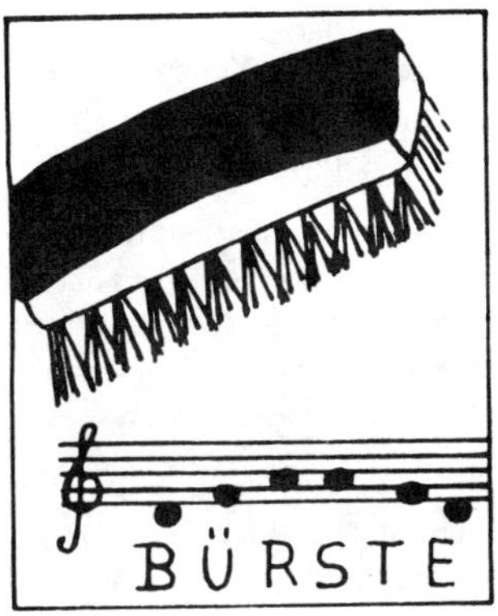


● **Singendes Sprechen**

Manchmal reagieren Kinder eher und leichter auf eine Art Sing–Sang–Stimme. Das melodisch–rhythmische Element kommt dem kleinkindlichen Auffassungsvermögen entgegen.

Der Erwachsene legt zwei oder drei Gegenstände auf den Tisch und beginnt ohne lange Vorrede mit einer Phantasiemelodie, wobei er die betreffende Gegenstandsbezeichnung besonders hervorhebt und langgezogen ausspricht.

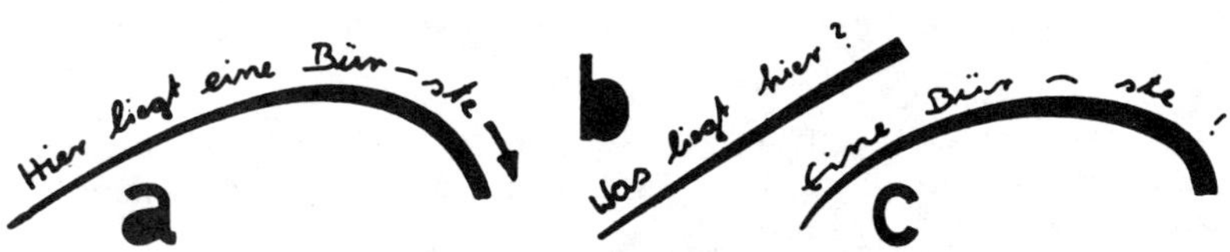


Durch Blickkontakt ermuntert der Erwachsene das Kind, ihm in der gleichen Sing–Sang–Stimme zu antworten.

## ● Sachen verteilen

Die Familienmitglieder werden in die Sprechspiele mit einbezogen. Der Erwachsene beläd den LKW mit 2–3 Dingen, die das Kind schon kennt. Dann fahren sie zusammen mit dem Kind von Mitspieler zu Mitspieler. Jeder erhält einen Gegenstand, den er gut sichtbar auf dem Schoß liegen läßt. Das Kind wird nun aufgefordert, die Gegenstände wieder einzusammeln.

„Martin, hol das AUTO!
Martin, hol den BALL!"

In ähnlicher Weise können die Mitspieler das Kind bitten, ihnen diesen oder jenen Gegenstand zu bringen.

„Martin, bring den BECHER!
Martin, bring die SCHACHTEL!"

Sollen die Namen der Mitspieler gefestigt werden, lautet die Aufforderung:

„Fahr zur OMA! Fahr zum PAPA!"

Zu einem viel späteren Zeitpunkt wird mit dieser Spielidee ein zweiteiliger Auftrag verbunden:

„Fahr zur OMA! Hol das AUTO!"

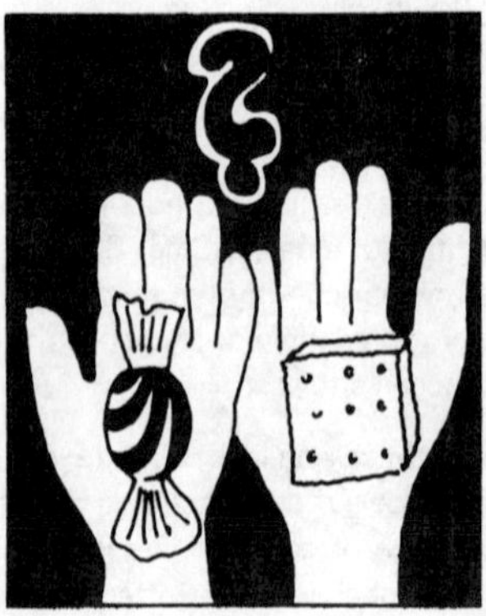

## ● Keks oder Bonbon?

Natürlich soll man Kinder nicht zum Sprechen zwingen, aber es ist nicht verboten, solche Situationen zu arrangieren, in denen sie durch Sprechen etwas bewirken, das ihnen sehr am Herzen liegt.

Der Erwachsene stellt das Kind vor die Wahl, ob es lieber einen Keks oder ein Gummibärchen möchte. Auf jede der Handflächen legt er eine der begehrten Süßigkeiten und fragt das Kind, was es haben möchte.

„Möchtest du den KEKS oder das BÄRCHEN?"

(Jeweils eine Handfläche in Richtung des Kindes schieben)
Der Erwachsene gibt dem Kind erst dann die Süßigkeit, wenn es sich in irgendeiner Weise geäußert hat.

Kann das Kind aus irgendwelchen Gründen nicht oder noch nicht sprechen, dann darf es auch auf das Betreffende zeigen. Immerhin hat das Kind dann schon die Frage des Erwachsenen verstanden und kann darauf richtig reagieren.

Jedes Kind zeigt Fortschritte, wenn auch auf seine eigene Weise! Es ist eine der größten pädagogischen Fähigkeiten, diese minimalen Fortschritte zu sehen und zu erkennen.

## ERSTE BILDER

Zu irgendeinem Zeitpunkt sollte das Kind fähig sein, eine bildhafte Abbildung dem Realgegenstand gleichzustellen. Das bedeutet jedoch, daß sein räumliches Vorstellungsvermögen und Gedächtnis so weit entwickelt sein muß, daß es einen dreidimensionalen Gegenstand in ein zweidimensionales Bild umsetzen kann.

Bilder sind ein sehr nützlicher Weg, dem Kind beim Erfassen der Begriffe zu helfen. Hier sind einige Möglichkeiten aufgezeigt:

a) Das Kind besitzt einen Ball mit charakteristischen Farben oder einem besonderen Muster. Der Erwachsene legt den Ball vor den Augen des Kindes auf eine Unterlage, zeichnet die Umrisse nach und malt den so entstandenen Kreis in den gleichen Farben wie das Original aus. Immer wieder weist er darauf hin, daß hier ein Ball ist und ordnet schließlich das fertige Bild dem Gegenstand zu.

b) Am Anfang sollen die graphischen Abbildungen eine größtmögliche Originaltreue haben. Demzufolge wird der Erwachsene in Katalogen, Werbeschriften und dergleichen nach Abbildungen suchen, die den vorhandenen Dingen aus der Umwelt des Kindes am ähnlichsten sind.

c) Wenn der Erwachsene es vermag, sollte er Fotographien von einigen Gegenständen anfertigen und sie im Spiel den Dingen zuordnen.

„Martin, schau, was ich hier habe!
Einen ? ? ? ? ?   TISCH!
Ich stelle den TISCH (Bild)zum richtigen TISCH (Gegenstand)
Da ist ein TISCH und hier ist ein TISCH!"

Der Erwachsene setzt sich auf das Sofa und fordert das Kind auf, ihm das Bild des betreffenden Gegenstandes zu bringen. Auf diese Weise hat er eine Kontrolle, ob das Kind die bildliche Zuordnung schon verstanden hat.

WICHTIG!

Hin und wieder sollen LERNKONTROLLEN dazwischengeschaltet werden. Der Erwachsene prüft, ob das Angebotene und Geforderte auch verstanden wird.

## Gabel zu Gabel

Es gibt große Gabeln, kleine Gabeln, spitzförmige und rundgeformte Gabeln, Gabeln mit Schnörkelmuster und solche mit strengen, einfachen Linien – aber alles sind Gabeln.

Das Kind soll lernen, daß beispielsweise das Wort ‚Gabel' eine Vielzahl von unterschiedlichen Gabeln umfaßt. Die Logiker würden sagen: „Das Kind muß lernen, in „Klassen" zu denken." Im Grunde sind die ‚Namen' nichts anderes als Klassenbegriffe.

Der Erwachsene fördert diese Denkfähigkeit durch Zuordnen. Der Besteckkasten wird neu eingeräumt. In das eine Fach kommen *alle* Gabeln, in das andere *alle* Löffel.

Der Erwachsene trocknet das Plastikgeschirr ab, und das Kind darf die Teller aufeinanderstellen und die Becher ineinanderstapeln.

„Da ist ein TELLER!
Gib den TELLER zu den anderen TELLERN!
Da ist ein BECHER! Wo sind die BECHER?"

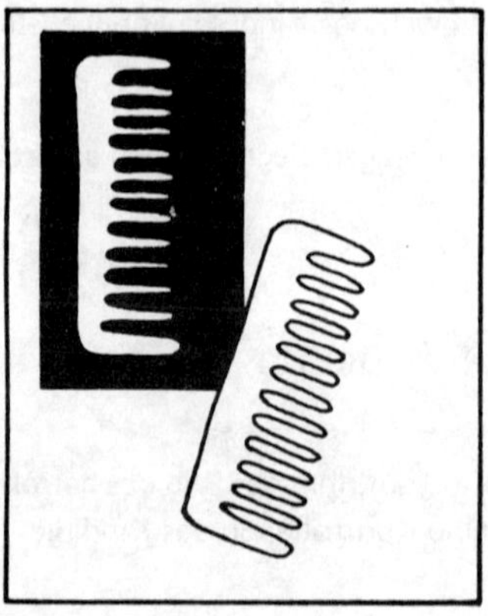

## Bilder zuordnen

Bilder erleichtern und vereinfachen Ausweiten der Begriffsbildung. Ein Bilderstapel ist schnell zur Hand, kann überall mitgenommen werden, im Gegensatz zu der gleichen Anzahl von Realgegenständen. Daher sollen die Kinder lernen, im Bild den Realgegenstand zu sehen.

Der Erwachsene legt eine Zahnbürste und einen Kamm auf den Tisch. Er zeigt darauf und benennt sie. Dann legt er die betreffenden Bilder (aus Werbematerial oder Zeitschriften) daneben, deutet darauf und sagt:

„Da ist ein KAMM!
Hier ist ein KAMM und da ist auch ein KAMM!
Schau, ich lege den KAMM (Gegenstand) hier auf den KAMM (Bild)
Beide sind gleich.
Gib mir den KAMM!
Gib mir auch den anderen KAMM!

Später fordert er das Kind auf, die beiden Bilder den auf dem Tisch liegenden Realgegenständen zuzuordnen.

## Familienalbum

Die Verwandten haben für das Kind eine unmittelbare Bedeutung. Sie kommen auf Besuch, spielen mit ihm, bringen ihm vielleicht ein Geschenk mit. Das Kind ist daher sehr motiviert, diese Namen zu erfahren und aussprechen zu lernen.

Der Erwachsene sammelt Fotos von den Familienmitgliedern und Verwandten und klebt sie in ein robustes Album.

Möchte er, daß die Fotos für längere Zeit ansprechlich bleiben, wird er noch eine durchsichtige Plastikhaut darüber ziehen. Jetzt kann das Kind mit der Hand auf das Foto klatschen oder gar der ‚Oma' einen feuchten Kuß geben.

Vor dem Nennen der einzelnen Namen sollte der Erwachsene die Aufmerksamkeit und die Hörbereitschaft des Kindes erhöhen.

Folgendes methodisches Vorgehen bietet sich an:

– Der Erwachsene hält zuerst die Bildseite des Albums seinem Körper zugekehrt. „Ich habe ein Bild vom OPA!"

– Der Erwachsene schaut flüchtig auf das Bild, sucht erneut Blickkontakt mit dem Kind und sagt nochmals: „OPA!"

– Er dreht das Bild dem Kind zu und spricht zum Kind: „Das ist der OPA!"

– Nachdem dem Kind genügend Zeit zum Betrachten des Bildes gelassen wurde, erzählt der Erwächsene etwas vom Opa. Etwa, daß er bald kommen wird, daß sie zu seinem Geburtstag hinfahren werden, daß sie gemeinsam für Opa ein Bild malen wollen.

Obwohl das Kind zuerst nicht alles verstehen wird, fühlt es doch, daß sich die Eltern um den Opa kümmern, daß er umsorgt wird, daß er ein Glied der Familie ist. Jedes Wort, jeder Begriff füllt sich nach und nach mit Inhalt. Der eine wird mit Begriff ‚Opa' dieses verbinden und der andere jenes.

## Tischkarten aufstellen

Ist die Familie gemeinsam bei den Mahlzeiten zusammen und ist es üblich, daß jedes Familienmitglied einen festen Platz am Tisch einnimmt, kann diese Situation für ein Sprachspiel ausgenützt werden.

Der Erwachsene fertigt im Beisein des Kindes Tischkarten an und stellt sie, nachdem der Tisch für das Essen gedeckt ist, auf den Platz, an dem der Betreffende sitzen wird.

„Das ist der THOMAS!
Wo sitzt der THOMAS?
HIER! Hier sitzt der THOMAS!"

Das nächstemal bekommt das Kind eine Tischkarte nach der anderen in die Hand mit der Aufforderung, sie dem richtigen Ort zuzuordnen. Sollte es nicht sofort nach den Wünschen und Vorstellungen der Erwachsenen gehen, ordnen beide zusammen das Kärtchen zu.
Gut Ding braucht Weile!

## Bilderwürfel

Irgendeine Verpackungsschachtel mit quadratischen Flächen wird sich immer finden lassen. Wer Kinder im Spiel- und Sprachentwicklungsalter hat, wird Verpackungs- und Wegwerfmaterial mit anderen Augen anschauen und das eine oder andere Material aufbewahren.

In unserem Falle bekelbt der Erwachsene den Würfel mit Bildern, die aus dem Erfahrungskreis und dem passiven Wortschatz des Kindes stammen. Danach besorgt er sich die entsprechenden Realgegenstände und bietet dem Kind das erste Würfelspiel an.

„Wir würfeln gemeinsam. Schau, so!
Oh, was ist denn hier oben zu sehen?
Eine . . . . . . ? Eine ENTE! Richtig, das ist eine ENTE!
Martin, wo ist noch eine ENTE? Such die ENTE!"

Später können die Realgegenstände durch Bilder ersetzt werden. Das Kinder ordnet die jeweils gleichen Bilder einander zu.

### Schachtelkino

Damit ein Begriff fest im Sprachverständnis verankert wird und von dort aus aktiver gebraucht werden kann, muß das Kind das Wort oft und in prägnanten Situationen hören. Dies geschieht im alltäglichen Umgang mit den Dingen und Sachen und im Spiel.

Das in der Abbildung gezeigte Schachtelkino bietet hierzu eine Möglichkeit. Die Herstellungsweise ist einfach und einsichtig. Es ist jedoch zu beachten, daß das Guckloch umso größer werden muß, je jünger das Kind ist.

„Heute habe ich etwas ganz Besonderes!
Ich schaue zuerst durch das Loch.
Oh, was ich da alles sehe!
Ein REITER, ein schöner REITER! Der REITER sieht genauso aus wie der, den wir am Sonntag gesehen haben. Schau! Siehst du den REITER?"

„Jetzt drehen wir weiter.
Und was siehst du jetzt?"

### Bilderuhr

Auf einen stabilen Karton klebt der Erwachsene Bilder aus Katalogen und dergleichen im Uhrzeigersinn auf, montiert mit Hilfe einer Briefklammer einen Zeiger in der Mitte der Scheibe und besorgt sich die entsprechenden Realgegenstände.

Der Erwachsene führt das Kind in das Spiel ein. Er dreht an dem Zeiger und ist sehr gespannt (Mimik, Gestik), bei welchem Bild der Zeiger zum Stehen kommen wird.

„Ich bin gespannt, wo der Zeiger anhalten wird.
Oh, bei der TASSE. Das ist die TASSE!
Schau, da ist die TASSE!
Wir schauen, wo noch eine TASSE steht. Such die TASSE!"

So wie hier die Realgegenstände auf Grund der Bildvorlage gesucht werden, können zu einem späteren Zeitpunkt auch Bildkärtchen den Uhrbildern zugeordnet werden.

## Erstes Bilderlotto

Die Spiele müssen für die Kinder interessant sein. Jeden Tag das gleiche Spiel mit dem gleichen Material ist zwar im Hinblick auf den Übungs- und Festigungseffekt richtig und bei manchen Kindern, namentlich stärker entwicklungsbehinderten notwendig. Aber in der Regel verlangen Kinder nach Abwechslung.

Ein neuer Weg ist das Bilderlotto. Der Erwachsene klebt auf einen Kartonstreifen drei bis vier Abbildungen von dem Kind bekannten Gegenständen, fertigt in gleicher Weise Einzelkärtchen an und besorgt sich für den Einstieg noch die entsprechenden Realgegenstände.

a) Zuerst werden die Realgegenstände benannt,
b) dann werden diese Gegenstände den Abbildungen auf dem Bilderlotto zugeordnet,
c) schließlich werden die Gegenstände durch die Bildkärtchen vertauscht.

Mit der Zeit können die Realgegenstände mehr und mehr weggelassen und die Anzahl der zuzuordnenden Bilder erhöht werden.

## Angelspiel

Der Erwachsene bastelt das in der Abbildung gezeigte Angelspiel aus einem Verpackungskarton, sammelt kleinere Abbildungen von Realgegenständen (Setzkastenfiguren) bringt eine Öse an dieselben an und beklebt schließlich die Angelkärtchen mit den entsprechenden Bildern. Das Angelspiel kann in nachstehend geschriebener Reihenfolge gespielt werden.

a) Der Erwachsene angelt, indem er in den Kasten hineinschaut, einen Gegenstand,
b) hält den geangelten Gegenstand neben seinen Mund und sagt langsam und deutlich seinen Namen.
c) Alle geangelten Gegenstände werden der Reihe nach auf den Tisch gestellt, so daß sie später noch einmal benannt werden können. Wenn möglich, soll das Kind schon jetzt in das Spiel miteinbezogen werden (Wer angelt was? ). Ist das Kind hierzu motorisch noch nicht in der Lage, führt der Erwachsene die Hand des Kindes.
d) Die geangelten Bildkarten werden den zuvor geangelten Gegenständen zugeordnet oder umgekehrt.

## MEHRZAHLBEGRIFFE

Zuvor wurde schon sehr eindringlich auf die große Bedeutung des Erwachens des Symbolbewußtseins hingewiesen. Das Kind erfährt dadurch, daß jedes Ding, jedes Lebewesen einen Namen hat. Der gefühlsmäßige Bezug zu den Dingen seiner unmittelbaren Umgebung half ihm bisher beim Erlernen der INDIVIDUALBEZEICHNUNGEN. Unter „Pferd" versteht es ein ganz bestimmtes Pferd, unter „Puppe" eben die Puppe mit den roten Haaren. „Pferd" gilt noch nicht für alle Pferde, die für Gattung Pferd. Das Kind muß jedoch im Hinblich auf die Weiterentwicklung der Wortbedeutung zu den sogenannten Gattungsbegriffen kommen.

Eine Zwischenstufe auf diesem Weg stellen die „Mehrzahlwörter" dar: Das Kind weiß schon, daß es neben dem Pferd, das es zuerst bei einem Landausflug sah, noch andere Pferde gibt. Es gibt dieses Pferd und dieses Pferd und jenes Pferd, aber es gibt noch nicht den Begriff für „Pferd" schlechthin, ein Begriff, der die abstrakte Allgemeinheit der Merkmale, die für alle Pferde charakteristisch sind, enthält.

Bei genauer Beobachtung der Kinder fällt auf, daß sie zu einem bestimmten Zeitpunkt hintereinander nach ein und demselben Dingnamen fragen.

BEISPIEL:

Was'n das? Ein Stuhl! Was'n das? Ein Stuhl! Das auch'n Stuhl? Ja, das ist auch ein Stuhl!"

Das Kind entdeckt oder interessiert sich für die „Mehrzahl" der Dinge. Es gibt viele Stühle, alle sehen anders aus, aber alle heißen „Stuhl".

Der Erwachsene wird daher bei seinen Spielvorhaben darauf achten, wann das Kind, bei der Regelentwicklung zeigen sich die ersten Mehrzahlwörter um das zweite Lebensjahr herum, an dem Vorhandensein von mehreren gleichen Dingen Interesse zeigt und wird dann die vom Kind abgeschaute Methode anwenden.

BEISPIEL:

Der Erwachsene zeigt auf den Teller, aus dem das Kind ißt und sagt: „Das ist ein TELLER!
Schau, da ist noch ein TELLER und hier steht auch ein TELLER.
Komm wir schauen in den Schrank. Da ist ein TELLER, noch ein TELLER usw."

Allmählich soll das Kind erfahren, daß alles Eßgeschirr, das diese Form besitzt, „Teller" genannt wird und nicht nur der, aus dem es immer ißt oder gegessen hat.

Diese Methode sollte bei den nachfolgend genannten Spielen hin und wieder angewandt werden.

## Einsetzspiele

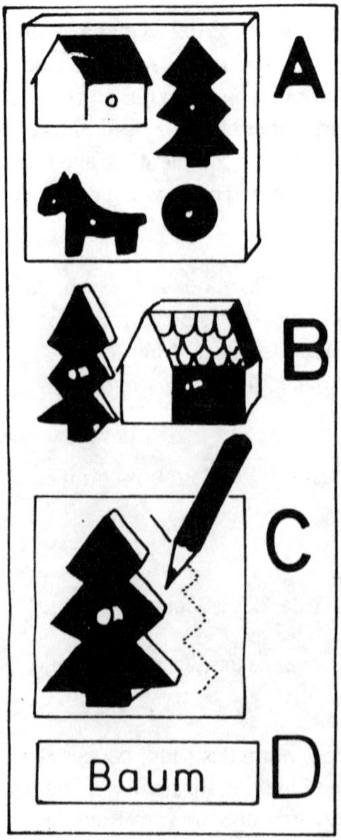


Es werden eine Fülle von Spielen, bei denen ausgesägte Figuren in die entsprechenden Schablonenumrisse eingesetzt und wieder herausgenommen werden können, auf dem Spielzeugmarkt angeboten.

Neben dem Üben und Anbahnen der Handgeschicklichkeit eignen sich diese Art von Spielen für das Festigen des Sprachverständnisses und dem Sprechen von Wörtern.

a) Die bildlichen Darstellungen werden betrachtet und benannt.
„Da ist ein HAUS!
Da ist ein ......!
Zeige den HUND!
Wo ist der HUND?
Was ist das?"

b) Mit den Einsetzfiguren wird gehandelt.
„Hol das HAUS (aus dem Brett)!
Stell das HAUS hier hin (in eine Reihe)!
Was ist das? Ein HAUS!
Gib mir das HAUS!
Bring das HAUS dem Papa!
Ich versteck das HAUS hinter dem Kissen, unter dem Becher. Such das HAUS!
Wir fahren das HAUS mit dem LKW in die Küche!"

c) Die Figurenteile eignen sich in ausgezeichneter Weise, um Schablonenbilder herzustellen.
Zuordnungskärtchen – Bilderlotto – Bilderdomino – Ausmalbilder

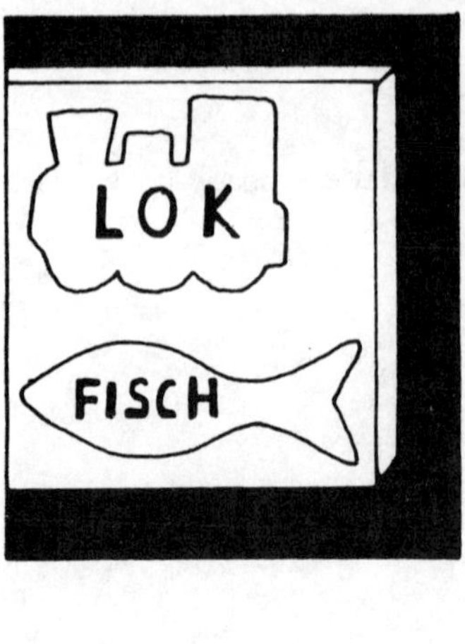


d) Einsetzspiele können als eine Art Einstieg in das frühe ‚Lesenlernen' verwendet werden. Das entsprechende Schriftkärtchen wird in den Schablonenumriß gelegt. Jedesmal, wenn das Kind die Setzfiguren herausnimmt oder hineinsteckt, schaut es auf das Schriftbild. Mit der Zeit wird es sich dieses optische Gebilde mehr und mehr einprägen und mit dem Gebilde ‚Haus' gleichsetzen. Ein besonderer Hinweis auf das Schriftbild ist nur dann notwendig, wenn mit dem Spiel das ‚Lesenlernen' bewußt geübt werden soll.

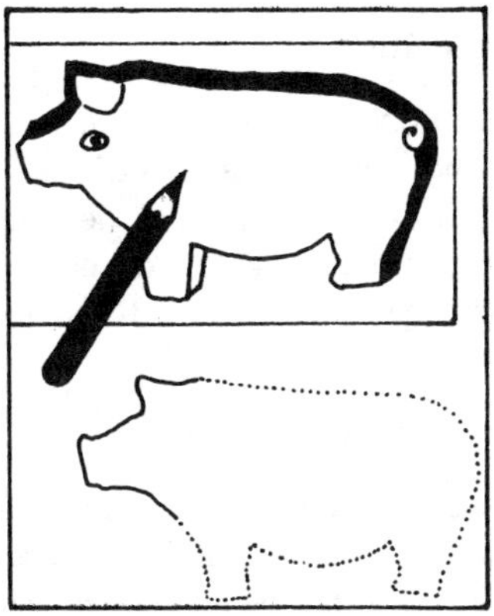

## Ausmalbilder

Haben bisher in erster Linie die Erwachsenen die Ausgangsmaterialien für die ersten Sprachspiele angefertigt, so sollen nach und nach auch die Kinder in dieses Tun mit einbezogen werden. Kreative Kinder, handelnde Kinder finden leichter Zugang zur Sprache und zum Sprechenkönnen als Kinder, denen alles vorgemacht, denen keine Initiative zugetraut wird.

a) Der Erwachsene legt eine Holzschablone auf ein Stück festes Papier, umfährt die Umrisse und malt die so entstandene Figur im Beisein des Kindes aus.

b) Ahmt das Kind das Tun des Erwachsenen nicht nach, führt er anfangs dessen Hand und beide malen gemeinsam die Figur aus.

c) Die ausgemalten Bilder werden im Kinderzimmer, im Flur usw. aufgehängt. Hin und wieder schauen die Erwachsenen und das Kind diese Bilder an und sprechen darüber.
„Der BUS. Martin hat einen BUS gemalt.
Und hier ist ein APFEL. Martin hat den APFEL gemalt."

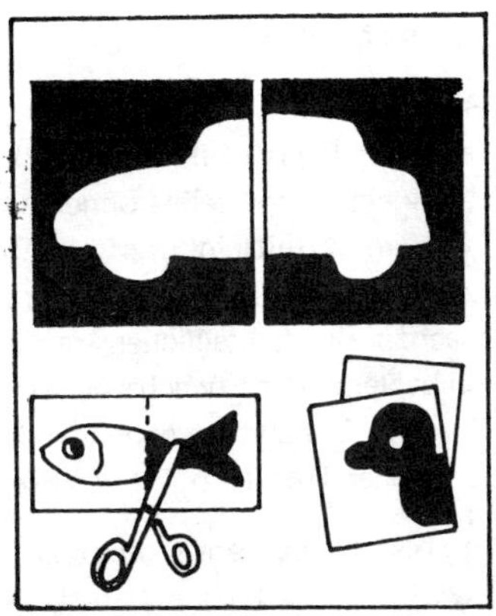

## Zusammensetzbilder

Ein Bild, das in zwei Teile geteilt wurde, wieder zusammenzusetzen, wird dem Kind erst ab einem gewissen Entwicklungsalter möglich sein. Doch ist diese Art der Beschäftigung eine Vorstufe für das spätere Puzzeln.

Der Erwachsene betrachtet gemeinsam mit dem Kind ein auf Karton gezogenes Bild.
„Schau, was ist das? Ein FISCH!
Richtig, das ist ein FISCH.
Paß auf, ich schneide den FISCH in zwei Teile.
So, jetzt setzt ich den FISCH wieder zusammen. Versuch du es auch. Komm, ich helfe dir."
Vertauscht das Kind bei zwei oder drei Zusammensetzbildern zwei Bildhälften, kann in einem freundlichen Ton auf den Fehler hingewiesen werden.
„Nein, Martin. Das ist kein FISCH!
Wo hat der FISCH den Schwanz?
Wir machen es zusammen richtig!"

WICHTIG!
Auch wenn der Versuch nicht zur Zufriedenheit des Erwachsenen ausgefallen sein sollte, wird dem Kind kein Mißerfolg vermittelt!

## Auto zu Auto

Das Zuordnen gleicher Dinge zu gleichen oder ähnlichen ist eine Vorstufe des Bildens von Oberbegriffen. Bei allen Gegenständen muß ein Merkmal, das charakteristisch oder wesentlich für diesen Gegenstand ist, gesehen werden.

„Der Ball ist rund und rollt."

Diese Eigenschaften hat ein Bauklötzchen nicht. Um diese Abstraktionsfähigkeit, die in der Sprachentwicklung eine große Rolle spielt, zu üben, läßt der Erwachsene das Kind in unregelmäßigen Abständen die es umgebenden Dinge einander zuordnen.

„Oh, wie das Kinderzimmer aussieht. Alles liegt durcheinander. Komm, wir räumen auf. Hier! Ich stelle eine Bildkarte hin. Alle Bälle kommen in dieses Fach. Alle Autos stellen wir in die Schachtel. Die Bauklötzchen werfen wir in die Tonne. Hier hast du ein Auto. Wo kommt es hin? "

## Arme, Bauch, Beine

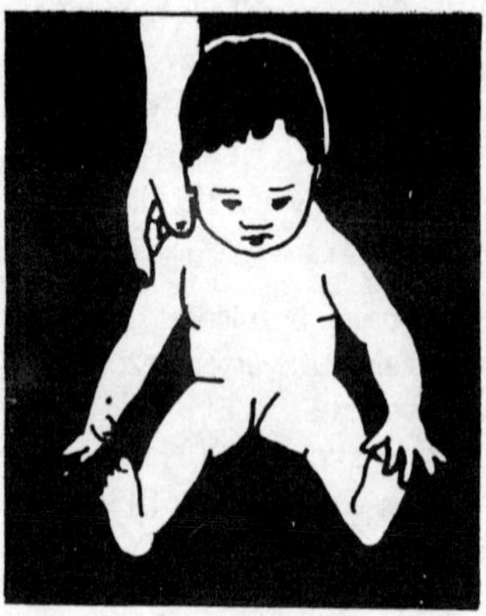

Das Benennen der Körperteile nimmt bei der ersten Begriffsbildung einen breiten Raum ein. Körperteile können angefasst werden, vermitteln Empfindungen, können verletzt werden und Schmerzen verursachen. Bei den täglichen Verrichtungen begleitet der Erwachsene sein Tun mit Sprache. Er nennt so nebenbei die Wörter. Steter Tropfen höhlt den Stein.

„Heute bist du aber sehr schmutzig. Zuerst waschen wir die *Arme.* Spürst du die Seife an den *Armen*? Wir spülen die Seife ab. Schau, wie sauber die *Arme* sind. Was kommt als nächstes an die Reihe? Der *Bauch.* Der kleine, dicke, runde *Bauch.* Patsch, patsch, der *Bauch.* Ich gieß ein wenig Wasser auf deinen *Bauch* . . . . . . ."

## Schwarze Hände

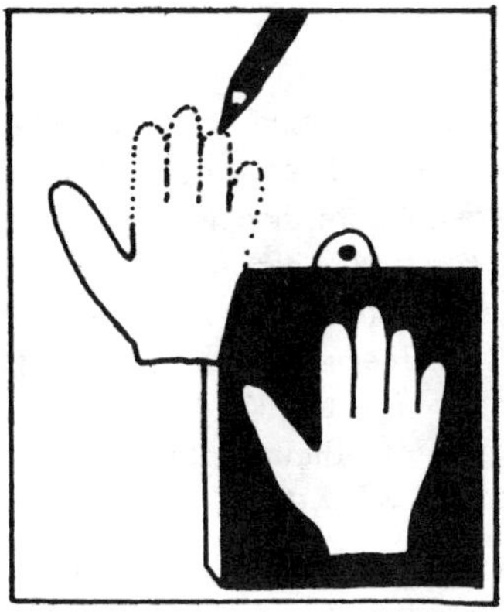

Der „Begriff" muß durch alle Sinne gehen. Je mehr Sinne am Zustandekommen eines Begriffes beteiligt sind, desto umfassender ist sein Bedeutungsumfeld und desto fester bleibt er im Gedächtnis haften.

Der Erwachsene wird daher jede Situation daraufhin überdenken, ob sie sich nicht auch zur Begriffsbildung anbietet. Als Beispiel sei eine Bastelsituation angeführt:

Das Kind legt die Hand mit gespreizten Fingern auf ein Blatt Papier, der Erwachsene umfährt die Umrisse und malt die Hand schwarz aus.

„Lege einmal deine HAND auf ein Blatt Papier. Ich umfahre deine HAND. Schau, so sieht deine HAND aus. Jetzt malen wir die HAND noch aus."

Das fertige Handbild und vielleicht noch andere hängen an der Wand im Kinderzimmer. Such- und Findespiele schließen sich an.

## Körperbild

Wer kann sich schon eine richtige Vorstellung von den Ausmaßen seines Körpers machen? Der Erwachsene legt das Kind auf einen großen Bogen Packpapier und fährt mit Wachskreide den Körperumrissen entlang.

„Jetzt fahre ich an dem *Arm* entlang. Spürst du den *Arm* ? Ich drücke etwas auf deinen *Arm*. Das ist dein *Arm*. Nun fahre ich an der *Bauch*seite hinunter zu den *Beinen* usw. . . ."

Nach dieser Aktion wird das Werk bestaunt. Bevor es ausgemalt wird, werden die sichtbaren Körperteile nochmals benannt.

„Wo ist der *Kopf?* Wo sind die *Beine?* "

Um dem Kind einen Größenvergleich und eine Vorstellung der unterschiedlichen Ausdehnung des Körpers zu geben, wird der Erwachsene ‚sein' Körperbild in der gleichen Weise anfertigen.

(Siehe Wortarten Wer ist größer? )

## Mein Körper

Nachdem der Körper und die Körperteile auf manigfache Weise erfahren, erlebt und benannt worden sind, sollen sie auf einer Abbildung wiedererkannt werden. Der Erwachsene besorgt sich hierzu die Abbildung eines Kindes, bei dem die Körperteile gut zu erkennen sind (Kind in Badehose), klebt das Bild auf einen festen Karton und hängt es an der Wand auf. Kind und Erwachsener stehen vor der Bildtafel und zeigen auf die bekannten Körperteile.

„Der Bub hat *Hände.* Zeige die *Hände.* Wo sind deine Hände? Zeige *deine* Hände. Ich habe auch Hände. Wo sind meine?

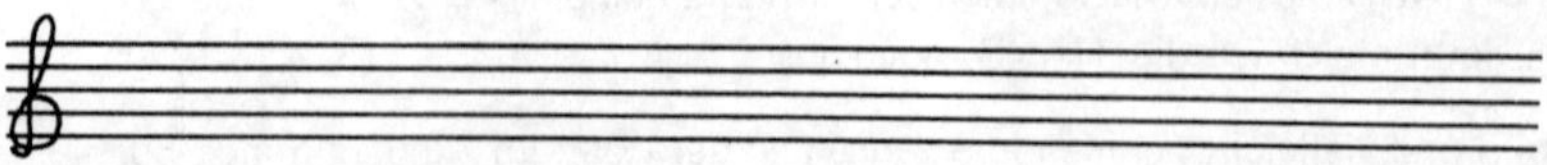

„Meine Hände, die sind da! Deine Hände die sind da! Ich habe hier zwei Hände und du hast dort zwei Hände. Alle haben Hände!"

## Körperteillotto

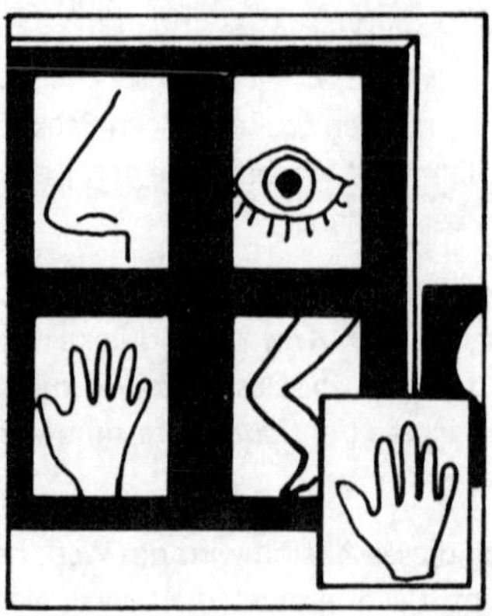

Der Wortschatz und damit der Begriffsumfang werden kontinuierlich erweitert. Neben den Bezeichnungen für Arm, Hand, Bauch, Bein soll das Kind auch die Begriffe für folgende Körperteile erlernen: Nase, Augen, Haare, Ohren, Mund, Finger, Fuß, Popo (familiengebräuchliche Bezeichnung), die Geschlechtsteile werden von Anfang an bezeichnet (Scheide, Glied), doch soll kein besonderes Aufsehen davon und darüber gemacht werden. Zur Festigung der Bezeichnungen für die unterschiedlichen Körperteile bietet sich ein selbstangefertigtes Körperteillotto an.

Der Erwachsene sammelt paarweise Abbildungen von Körperteilen und bietet sie dem Kind für Zuordnungs- und Benennungsspiele an.

„Was siehst du hier? Ein *Auge!* Ja, das ist ein *Auge!* Wo siehst du hier (Tafel) ein *Auge?* Richtig, da ist auch ein *Auge.* Lege das *Auge* zum *Auge.* Zeige mir dein *Auge.* Wo sind meine *Augen?* "

## Was ziehe ich an?

Viele Kleidungsstücke treten paarweise auf: Strümpfe, Schuhe, Handschuhe, Socken. Der Erwachsene sammelt diese und andere Bilder von Kleidungsstücken, klebt sie auf einen Karton (s. Abb.) und malt gemäß den Farben des Farbenwürfels auf jedes Bild eine bestimmte Farbe. Das Spiel kann beginnen!

Der Erwachsene würfelt 'rot' und setzt einen Spielstein auf ein Bild mit einer Rotmarkierung. Natürlich wird er zuvor gespannt sein, auf welches Bild er seinen Stein setzen kann. „Ich bin neugierig, was ich heute alles anziehe. Rot! Oh, das sind die Strümpfe. Ich setze meinen Stein auf die ‚Strümpfe'. Die 'Strümpfe' ziehe ich gleich an. Jetzt kommst du an die Reihe. Ich bin gespannt, welche Kleider du anziehen wirst."

VARIATION:
Analog zu den Bildern werden die konkreten Kleidungsstücke bereitgelegt und nach dem ausgewürfelten Bild auch tatsächlich angezogen. (Dieses Spiel eignet sich für Kinderfeiern)

## Beim Bäcker

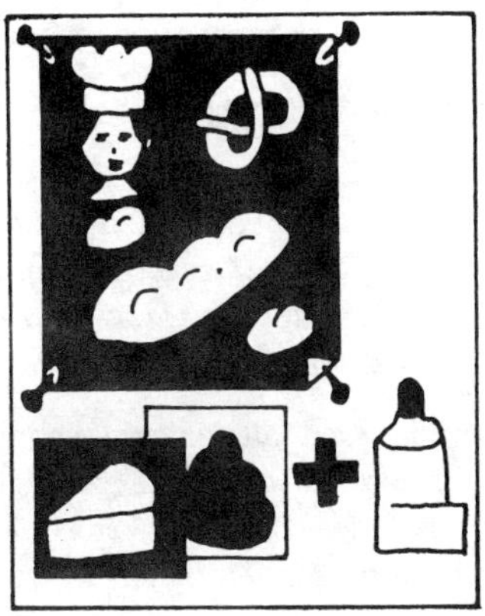

Bestimmte Wörter gehören einem Beziehungsfeld an. So lassen sich z.B. alle Backwaren und alles, was zum Backen notwendig ist, dem Feld 'Bäcker' zuordnen.

Wenn der Erwachsene das Kind zum täglichen oder wöchentlichen Einkauf mitnimmt, wird es mit vielen Dingen konfrontiert und vertraut werden. Die Aufgabe des Erwachsenen ist es, diesen so beiläufig erworbenen Wortschatz des Kindes zu beachten und zu festigen. Er wird daher alle Bilder von den 'Bäckerdingen' sammeln, mit dem Kind anschauen, mit ihm darüber sprechen, die Dinge benennen und schließlich auf einer 'Schautafel' festhalten. Diese Tafel wird für ein, zwei Wochen im Kinderzimmer aufgehängt, hin und wieder werden Einzeldinge benannt und erfragt.

Der Erwachsene bringt eine Tüte mit Brötchen nach Hause. Das Kind erhält ein Brötchen. Anschließend oder zuvor soll es an der Schautafel das Bild mit dem Brötchen zeigen.

### Saft, Tee, Milch, Kakao oder Sprudel

Das Kind legt seine Hand mit gespreizten Fingern flach auf den Tisch. Der Erwachsene ordnet jedem Finger ein Bild mit einem Getränk (Eßwaren, Spielzeug, Tiere) zu. Dann tippt er der Reihe nach jeden Finger einzeln an und spricht dazu folgenden Vers:

„Eine kleine Frau ging in den Laden, wollte was zu trinken haben: Saft, Tee, Milch, Kakao oder Sprudel?"

Der Finger des Erwachsenen bleibt bei irgendeinem Bild am Finger des Kindes stehen. Das Kind soll antworten, was die 'kleine Frau' trinken möchte. Das betreffende Bild wird weggelegt und das Spiel beginnt won neuem.

VARIATION:
Neben den bildhaften Abbildungen stellt der Erwachsene die realen Getränke bereit. Bleibt der auszählende Finger bei einem bestimmten Getränk stehen, soll das Kind sagen, was es nun trinken darf.

### Zwei und mehr Dinge

Der Wortschatz erweitert sich, die Merkfähigkeit bildet sich mehr und mehr aus.

Kann sich das Kind schon zwei Dinge merken?

Der Erwachsene legt dem Kind drei bekannte und geläufige Gegenstände auf den Stuhl. Dann fordert er das Kind auf: „Hol den *Kamm* und die *Bürste*!"

Kommt das Kind mit den gewünschten Gegenständen zurück, wird es sehr gelobt. Der Erwachsene streckt ihm eine offene Hand entgegen, so daß das Kind einen der Gegenstände hineinlegen kann. Zuvor ermuntert der Erwachsene das Kind ihm zu sagen, was es gebracht hat.

„Was ist das? Und was ist das?"

Bringt das Kind nicht die richtigen Gegenstände, wiederholt der Erwachsene nochmals seinen Auftrag und bittet das Kind, den falschen Gegenstand zurückzubringen und den richtigen zu holen. Das Zurückschicken darf nicht mehr als zweimal erfolgen, sonst verliert das Kind die Lust am Spiel.

## Zauberschachtel

Ein sehr originelles Spiel stammt aus England. Eine Schachtel wird mit einem weiteren Stück Karton, der hin- und hergeschoben werden kann, in zwei Teile geteilt (s. Abb.).

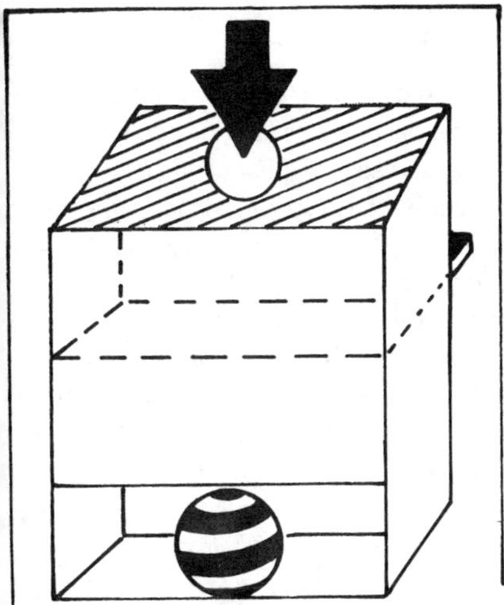

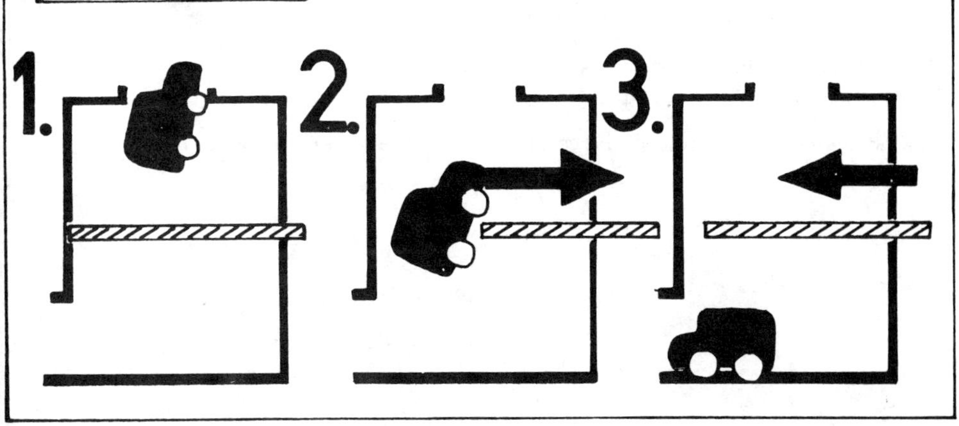


SPIELABLAUF:

a) Das Kind wirft den Gegenstand in das Loch an der Oberfläche. Ist der Schieber zu, bleibt der Gegenstand in der Mitte der Schachtel liegen.
b) Nennt das Kind beispielsweise die richtige Bezeichnung für den Gegenstand, wird der Schieber nach hinten gezogen und das Kind kann den oben hineingeworfenen Gegenstand unten wieder sehen und aus der Schachtel nehmen.
c) Sagt es nicht die richtige Bezeichnung, wird der Schieber nicht zurückgezogen.

In diesem Spiel wird die Koppelung zwischen Namen und Gegenstand sehr gefestigt. Die Belohnung erfolgt unmittelbar. Außerdem lernt das Kind, daß es durch das richtige Benennen etwas bewirken kann. Immer wenn es den richtigen Namen sagt, erhält es den Gegenstand (und eine Süßigkeit) zurück.

## Bilderkarussell

Der schon genannte 'Bilderwürfel' kann durch das längsseitige Hindurchschieben einer Stricknadel drehbar genacht werden. Diese zusätzliche Anordnung ist dann empfehlenswert, wenn das Kind Schwierigkeiten hat, den Würfel zu rollen oder ihm nachzulaufen. Das Bilderkarussell steht vor dem Kind. Es darf den Würfel anstoßen, so daß er sich einige Male um die Achse dreht. Kommt ein Bild vor den Augen des Kindes zum Stehen, nennt der Erwachsene den entsprechenden Namen. Später darf es nur dann den Würfel weiter und wieder drehen, wenn es zuvor den Namen, wenn auch nur im Ansatz, ausgesprochen hat.

Schließlich kann der Erwachsene das Kind auffordern:
„Zeig mir den Apfel! Wo ist der Apfel?"

Das Kind dreht den Würfel solange, bis es die entsprechende Bildseite gefunden hat.

## Bilder domino

Auf dem Spielwarenmarkt werden eine große Anzahl von Bilderdominos angeboten. Falls der Erwachsene sich sein eigenes Domino basteln möchte, braucht er nur entsprechende Schächtelchen, Holzklötzchen oder Pappscheiben mit einem Bilderpaar zu bekleben.

Der Vorzug der selbstgebastelten Dominos liegt darin, daß sich die Bilder nach dem individuellen Wortschatz des Kindes und dessen Vorliebe für bestimmte Abbildungen richten kann.

Neben der Schulung der optischen Wahrnehmungsfähigkeit, kann dieses Spiel auch zur Begriffsbildung genutzt werden.

Der Erwachsene fragt beispielsweise:
„Was brauchst du noch? Wo ist die andere Tasse? Hilf mir, bitte! Was ist das? Wo liegt die Bürste?"

## DAS ERSTE BILDERBUCH

Bilderbücher spielen beim Erlernen der ersten und auch der späteren Dingbezeichnungen eine bedeutende Rolle. Die allerersten Bilderbücher sind nach folgenden Kriterien auszuwählen:

a) Auf einer Seite soll nur ein Gegenstand abgebildet sein.

b) Die abgebildeten Gegenstände sollen im Interessenbereich der Kinder liegen.

c) Insgesamt sollen nicht mehr als fünf bis sechs Abbildungen vorhanden sein.

d) Die abgebildeten Gegenstände müssen so realistisch sie möglich aussehen.

e) Unwesentliche Einzelheiten sollen weggelassen werden. Das Bild darf nicht durch Details vom Wesentlichen ablenken.

Das gemeinsame Anschauen des Bilderbuches und die Bezeichnung der Gegenstände geschieht in folgender Weise:

– Der Erwachsene sitzt dem Kind gegenüber und hält das Buch geschlossen vor seiner Brust.

– Er sagt zum Kind etwas über das nachfolgende Tun: „Wir wollen die Bilder anschauen!"

– Das erste Bild wird aufgeschlagen, aber dem Kind noch nicht gezeigt, sondern es wird der entsprechende Name laut und deutliche vorgesprochen.
„Das ist ein SCHUH! Ein SCHUH!"

– Nachdem das Kind die Bezeichnung isoliert gehört hat, wird ihm das Bild gezeigt.

– Der Erwachsene behält das Buch in seinen Händen. Das Kind würde nur weiterblättern. Es soll jedoch bei dem Bild verweilen und es intensiv betrachten.

– Der Gegenstand kann gestisch und mimisch umschrieben werden.
Beispiel: „Das ist ein Weck (Brötchen)! Mm, (Bauch reiben) der Weck ist fein (Hand zum Mund führen und so tun, als ob ein Weck gegessen wird)!"

– Das Kind soll immer wieder zum Benennen des jeweiligen Gegenstandes ermuntert werden.
1. Eine neue Seite wird aufgeschlagen.
2. Der Erwachsene zeigt sich erstaunt, überrascht. Er äußert ein „Oh" und „Ah" und stellt sich quasi selbst die Frage: „Was ist denn da zu sehen? Ja, was ist denn das? "
3. Er spricht die Anfangssilbe der Bezeichnung vor und wartet, ob das Kind das halbausgesprochene Wort ergänzt.

– Eine interessierte Aufmerksamkeit kann beim Kind dann hervorgerufen werden, wenn der Erwachsene selbst eine BEGEISTERTE HALTUNG zeigt. Er soll nicht zu lange, dafür aber besonders lebhaft bei einem Bild verweilen.

VORSCHLAG:
Es bietet sich geradezu an, das erste Bilderbuch selbst herzustellen. Vier dicke Kartonseiten werden gelocht, mit den entsprechenden Bildern bekelbt und dann mit Schnur lose verbunden und zwar dergestalt, daß die einzelnen Seiten umgeklappt werden können. Auf diese Weise sieht das Kind immer nur einen Gegenstand. Außerdem fällt das Drängen zum Umblätternwollen weg.

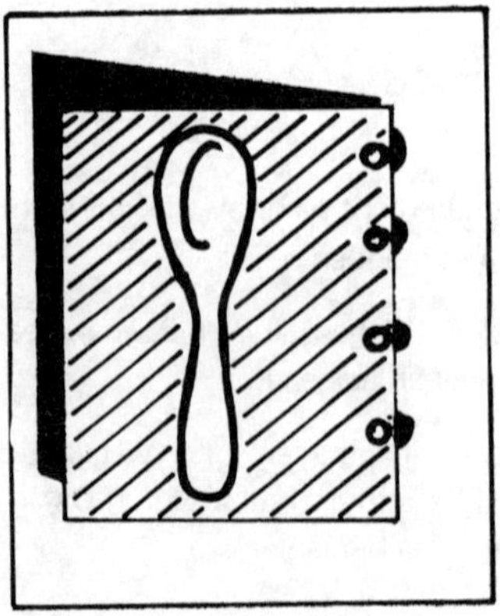

WICHTIG!

BEIM UMGANG MIT DEM KIND SOLL SICH DER ERWACHSENE VON SEINEN GEFÜHLEN LEITEN LASSEN! DIE MANCHMAL ZU SEHR ÜBERLEGTE, ALLE EVENTUALITÄTEN PRÜFENDE ERZIEHERHALTUNG BÜSST AN SPONTANEITÄT UND NATÜRLICHKEIT EIN.

**Die ersten Bilderbücher**

(eine Auswahl)

Dick Bruna, Erste Bilder
10 farbige Seiten auf Pappe, ohne Text – Format 17,5 x 20,5 cm Lam. Halbleinen

Dick Bruna, Ich bring dir die Milch von der Kuh und noch was dazu
10 farbige Seiten auf Pappe, ohne Text – Format 17,5 x 20,5 cm Lam. Halbleinen

Dick Bruna, Allerlei zum Spielen
10 farbige Seiten auf Pappe, ohne Text – Format 17,5 x 20,5 cm Lam. Halbleinen

Albertine Dependorf, Erstes Bilderbuch
10 farbige Seiten auf Pappe, ohne Text – Format 17,5 x 20,5 cm Lam. Spiralheftung

Wolfgang de Haen, Für mich zum Essen
12 farbige Seiten auf Pappe, ohne Text – Format 15 x 15 cm Lam. Pappband

Halmut Spanner, Meine ersten Sachen
12 farbige Seiten auf Pappe, ohne Text – Format 15 x 15 cm Lam. Pappband

Hermann Wernhard, Das ist meins
12 farbige Seiten auf Pappe, ohne Text – Format 15 x 15 cm Lam. Pappband

Kleine Spiralbücher, ohne Text, je 24 oder 18 Seiten, farbig – 14,5 x 14 cm Pappe laminiert
Titel: Von morgens bis abends
Auf dem Land

Albertine Dependorf, Tiere
10 farbige Seiten auf Pappe, ohne Text – Format 17,5 x 10,5 cm Spiralheftung

pestalozzi-plus
dicke Pappbilderbücher, 12 Seiten, innen und außen abwaschbar
Titel: Baden
Essen und Trinken
Spielen
Vor dem Einschlafen

Margret Rettich, Dies und das
Ein Bilderbuch, das die Begriffswelt und den Wortschatz des Kindes erweitert.
10 Seiten, unzerreißbar, absaschbar

Eva Scherbart
Pappbilderbücher, ohne Text
Titel: Beim Arzt
Das sehe ich bei mir zu Hause
Das sehe ich in meinem Zimmer
Das sehe ich auf der Straße
Das sind wir
Komm heraus und spiel mit uns

Ali Mitgutsch, Was ich schon kann
12 farbige Seiten auf Pappe, ohne Text – Format 15 x 15 cm Lam. Pappband

Hermann Wernhard, Wer fährt in diesem Auto?
12 farbige Seiten auf Pappe, ohne Text – Format 15 x 15 cm Lam. Pappband

Hermann Wernhard, Wer kommt da?
12 farbige Seiten auf Pappe, ohne Text – Format 15 x 15 cm Lam. Pappband

Wolfgang de Haen, Was ist da passiert?
12 farbige Seiten auf Pappe, ohne Text – Format 15 x 15 cm Lam. Pappband

Sigrid Heuck, Ich geh raus
12 farbige Seiten auf Pappe, ohne Text – Format 15 x 15 cm Lam. Pappband

Margret Rettich, Ich weiß, was du bist
Sachbücher mit 10 Seiten

Margret Rettich, Ich weiß, was du machst
Sachbücher mit 10 Seiten

Gabriele Lorenzer, Emma
10 farbige Seiten auf Pappe, ohne Text – Format 17,5 x 20,5 cm Lam. Halbleinen

Leporellos, Leporello-Molly
Weichplastik-Bilderbuch, absaschbar, mit einfachen Bildern aus der Umwelt des Kleinkindes

## GEBÄRDE ALS VERMITTLERIN

Das Charakteristikum der Gebärde besteht darin, daß sie eine Teilbewegung eines Vorganges, einer Handlung, eines Zustandes, einer Befindlichkeit ist. Aus dem Gesamtvorgang des Rasierens wird beispielsweise das Schaben an der Wange herausgelöst und durch die Auf- und Abwärtsbewegung der geschlossenen Hand an der Wange wiedergegeben.

EIN TEIL REPRÄSENTIERT DAS GANZE UND BESITZT ZUDEM NOCH DEN BEZUG ZUM ERLEBTEN, KONKRETEN VORGANG.

Die Gebärde läßt sich demnach aus einem Handlungsablauf, aus einer äußeren Erscheinung, aus einer inneren Zuständlichkeit ***unmittelbar*** ableiten. Daher kommt der Gebärde als Vermittlerin zweierlei Bedeutung für die Sprachentwicklung zu.

### Verbindung zwischen Lautgebilde und Situation

Der Erwachsene spielt dem Kind folgende Situationen vor:
a) Wie groß bist du? Sooo groß!
b) Wir machen hopp, hopp, hopp. Mach auch hopp, hopp, hopp!
c) Wo hat das Kind die Nase? Da!
Nach einer gewissen Anzahl von Wiederholungen der selben Spielsituation wird das Kind richtig, d.h. im Sinne des Sprachverständnisses reagieren, weil die dabei verwendete Gebärde als Vermittlerin des Sprachverständnisses auftritt.

DAS EINGEHEN AUF GEWISSE NATURHAFTE GEBÄRDEN DER ERWACHSENEN IST EIN VIEL EINFACHERER PROZESS ALS DAS EINGEHEN AUF LAUTE, DENN LAUTE SIND IM ALLGEMEINEN MIT IHRER BEDEUTUNG NUR DURCH EINE ÄUSSERE, GEBÄRDEN ABER DURCH EINE INNERE BEZIEHUNG MITEINANDER VERBUNDEN (Stern).

1. Situation ⟷ Gebärde
2. Situation ⟷ Gebärde und Laut
3. Sitaution ⟷ Laut

Es ist daher durchaus berechtigt und wünschenswert, wenn bei dem Anbahnen der ersten zwanzig Begriffe Gebärden als Vermittler des Inhalts einer Lautfolge verwendet werden.

### Vom Konkreten zum Abstrakten

Bei der allmählichen Ausdifferenzierung der Wortbedeutung ist zu beobachten, daß das Kind zuerst Worte aus der konkreten, greif- und faßbaren Umwelt erlernt und erst nach und nach die mit abstrakterem Inhalt (denken, glauben, Schmerz, Angst, Freude usw.) erfaßt. Welche großen Schwierigkeiten dieser Abstraktionsprozeß den Kindern bereitet, sehen wir daran, daß sie zunächst das Unanschauliche zu „verdinglichen" versuchen. Die Mittlerfunktion übernimmt hierbei wieder die Gebärde.

EISPIEL:

/ie soll das Kind den Inhalt von „stark" erfahren? Diese Eigenschaft sieht man beispielsweise dem ferd ohne Vorwissen nicht an. Erst wenn das Kind erfahren hat, welche Mühe, welche Anstrengung Preßlaute werden geäußert, der Gesichtsausdruck verändert sich, der ganze Körper spannt sich) das iehen eines Wagens, das Wegschieben einer Truhe bereitet, wird es eine Vorahnung des Begriffs eralten.

/enn der Erwachsene nun sagt: „Das Pferd ist stark", und wenn er hierzu eine entsprechende Gebärde erwendet, wird das Kind das Starksein des Pferdes eher erfassen und innerlich nachvollziehen können.

)er Erwachsene soll sich daher nicht scheuen, seine Aussagen mit Mimik und Gestik zu unterstreichen. /ir möchten hier nicht der GEBÄRDENSPRACHE das Wort reden, doch sei darauf hingewiesen, daß ie in ihrer Eigenschaft als Vermittlerin des Sinnverständnisses bei sprachentwicklungsgestörten Kinern phasenweise maßvoll eingesetzt werden kann.

**Einige Beispiele:**

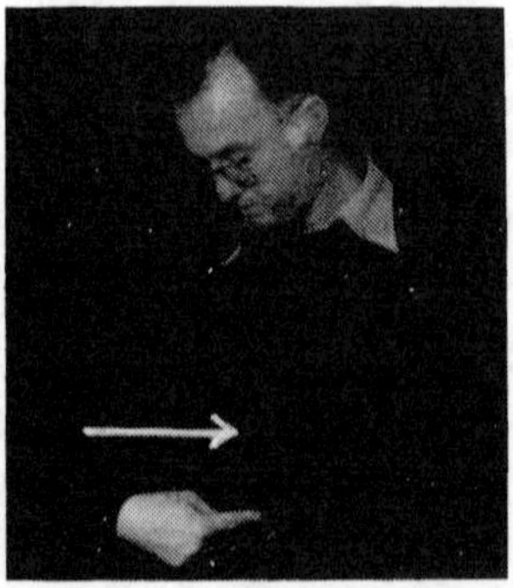

Bauch

Boot Schiff

Brille

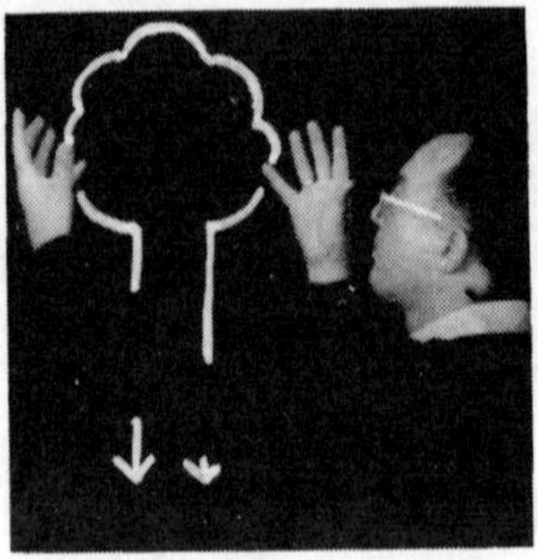

Baum

Buch lesen

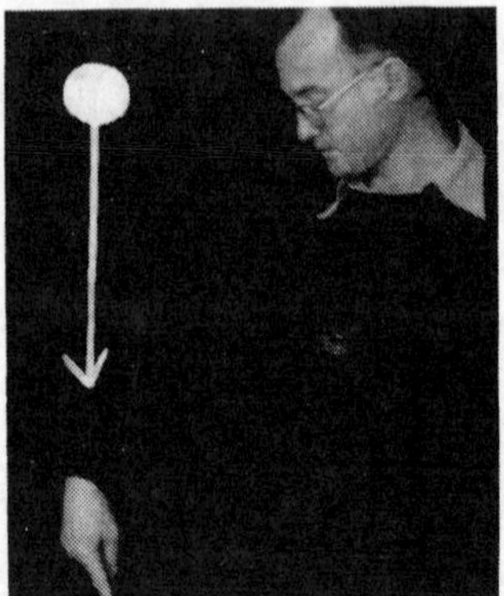

Bein

## PIELE ZUR BEGRIFFSBILDUNG VON TÄTIGKEITEN

)er Gebrauch eines Hauptwortes, das Aussprechenkönnen des Namens eines bestimmten Gegenstan-es, einer Sache, ist in der Aufeinanderfolge der Phasen der Sprachentwicklung ein äußerst wichtiger ;chritt. Es ist jedoch auch von Beduetung, daß das Kind lernt, die Tätigkeiten zu bezeichnen, denn ›hne diese Fähigkeit wird es nicht in der Lage sein, später in Sätzen zu sprechen.

)ie Dinge, die einen Namen bekamen, konnten angeschaut, angefaßt, gefühlt und gehört werden. Die 3ewegung ist viel abstrakter. Viele unterschiedliche Dinge können die gleiche Bewegung aufsühren.

3EISPIEL:
)ie Mutter *wäscht* die Kleidungsstücke.
)er Vater *wäscht* das Auto.
)er Bruder *wäscht* die Hände.

Jm den Kind beim Erlernen, d.h. beim Verstehen und beim Gebrauch der Zeitwörter zu helfen, wer-len geeignete Spiele und Sprachsituationen nachfolgend aufgezeigt.

**;ituationshilfen**

)as erste Lernziel beinhaltet, daß das Kind das Gesprochene verstehen lernt.
Jeben dem Informationswert des Gesichtsausdrucks (s. Vater/ ,,Vom ersten Laut zum ersten Vort", Konrad Wittwer-Verlag, Stuttgart), den Lippenbewegungen und dem Wortklang bietet ein GE-)RDNETER TAGESAUBLAUF zusätzliche Verstehenshilfen.

)ie täglich zu einer bestimmten Zeit, an ein und demselben Ort und in einer charakteristischen, atmo-phärischen Einbettung erfolgten Aufforderungen, die Hände vor dem Essen, nach dem Toilettengang u waschen, werden zur Gewohnheit, zu einer festumrissenen, einprägsamen Situation. Wenn solche ixen Punkte im Tagesablauf immer mit dem gleichen sprachlichen Ausdruck verbunden werden, ist lie Chance, daß das Kind diese Wörter schneller verstehen lernt, größer.

3EISPIEL:

| | |
|---|---|
| → Bleib weg! | → Zieh an! |
| → Warte noch! | → Iß auf! |
| → Vorsicht heiß! | → Trink langsam! |
| → Komm her! | → Mach zu (auf)! |
| → Halte still! | → Lege hin! |

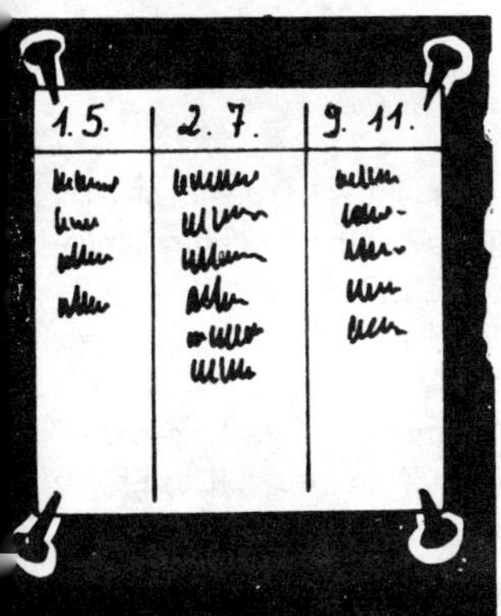


Um zu gewährleisten, daß von allen Mitgliedern der Familie immer die gleichen Ausdrücke verwendet werden, sollen diese nach einer gemeinsamen Besprechung in eine Tabelle, die im Flur aushängt, geschrieben werden.

> Auswahl der Zeitwörter, die für die erste Begriffsbildung bedeutsam sein können:
>
> kommen, geben, schlafen, aufmachen, holen, schauen, laufen, bauen, essen, trinken, werfen, nehmen.

In der Regel werden die ersten Zeitwörter von den Kindern in der 3. Person Einzahl, Gegenwartsforr (komm!) verwendet. Die Erwachsenen sollen sich in ihrer Sprechweise nicht einschränken und sich auf eine bestimmte Form festlegen, da durch einen unnatürlichen Sprachgebrauch, auch ein unnatürliches Verhalten entstehen kann.

Die nachfolgend beschriebenen Spiele nehmen auf die Formenauswahl Bezug, beginnen jedoch mit den Zeitwörtern in Befehlsform (Komm!), weil hierbei der Aufforderung zur Handlung mehr Rechnung getragen werden kann.

**Handlungserfahrung**

Den Inhalt eines Zeitwortes kann das Kind am besten erfahren, wenn es selbst tätig wird. Handlungserfahrung und Handlungserlebnis sind die Grundlage der Zeitwörter.

● **Gib! (Nimm!)**

Zeitwörter sind die Bezeichnung einer Handlung, einer Tätigkeit. Ihr Gebrauch muß daher eng mit der spezifischen Handlung gekoppelt sein, damit eine feste Verbindung zwischen Lautgestalt (Wort) und Tat gewährleistet ist.

Um dem Kind das erste bedeutungsvolle Ahnen zu erleichtern und es zum Verstehen zu führen, wird zu Beginn des Sprachentwicklungsprozesses die Geste zu Hilfe genommen.

Die GESTE (Gebärde) ist eine Teilbewegung aus einem Handlungsvollzug. Sie charakterisiert die Tätigkeit und dient als Merk- und Orientierungshilfe.

BEISPIEL:
Wenn das Kind dem Erwachsenen etwas gibt, dann wird der Erwachsene dem Kind in der Regel seine offene Hand hinhalten in der Erwartung, daß das Kind den betreffenden Gegenstand hineinlegt.

Jedesmal, wenn die Aufforderung oder Bitte „Gib!" oder „Gib? " gebraucht wird, demonstriert der Erwachsene die entsprechende Geste. Das Kind ***hört*** das Klangbild, *sieht* die ihm entgegengehaltene, geöffnete Hand und erinnert sich der vorausgegangenen Situationen.

SPIELVERLAUF:
Der Erwachsene stellt einen Palstikteller mit Materialien (Korken, Kastanien, Löffel, Kieselsteinen usw.) auf den Tisch und bittet das Kind, ihm diese Dinge nacheinander zu geben. Der Erwachsene bedankt sich jeweils und lobt das Kind, weil es so fleißig ist.

In umgekehrter Richtung wird das „Nimm-Spiel" gespielt. Der Erwachsene bietet dem Kind einen Bauklotz um den anderen an und sagt jedesmal dazu: „Nimm!".

## Auf und Zu

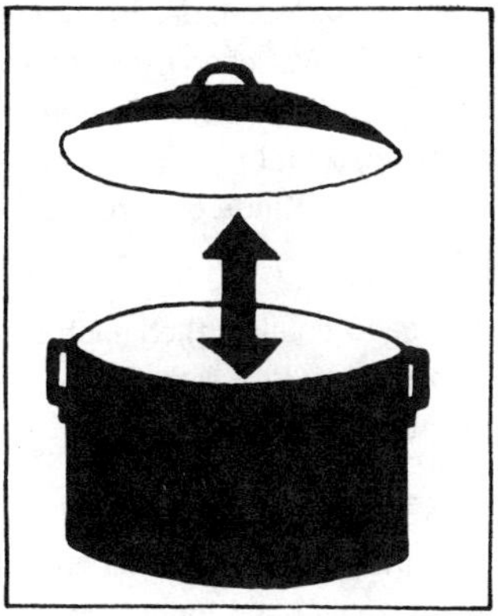

Kinder sind naseweis. Ein Topf mit Deckel wird sie allemal reizen. Sie möchten wissen, was sich in dem Topf befindet. Der Erwachsene nützt diesen natürlichen Spieltrieb für die Erweiterung des Wortschatzes aus.

BEISPIEL:

1. Er deutet dem Kind an, den Topf auf- und zuzumachen. „Mach auf!" (oder nur „Auf", Geste des Öffnens).
2. Schaut das Kind nicht in den Topf und entdeckt die Rosine, macht der Erwachsene das Kind darauf aufmerksam. „Schau, da ist eine Rosine! Die Rosine schmeckt fein! Nimm die Rosine!"
3. Der Erwachsene deutet dem Kind durch Gesten und Wort an, daß es den Deckel wieder auf den Topf setzen soll.
4. Hat sich der Ablauf des Spiels beim Kind eingeschliffen, zeigt der Erwachsene nur noch auf den geschlossenen oder geöffneten Topf und fordert das Kind zum Sprechen auf.
   Kind: „Auf!"
   Erwachsener: „Das war richtig. Du hast den Topf AUF-gemacht."

VARIATION:

Das Kind erhält eine leere Tasche. Der Erwachsene behält die volle. Nachdem das Kind auf die Situation hingewiesen wurde, öffnet der Erwachsene seine Tasche (Auf!), holt einen Gegenstand heraus, hält ihn über die geschlossene Tasche des Kindes und sagt: „Auf! Mach deine Tasche auf!" Er schließt seine Tasche wieder und tut so, als ob er die Tasche wieder öffnen möchte, zögert jedoch, schaut das Kind an und wartet, ob es „Auf" sagt.

Das Kind soll den Wunsch äußern, daß der Erwachsene seine Tasche wieder öffnen möge, damit es erneut einen Gegenstand (Eßware) erhält und in seine Tasche stecken kann.

## Puppenspiel

Das Besondere am Puppenspiel, das für Jungen in gleicher Weise wie für Mädchen geeignet ist, liegt in der Vielfalt der möglichen Aktionen. Puppen können essen, schlafen (s.d.), werden gewaschen, gehen in den Kindergarten, besuchen den Zoo usw.

Zum Puppenspiel gehören eigentlich auch die Mini-Alltagsgegenstände wie Tassen, Teller, Tisch und Stühle, Betten usw.

Zuvor einige Anmerkungen:

1. Es ist ratsam, mindestens zwei ähnliche Puppen zu haben, weil das Kind während des Spiels die Bewegungen, Aktionen des Erwachsenen nachahmen soll und umgekehrt.

2. Es kann durchaus sinnvoll sein, wenn der Erwachsene das Spiel des Kindes kopiert und dessen Tun versprachlicht:
   „Ah, jetzt SITZT die Puppe am Tisch. Was gibt es denn Feines? PUDDING. Die Puppe ISST Pudding."

3. Je mehr das Kind mit dem Puppenspiel vertraut ist, desto eher kann der Erwachsene dem Kind Anregungen oder gar Aufträge geben: „Gib der Puppe etwas zu essen! Die Puppe hat Durst. Sie möchte TRINKEN!".

4. Das Kind sollte immer wieder dezent ermuntert werden, zu seinem Spiel zu sprechen: „Oh, schau, schau! Was ist das? Was macht die Puppe? "

   a) „Hunger hat mein Püppchen. Es will . . . (Brei)."
   b) Summen und Kind ermuntern, einzelne schon beherrschte Wörter zu singen.

5. Das Zeitwort meint eine Tätigkeit, die nicht an eine bestimmte Person, an eine bestimmte Puppe gebunden ist. Daher soll das Wort ‚generalisiert' werden.

   BEISPIEL:
   Das Kind besitzt drei Puppen. Jede Puppe hat einen Namen.
   „Die Anne ist schmutzig. Die Mama wäscht die Anne.
   Die Bärbel ist auch schmutzig. Die Mama wäscht die Bärbel.
   usw."

## Puppe schlafen legen

Nachdem die Puppe vom Kind, vom Erwachsenen oder beiden gemeinsam gefüttert wurde, soll sie schlafen gelegt werden. Der Erwachsene bettet die Puppe in den Puppenwagen, deckt sie behutsam zu und sagt ihr „Gute Nacht", singt vielleicht noch ein Wiegenlied, wendet sich dem Kind zu und deutet ihm an, daß die Puppe jetzt schläft.

„Pst, pst. (sich auf Zehenspitzen entfernen) Die Puppe SCHLÄFT (Geste = Kopf mit geschlossenen Augen auf gefaltete Hände seitlich neigen)!"

Im Spiel des ‚So-tun-als-Ob' lassen sich eine Vielzahl von Situationen arrangieren, die ein reales Geschehen nachahmen und die durch ein treffendes Zeitwort umschrieben werden können.

## Puppe weint

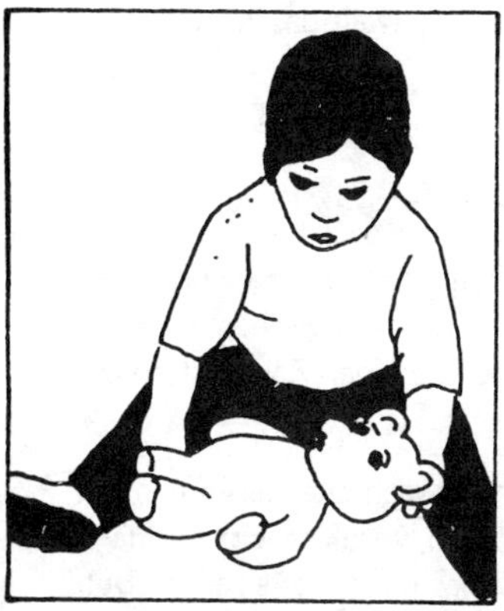

Das Kind hat sich wehgetan, es hat vor etwas Furcht. Es weint. Diese Situationen zählen zu den Grunderlebnissen des Kindes.

Im Spiel mit der Puppe wird ein Teil dessen, was auf Grund der mangelnden sprachlichen Ausdrucksfähigkeit nicht ausgesprochen werden kann, bewältigt. Der Erwachsene spielt vor, das Kind ahmt nach. Die Puppe wird in den Arm genommen, sanft hin- und hergewiegt. Es wird beruhigend auf sie eingesprochen.

„Die Puppe weint, was hat sie denn?
Der Bauch tut weh. Oh, wir blasen.
Heile, heile Segen, drei Tage Regen, drei Tage Schnee, bald tut das Bäuchlein nicht mehr weh!"

Der Erwachsene legt dem Kind die Puppe in die Arme und spielt ao, als ob er selbst die Puppe wäre.

„Die Puppe weint, sie sagt: „Ich habe Bauchweh.
Oh, oh mein Bauch tut weh!
Du mußt mich in den Arm nehmen.
Du mußt mich schaukeln!"

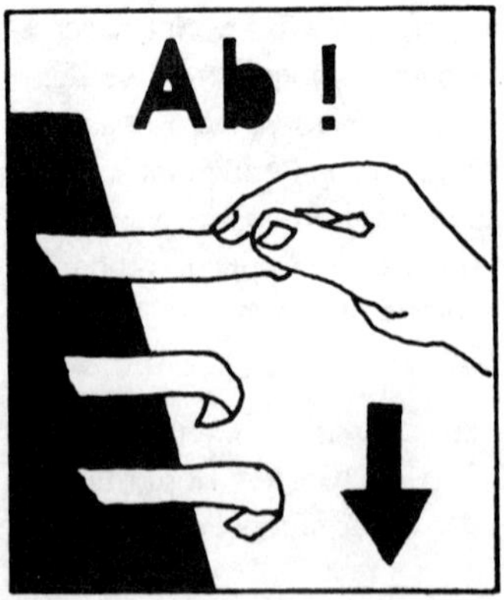


## AB! (Zieh ab! Mach ab! Weg!)

Das zweite Lernziel neben dem Sprachverständnis ist der Sprachgebrauch, das Anwenden der Sprache. Hierbei ist bei sprachentwicklungsverzögerten Kindern auf zweierlei zu achten:

1. Das auszusprechende Wort muß artikulatorisch einfach sein.
2. Die Situation des Gebrauchens muß eine Handlung zulassen.

Das Wort „ab" in der Bedeutung von ‚weg' bietet sich hierzu beispielsweise an.

BEISPIEL:
Der Erwachsene schneidet ca. zehn Zentimeter lange Klebestreifen und klebt sie so an die Tischkante, daß sie leicht abgezogen werden können. Der Erwachsene zieht einen Streifen weg und sagt laut und deutlich: „AB! Der Streifen ist AB! Mama zieht AB!"

Nun wird das Kind aufgefordert: „Zieh AB! (AB + Geste)"
Bei einem zweiten Durchgang ermuntert der Erwachsene das Kind, vor der Tätigkeit das Wort auszusprechen.

VARIATION:
Watteflocken von einem Faden zupfen, Kalenderblätter abreißen und jeweils das Wort ‚ab' sprechen lassen.

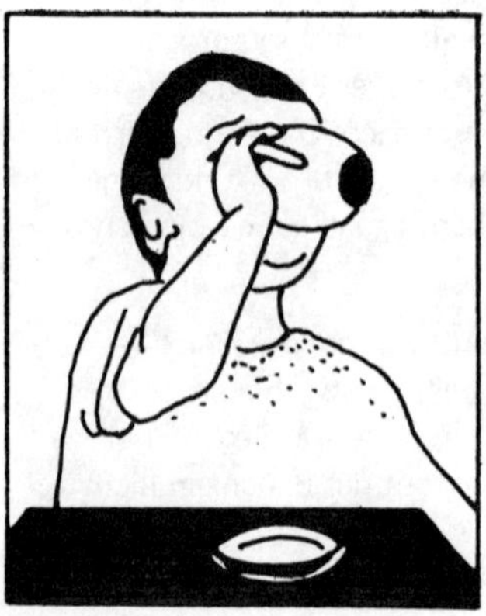

## Handlungsbilder

So wie Bilder für die Wortschatzerweiterung der Hauptwörter eingesetzt werden, so kann das in gleicher Weise bei den Zeitwörtern geschehen.

1. Betrachtet der Erwachsene zusammen mit dem Kind ein Bild, wird er nicht nur darauf abheben, daß hier beispielsweise ein ‚Bub' zu sehen ist, sondern daß der Bub auch ‚trinkt'.
   „Schau, da ist ein BUB. Was macht der BUB? Der BUB TRINKT! Mm, fein, der BUB TRINKT . . ."
2. Der Erwachsene wird mit dem Wort immer eine Geste mit anbieten. Das Kind hat dadurch die Möglichkeit, falls es noch nicht sprechen kann, sich gegebenenfalls auszudrücken, und der Erwachsene weiß auf Grund der situationsgerechten Anwendung, ob das Kind den Inhalt des Bildes verstanden und erfaßt hat.

## Sitz! – Steh auf!

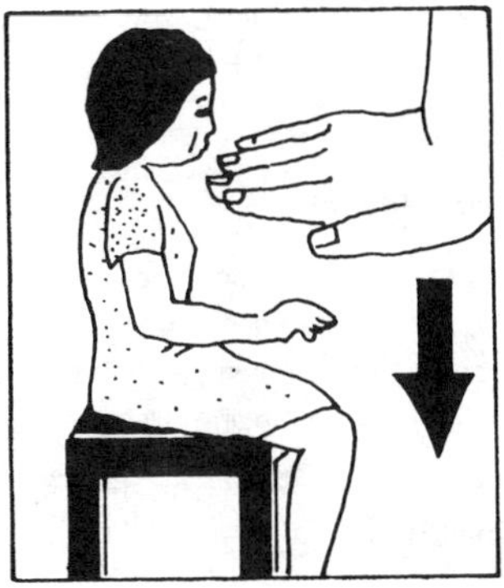

Das Kind soll den GEBRAUCHSWERT der Sprache erfahren. Dies beflügelt seine Sprachentwicklung umgemein. Kann das Kind durch die Wörter „Sitz!" (Sitzen) und „Steh auf!" (Aufstehen) den Erwachsenen zu den entsprechenden Tätigkeiten veranlassen, erlebt es die Wirksamkeit des Gesprochenen.

Zur Einführung dieses Spiels demonstrieren zwei Erwachsene den Ablauf des Spiels. Der Vater setzt sich auf den Stuhl. Die Mutter stellt sich davor, zeigt mit dem Zeigefinger nach oben und sagt: „Steh auf!". Der Vater erhebt sich unmittelbar. Jetzt ist das Kind an der Reihe. Die Mutter kniet sich hinter das Kind und beide geben gemeinsam das Kommando. In gleicher Weise können eine Vielzahl von Aktionen (Gehen, Laufen, Fangen, Werfen) durchgespielt werden.

## Bewegliche Bilder

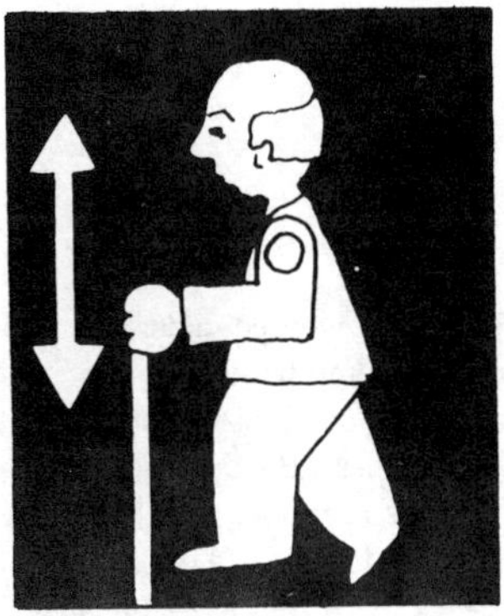

Bewegung fasziniert die Kinder immer. Deshalb können manche Bilder in der Art und Weise, wie es die nebenstehende Abbildung zeigt, angefertigt werden. Der Arm des Mannes bewegt sich auf und ab.

„Opa kommt. Opa winkt! Opa ist weg. Opa kommt wieder. Was macht Opa? Mach genauso wie Opa!"

Solche und ähnliche Bilder und Wörter sollen erst dann in Form eines Sprachspiels eingesetzt werden, wenn das Kind einige Male eine Situation, in der gewunken wurde, erfahren hat. Das Erlernen der Sprache anhand von Bildern, d.h. aus zweiter Hand, setzt die Realbewegung voraus. Zuerst kommen immer die Realsituationen und erst danach soll auf die Abbildung zurückgegriffen werden.

## Heimkino

Kinder mögen Abwechslung. Warum soll der Erwachsene in einer ruhigen Stunde nicht einmal das nebenstehend abgebildete ‚Heimkino' basteln? Er benötigt hierzu nur einen Karton, zwei Stricknadeln und einen Papierstreifen. Ist er des Zeichnens nicht mächtig oder traut er sich nicht, paust er entweder die Figuren ab oder schneidet sie aus Spielzeug- oder Kindermodekatalogen aus. Ideal wäre natürlich, wenn ein und die gleiche Figur verschiedene Tätigkeiten hintereinander ausführte.

„Heute habe ich etwas ganz Besonderes für dich. Schau, ein Bub. Was macht der Bub? Der Bub läuft. Ja, er läuft. Komm, wir laufen auch. Und jetzt, was macht der Bub jetzt? Der Bub fällt. Oh, weh!"

**Oh, du mein Hampelmann**

An der Wand hängt ein Hampelmann. Der Erwachsene und das Kind ziehen gemeinsam an der Schnur und betrachten die lustigen Bewegungen. Sie ahmen den Hampelmann nach.

„Oh, du mein Hampelmann, mein Hampelmann,
mein Hampelmann bist du.
Wir bücken uns.
Wir strecken uns.
Wir hüpfen weit nach oben.
Wir rennen um die Wette.
Wir boxen in die Luft . . ."

VARIATION:
Das Kind darf eine Bewegung vormachen und der Erwachsene ahmt sie nach. Dabei dürfen Kommandos gegeben werden: „Steh still! Hüpfen! Halt!"

**Tätigkeitsbilderbuch**

Im allerersten Bilderbuch werden in der Regel Dinge aus der unmittelbaren Umgebung des Kindes abgebildet. Das Buch gibt Antwort auf die Frage: „Was ist das? Bei der zweiten Art Bilderbuch darf die Handlung, die Tätigkeit der Personen nicht fehlen. Die Frage: Was tut (macht) er, sie, es? tritt neben der Sachbezeichnung immer mehr in den Vordergrund.

Aus diesem Grund legt sich der Erwachsene eine Bildersammlung zu oder gestaltet damit ein Bilderbuch, in dem vorwiedeng Tätigkeiten abgebildet sind. Es ist ratsam, das entsprechende Zeitwort darunter zu schreiben für den Fall, daß eine andere Person mit dem Kind das Bilderbuch betrachtet. Es soll immer das gleiche Wort gebraucht werden.
„Komm, wir schauen uns das Bilderbuch an!
Was macht der Bub? Der Bub *sitzt* auf einem Stuhl!"

## Was tun die beiden?

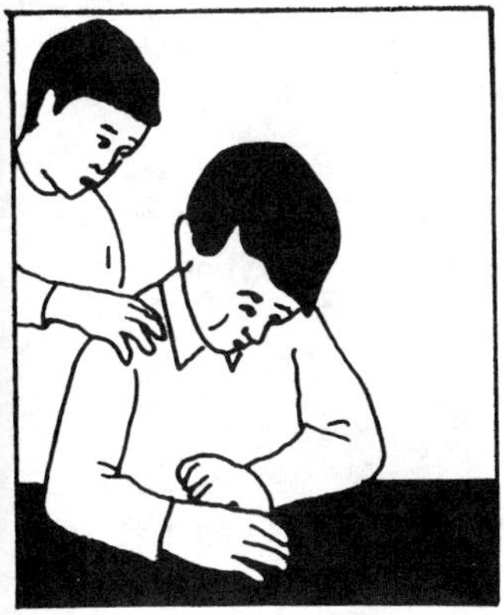

Der Erwachsene stellt zuerst die Spielabsicht dar und spielt mit einem älteren Kind die erste Runde vor.

Beide vereinbaren eine Tätigkeit, die sich pantomimisch darstellen läßt und die von anderen erraten bzw. erkannt werden kann.

BEISPIEL:
Ein Mitspieler ,weint', der andere versucht ihn zu trösten; ein Mitspieler ,fällt hin', der andere hebt ihn auf und verbindet ihm das Knie.

Diese Art Spiele stellen einen Übergang zu den späteren Rollenspielen dar. Der Unterschied besteht darin, daß hier der Erwachsene die führende Rolle übernimmt und die Eigenbeteiligung des Kindes noch im Hintergrund steht.

## Werkzeuge

Der Erwachsene stellt eine verschlossene Schachtel in die Mitte des Zimmres und läßt das Kind einen Gegenstand herausholen. Die Mitspieler sollen sagen, was das Kind in den Händen hält.

„Was ist das? Ein Hammer!"

Der Erwachsene fragt weiter:

„Was kann man damit machen?
Hämmern, Klopfen!"

Finden die Kinder nicht die richtige Bezeichnung, führen der Erwachsene und die Mitspieler die entsprechenden Bewegungen pantomimisch aus.

Nachdem alle Werkzeuge ausgepackt, bezeichnet und deren Gebrauch genannt worden sind, werden sie wieder eingesammelt.
„Der Hammer, der Hammer soll wieder in die Schachtel." Das Kind mit dem betreffenden Gegenstand legt ihn wieder in die Schachtel zurück.

VARIATION:
Zwischen den auszupackenden Gegenständen befinden sich ein oder zwei Dinge, die das Kind noch nicht kennt. Sie werden sprachlich besonders hervorgehoben.

## SPRACHE HÖREN

Das Kind kommt auf natürlichem Weg nur dann zur Lautsprache, wenn es die Sprache über das Ohr aufnehmen und im Zentralnervensystem des Gehörte behalten, erkennen, gliedern und wiedergeben kann. Neben dem Sprechen ist daher für die Sprachentwicklung die Schulung des Gehörs von einer Bedeutung, die oft unterschätzt wird.

Durch das Steigern der ***akustischen Unterscheidungsfähigkeit*** und dem Trainieren und Üben des ***akustischen Gedächtnisses*** soll insgesamt eine Art HÖRGERICHTETHEIT geweckt und erworben werden.

## HÖR-SPIELE

Bei dieser Art von Spielen ist der Höreindruck das Führungsmittel der Spielabsicht und des Spielablaufs. Um diese Spiele durchführen zu können, muß das Kind konzentriert hinhören und aufgrund des Höreindrucks sein Spielverhalten ausrichten.

### ● Geräusche beachten

Viele Tätigkeiten sind mit einer Geräusch- oder Klangkomponente verbunden. Häufig läßt sich eine bestimmte Handlung allein aus den Begleitgeräuschen erkennen und benennen. Richtet das Kind seine Aufmerksamkeit nicht von sich aus auf solche Phänomene, wird der Erwachsene ihm die Geräuschwelt bewußt machen. Der Erwachsene trommelt beispielsweise auf einer Kindertrommel und einem Pappkarton, auf einer Waschmitteltonne oder einer Blechdose.

„Hörst du? Ich trommle. Bum, bum, bum!
Ich trommle noch einmal. Bum! Hörst du das ‚Bum'? Mach auch Bum! Ich führe deine Hand und wir machen geimeinsam BUM!"

VARIATION:
Stein in Blechdose fallen lassen, Kugel in Blechdose kreisen lassen, mit Stab in Plastikdose führen, mit Löffel auf Tisch klopfen, mit Finger an gespanntem Gummiband zupfen.

## Dirigieren

Musik beginnt irgendwann und hört zu einem bestimmten Zeitpunkt wieder auf, das Tempo steigert sich, schwächt sich wieder ab, die Musik wird einmal lauter sein und einmal leiser. Alles das ist hörbar und läßt sich durch Bewegungen ausdrücken.

BEISPIEL:
Der Erwachsene schaltet das Radio (Schallplattenspieler) ein und beginnt im Rhythmus der Melodie zu dirigieren. Er schaltet wieder ab und hört sofort auf zu dirigieren.

Er nimmt eine Lauschhaltung ein (gespannter Gesichtsausdruck, Hand hinters Ohr halten) und beginnt in dem Moment wieder zu dirigieren, in dem die Musik zu hören ist.

Beim dritten Durchgang ermuntert er das Kind, es ihm gleichzutun. Zeigt das Kind keine Ansätze, führt er dessen Hände. Neben dem Dirigieren kann auch getanzt, gehüpft, gestampft, geklatscht werden.

VARIATION:
Im Takt und im Rhythmus der Musik wird mit einem Stöckchen auf eine alte Pfanne getrommelt, mit den Händen auf die Tischplatte geklopft usw.

## Unter Pappkarton sprechen

Der Erwachsene und das Kind stülpen über ihre Köpfe einen Pappkarton, der so groß ist, daß beide ausreichend Platz darunter haben.

Die Geräusche und die Sprache, die unter der Schachtel erzeugt werden, werden als Echo zurückgeworfen. Es entsteht ein ganz neuer Höreindruck, der die Aufmerksamkeit des Kindes stark bindet. Hält das Kind seine Hand zusätzlich seitlich an die Kartonwand, spürt es die durch die Lautschwingungen entstandene Vibration.

Das Vorsprechen unter dem Pappkarton regt das Kind in der Regel zur eigenen Lautproduktion an.

VARIATIONEN:
a) Rufen außerhalb des Zimmers befindlicher Personen: „Hallo, Mama!"
b) Vorsprechen von Plapperlauten: „Lalala, lalala!"
c) Vorsprechen von Wörtern: „Papa, Mama . . ."
d) Singen

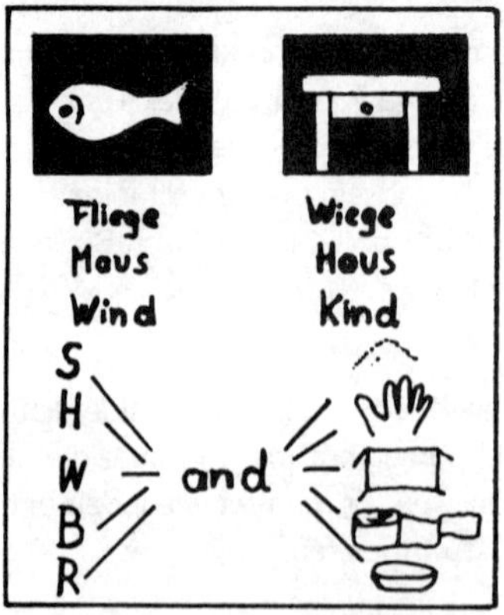


## Ähnlich klingende Wörter

Um das Wort ‚Fisch' vom Wort ‚Tisch' unterscheiden zu können, müssen dreierlei Voraussetuzngen vorhanden sein:

a) Der Inhalt der Wortbedeutung muß bekannt sein, ansonsten hört das Kind nur sinnlose Silben und diese erregen nicht seine Aufmerksamkeit.

b) Das Hören muß auf den Anfangslaut gerichtet werden können. Daher den betreffenden Laut langgezogen aussprechen ‚Pffffirsich' oder deutlich artikulieren „**T**isch".

c) Es muß insgesamt eine gewisse Konzentrationsfähigkeit beim Kind vorhanden sein, sonst rauscht alles an ihm vorbei.

BEISPIEL:
„An der Wand siehst du zwei Bilder. Komm, wir schauen sie uns genau an. Was ist das und was ist das? Das eine ist ein *Fisch* und das andere ist ein *Tisch.* Wir gehen einige Schritte zurück und jetzt gehst du wieder vor und zeigst den Tisch!"

## Tierstimmensuche

Spiele zur Hörerziehung sollten erst dann durchgeführt werden, wenn die Kinder Hörerfahrungen in realen Situationen sammeln konnten. Wenn sie beispielsweise das Miauen der Katze wiedererkennen und nachahmen sollen, müssen sie zuvor eine Katze gesehen und auch gehört haben. Der Erwachsene hat entweder Spieltiere oder Bildkarten von einigen Tieren, zu denen das Kind schon einen Bezug hat.

BEISPIEL:
Beide krabbeln im Zimmer umher und spielen ‚Hundeles'. Sie bellen sich hin und wieder dabei an.

Gemeinsam schauen sie sich ein Bilderbuch, in dem Tiere einzeln und isoliert abgebildet sind, an und ahmen die entsprechenden Tierlaute nach. Der Erwachsene ahmt den Tierlaut (miau) nach und läßt das entsprechende Tier (Spieltier oder Bild) suchen und zeigen.

Der Erwachsene ermuntert das Kind, das Tier selbst nachzuahmen.

## Wörter hören

Der Erwachsene denkt sich eine kurze Geschichte mit Gegenständen, die das Kind schon kennt, aus.

Zuerst legt er die Gegenstände in der Reihenfolge, wie sie in der Geschichte erscheinen, auf den Tisch. Später wird er sie wahllos hinlegen.

Immer, wenn der Name des Gegenstandes in der Geschichte zu hören ist, soll das Kind
a) auf den Gegenstand zeigen,
b) den Gegenstand wegnehmen oder hochheben.
Dadurch besitzt der Erwachsene eine Kontrolle, ob das Kind zuhört und die Wörter auch verstanden hat.

BEISPIEL:
„Es ist sehr heiß. (Geste des Schwitzens) Der *Teddybär* möchte ein *Eis.* Mm, das *Eis* schmeckt gut (Bauch reiben). Der *Teddybär* geht über die Straße. Achtung, da kommt ein *Auto.* Der *Teddybär* muß aufpassen . . . . ."

## Fahne schwenken

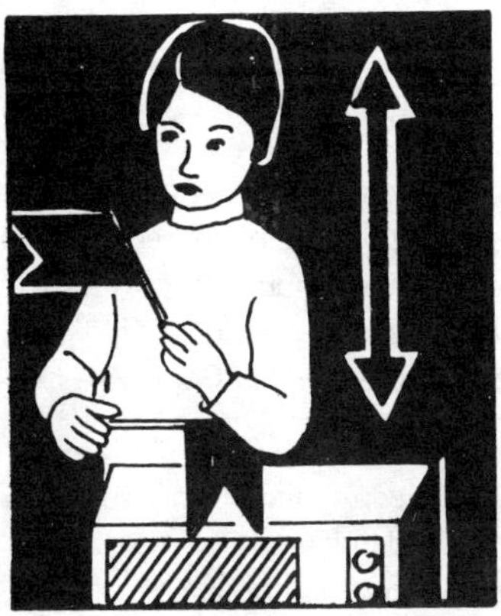

Bei diesem Spiel soll das Kind hohe von tiefen Klängen und Tönen unterscheiden lernen.

Der Erwachsene spielt einen und wenn notwendig mehrere Durchgänge vor.

Er besorgt sich eine Papierfahne und holt die Kassette, die er zuvor mit hohen und tiefen Tönen bespielt hat. Jedesmal, wenn ein hoher Ton zu hören ist, hebt er die Fahne hoch und bei einem tiefen Ton senkt er sie.

Das Kind ist an der Reihe. Zeigt es noch Schwierigkeiten, sich in den Ablauf des Spieles einzufinden, hebt oder senkt der Erwachsene den Arm des Kindes beim entsprechenden Ton.

VARIATION:
a) Bei hohen Tönen (Flöte, Glockenspiel, Xylophon, Klavier) steigen die Mitspieler auf einen Stuhl, bei tiefen Tönen setzen sie sich auf den Boden oder gehen in die Hocke.
b) Das Kind darf selbst hohe und tiefe Töne erzeugen, und der Erwachsene reagiert durch entsprechende Bewegungen darauf.

## Schnell und langsam

Kann das Kind schon schnell aufeinanderfolgende Töne und Klänge von langsamen unterscheiden? Wenn nicht, bietet sich das folgende Spiel an.

Auf dem Zimmerboden wird mit Zeitungspapier eine mehr oder weniger lange Straße gelegt. Der Erwachsene spielt vor. Während er langsam die Trommel schlägt, geht er langsam und gemessenen Schrittes über die Straße. Je schneller der Trommelwirbel wird, desto eiliger huscht er darüber weg. Hat das Kind die Absicht des Spiels verstanden, kommt es an die Reihe. Legt der Erwachsene am Ende der Straße jeweils eine Rosine als Belohnung hin, wird das Kind umso begeisterter die Straße im unterschiedlichen Tempe entlanggehen oder -hüpfen.

Schließlich werden die Rollen getauscht. Das Kind schlägt die Trommel und der Erwachsene führt die entsprechenden Bewegungen aus.

## Was hörst du?

Geräusche, die im Alltag vorkommen, soll das Kind wiedererkennen.

a) Die Geräuschquellen: mit Löffel in Tasse kratzen, Schlüsselbund schütteln, Wasser umfüllen, Papier zerreißen, Telefonbuch umblattern. Alle Geräuschquellen werden dem Kind gezeigt und die entsprechenden Geräusche benannt.

b) Alle Geräusche werden hinter einer spanischen Wand oder dergleichen erzeugt und das Kind soll die Geräuschquelle nennen oder darauf zeigen.

c) Die geräuscherzeugenden Gegenstände werden zuvor nicht gezeigt. Das Kind soll aus dem Gedächtnis die Geräusche wiedererkennen.

d) Die Geräusche werden auf Tonband aufgenommen und am gleichen oder am nächsten Tag dem Kind wieder vorgespielt. Weiß es noch, welches Geräusch, welcher Geräuschequelle (Abbildung) zuzuordnen ist?

## ● Namen flüstern

Auf dem Tisch stehen einige Gegenstände oder Bilder. Jeder Mitspieler darf einem anderen einen Namen ins Ohr flüstern. Der zweite Mitspieler sagt anschließend laut, was er gehört hat, so daß kontrolliert werden kann, was der erste gesagt und was der zweite gehört hat.

VARIATION:

a) Das Wort wird flüsternd von einem Ohr zum anderen Ohr weitergegeben. Was kommt am anderen Ende des langen Hörrohres heraus?

b) Die Mitspieler teilen sich in zwei Gruppen und stellen sich in einer Reihe gegenüber auf. Ein Kind flüstert den Namen eines Kindes aus der gegenüberstehenden Reihe. Konnte es richtig verstanden werden, darf es sich setzen. Es kommen alle Mitspieler an die Reihe. Die Mitspieler müssen gut zuhören und die Namen leise, aber deutlich aussprechen.

## ● Brummen, schreien, jammern, weinen

Bei diesem Spiel soll der Erwachsene den Kindern in verschiedenen Sprechweisen und in unterschiedlichen Stimmklängen vorspielen. Heißt es beispielsweise ‚brummen', wird er brummen; heißt es ‚jammern', wird er jammern.

„Fünf Männlein sind in den Wald gegangen,
sie wollten einen großen Hasen fangen.
Der Erste war so dick wie ein Faß,
der brummte immer: Wo ist der Has? Wo ist der Has?
Der Zweite der schrie: Da, da da. Da sitzt er ja!
Der Dritte, der war der längste, aber auch der bängste.
Der fing an zu weinen: Ich sehe keinen, ich sehe keinen.
Sprach der Vierte: Das ist mir zu dumm, ich kehr wieder um.
Der Kleinste aber, wer hätte das gedacht, der hat den Hasen nach Hause gebracht.
Da haben alle Leute gelacht.
Ha, ha, ha!

- Ich bin ein kleiner Hampelmann,
  der Arm und Bein bewegen kann,
  mal rechts hm, hm,
  mal links hm, hm,
  mal auf hm, hm,
  mal ab hm, hm,
  und auch mal klapp, klapp, klapp.
  (Zeigefinger können im Rhythmus der Sprache und im Sinne des Verses bewegt werden)

- Ich wollt, ich wär ein Huhn,
  dann hätt ich nichts zu tun.
  Ich legte jeden Tag ein Ei
  und sonntags auch mal zwei.
  (Rhythmus mit den Füßen dazustampfen, ‚Eier' durch Daumen- Zeigefingerbewegung darstellen)

- Schnurre, Katze,
  kratze, kratze, kratze, Katze.
  Mit der Schnauze
  miaut se'.

- Teddybär, Teddybär heb den Arm!
  Teddybär, Teddybär heb das Bein!
  Teddybär, Teddybär das war fein!
  (Entsprechende Bewegungen ausführen)

- Eins, zwei, drei, vier, fünf, sechs, sieben.
  Wo bist du so lang gebliegen?
  Warst nicht hier,
  warst nicht da.
  Warst wohl in Amerika.
  (Zahlwörter den Fingern zuordnen, fragende Gebärde, nach rechts und links zeigen, auf Kind zeigen und lachen)

- Sechs mal sechs ist sechsunddreißig,
  und die Kinder sind so fleißig,
  und der Lehrer ist so faul,
  wie ein alter Schockelgaul.

- Wulle, wulle Gänschen
  wackelt mit dem Schwänzchen.
  Wollt ihr wissen, wer ich bin?
  Ich bin die Frau Königin.
  Ihr seid meine Kinder!
  Gickel, gackel, gack.

- Ich weiß' nen Witz
  vom Onkel Fritz,
  der in der Badewanne sitzt
  und schwitzt.

- Hänschen, mein Schätzchen,
  zieh mit mir auf's Dorf,
  da singen die Vögel,
  da klappert der Storch.
  Da pfeift die Maus,
  da tanzt die Laus,
  da hüpfen die Flöhe
  zum Fenster hinaus.

- Vögel, die nicht singen,
  Glocken, die nicht klingen,
  Pferde, die nicht springen,
  Pistolen, die nicht krachen,
  Kinder, die nicht lachen.
  Was sind das für Sachen?
  (Die genannten Tätigkeiten werden pantomimisch ausgeführt)

- Häschen in der Grube
  saß und schlief!
  Armes Häschen, bist du krank,
  daß du nicht mehr laufen kannst?
  Häschen hüpf, Häschen hüpf!

- Heute soll'n wir backen geh'n.
  Wickelkuchen rund und schön.
  Recht viel Zucker nehmen wir.
  Eier zwischen drei und vier.
  Rollen wir den Teig fein,
  wickeln wir den Mus ein.
  Hei, das soll uns schmecken.
  Hei, da woll'n wir schlecken.

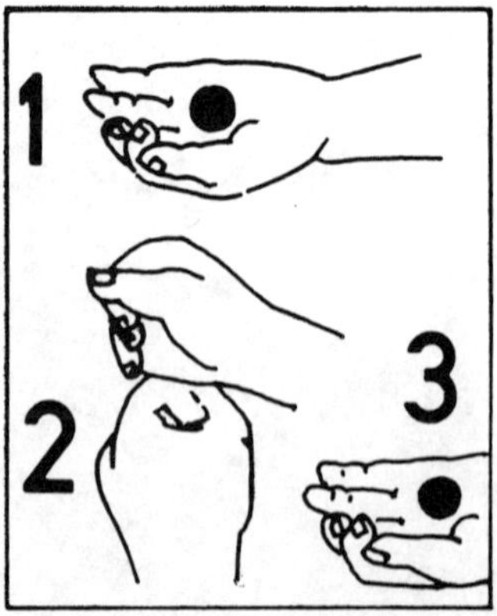


Eine Süßigkeit wird vor den Augen des Kindes in ein Hand gelegt, die Fäuste werden gleichlaufend zum gesprochenen Vers übereinandergehalten, zur Schluß wird die Faust mit der Süßigkeit geöffnet.

● Pinke – pank,
der Schmied ist krank.
Wo soll er wohnen?
Unter oder oben?

Pinke – pank,
wo steht der Schrank?
Untern oder oben?

Mit Daumen, Ringfinger und kleinem Finger wird ein Netz, in dem ein Zuckerei versteckt ist, gebildet. Zeige- und Mittelfinger stellen die langen Ohren des Osterhasen dar.

● Lange Ohren, Schnuppernäschen,
ist das nicht das Osterhäschen?
Hüpf di hüpf, hüpf di hüpf,
kommt er über's Gras gehüpft.
Ostereier süß und fein
bringt's für unser (Name) -lein.

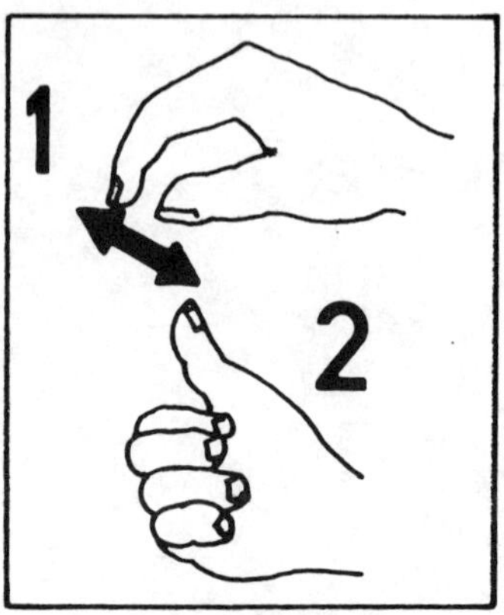


Daumen und Zeigefinger berühren sich,
Daumen schaut aus der Faust.

● Vögelein, Vögelein
piep, piep, piep.

Schornsteinfeger, Schornsteinfeger
kieck, kieck, kieck.

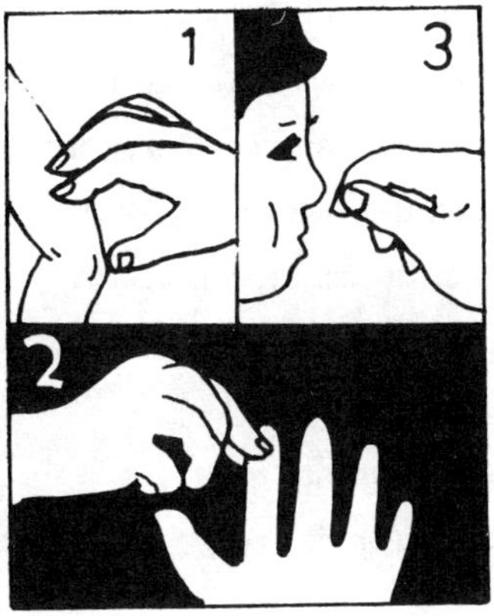


● Wo wohnt der Schneider?
Ein Stückchen weiter,
ein Stückchen weiter,
ein Stückchen weiter.

(Krabbelnde Finger klettern immer weiter den Arm hinauf)

Soll ich klingeln?
Soll ich klopfen?
Ihn an der Nase zopfen?

Jaaaaa!

(Daumen und Zeigefinger berühren, beklopfen und ziehen nacheinander am abgespreizten Daumen, Zeigefinger, Ringfinger. Bei ‚Jaaa' wird an der Nase des Kindes gezogen)

● Fünf Hündchen hat der Franz:
Eins wedelt mit dem Schwanz.
Eins läuft wickel, wackel.
Eins hütet die Schafe, das brave.
Eins hält Wacht in dunkler Nacht.
Und eins, das kleine,
führt Fränzchen an der Leine.

(Jedem Finger wird eine Verszeile zugeordnet)

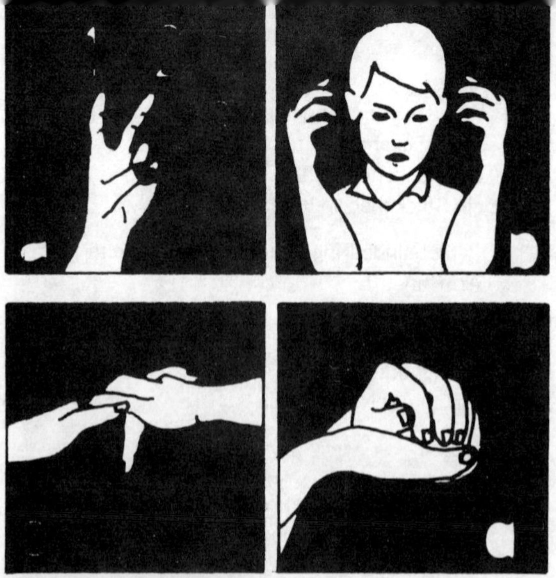

Ich kenne drei Karnickelchen,
das sind fidele Zwickelchen.
Das erste heißt Karnickelchen,
hat Ohren, wickel-wackelchen,
das zweite heißt Karnockelchen,
hat um den Hals ein Glockelchen.
Das dritte heißt Karnuckelchen,
es hat ein krummes Buckelchen.
Hackel, nockel, nuckel,
mach's Ställchen zu,
sonst laufen sie weg!

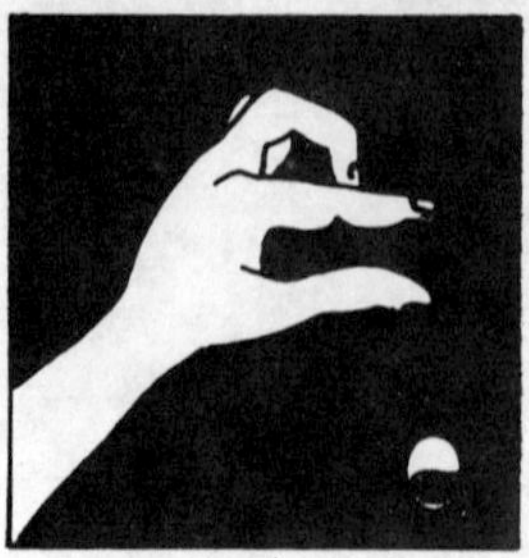

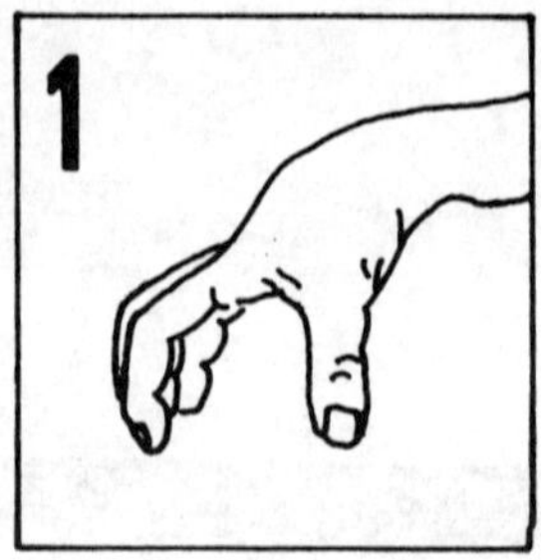


Wenn man am Klavier sitzt, wird zuerst die Hand gestützt.
Kleiner Finger regt sich, zweiter Finger bewegt sich, dritter
Finger darf nicht ruhn,
vierter Finger will auch
was tun,
fünfter Finger beginnt sodann –
Nun fängt die ganze Hand zu
spielen an.
Didel didel didel dum
stschingderassa –
bum, bum.

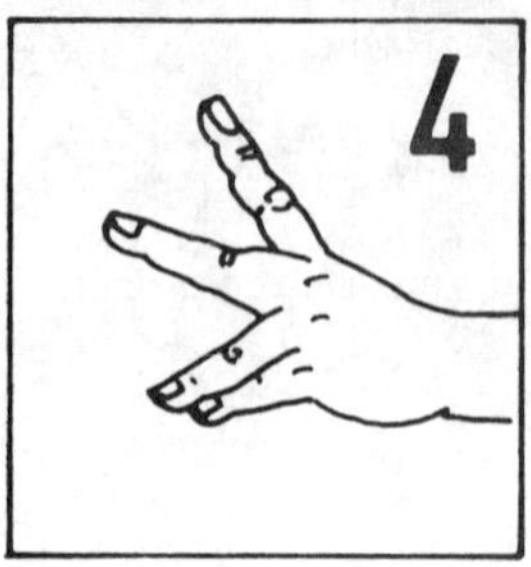


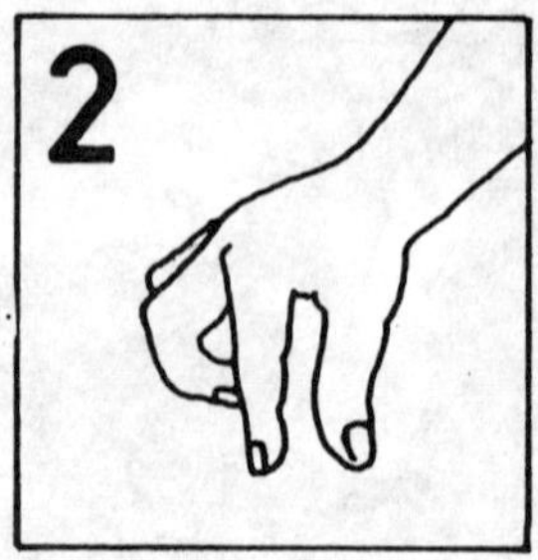


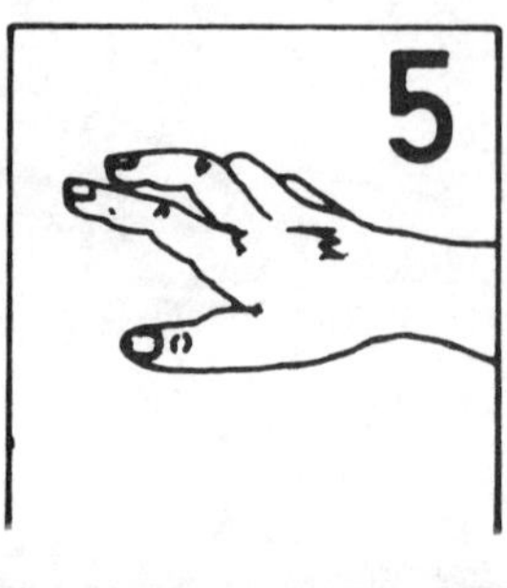


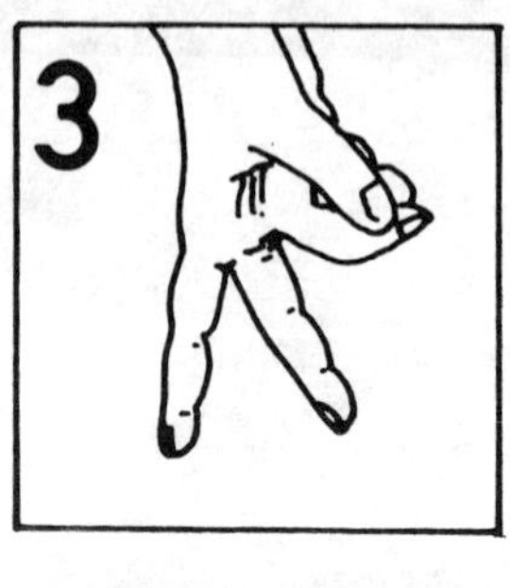

## SPRECHMOTORIK

Die Entwicklung der geistigen Seite des Sprache, deren Inhalte, Beziehungen, Vergleiche, sind eng verbunden mit der Entwicklung der Sprechmotorik.

Von den unklaren m-h-r-artigen Ausatmungslauten zu Beginn bilden sich mit dem Einsetzen der Lallphase lautreinere Laute und Silben heraus. Zwei Grundcharaktere herrschen vor. Einmal die Resonanzlaute (m, n) mit der Bedeutung des In-sich-Hereinnehmens, dann die Explosivlaute (t, d, p, b) mit dem Grundzug des Hinweisens (t, d) und des Zurückweisens (p, b). Erst danach gliedern sich die übrigen Konsonanten (h, g, ch, s, sch, r) aus. Am längsten bereiten dem Kind beim Aussprechen Wörter mit Konsonantenhäufungen Schwierigkeiten (qu, spr, pfl, str, schm, schw, zw). Die frühe Sprechgestalt orientiert sich vorwiegend an dem Rhythmus (Silbenzahl, Silbenhervorhebungen, Akzente) des Vorgesprochenen, weniger an der Lautreinheit. Dies ist zu beobachten bei Bildungen wie ‚bopf' (Topf), ‚borb' (Korb), ‚krinken' (trinken), ‚beilib' (Bleistift). Das Gestaltungsprinzip ist mehr ein ganzheitliches. Einzellaute spielen noch eine untergeordnete Rolle. Diese dadurch erreichte Gestaltstraffung kommt dem immer drängender werdenden Mitteilungsbedürfnis der Kinder entgegen. Die Artikulationsbesonderheiten bilden sich bis zum mittleren Kindergartenalter zurück. In der Regel sind sie mit Schulantritt nur noch vereinzelt zu beobachten.

**Entwicklung der Artikulationsrichtigkeit in %**

| | | | | |
|---|---|---|---|---|
| mit 2 Lebensjahren | = | 30 % | richtig gebildete Laute |
| mit 3 Lebensjahren | = | 53 % | richtig gebildete Laute |
| mit 4 Lebensjahren | = | 67 % | richtig gebildete Laute |
| mit 5 Lebensjahren | = | 78 % | richtig gebildete Laute |
| mit 6 Lebensjahren | = | 83 % | richtig gebildete Laute |

Laute, Wörter, Sätze sind einerseits das hörbare Produkt der Sprechmuskulatur und andererseits das Ergebnis der Koordination und Steuerung von bestimmten Bereichen des Zentralnervensystems (ZNS). Die Entwicklung der Sprechmotorik kann daher durch zweierlei Spielarten beeinflußt und gefördert werden:

a) durch die sogenannten Lautspiele, die das Nachahmenwollen aufgrund des Höreindrucks und des Situationserlebnisses bewirken,

b) durch die Bewegungsspiele, die durch eine ganzkörperliche Bewegung die Bewegungsmuskulatur des Sprechapparates anregen.

## LAUTSPIELE

Sprachentwicklungsgestörte Kinder benötigen oftmals eine zusätzliche Anregung und Unterstützung beim aktiven Sprechen und Produzieren von Silben und Silbenketten. Eine Möglichkeit zur Sprechaktivierung stellen die Lautspiele dar.

### ● Kasperpuppen

Kinder lassen sich von Kasperpuppen in ihren Bann ziehen. Sie vergessen ihre Umwelt, legen alle Hemmungen und alle Scheu ab und identifizieren sich mit ihrem Kasper, dem Räuber, der Prinzessin usw.

Der Erwachsene läßt eine Kasperpuppe auftreten, erzählt eine kleine Geschichte, in der der Kasper zwischendurch immer wieder einmal kräftig und herzhaft lachen muß.

Dieses „Ha, ha, ha" soll das Kind anstecken, es ermuntern mitzulachen. Lacht das Kind nicht spontan, wird es vom Kasper dazu aufgefordert.

VARIATION:
Hexe – hi, hi, hi!
Polizei – ho, ho, ho!
Teufel – hu, hu, hu!

### ● Aktionsbilder

Die Lautspiele lassen sich auch auf die Bildkarten ausdehnen. Durch gestisch-mimisches Sprechen werden die Tätigkeiten, die auf dem Bild angedeutet sind, gebildet in der Absicht, daß das Kind sie nachahmt.

BEISPIEL:

a) Thomas hat eine Trompete.
Thomas spielt Trompete.
Tä, tä, tä, tä ........
Spiel auch Trompete: Mach auch so!
Tä, tä, tä, tä ........
(Geste des Trompetenspielens bei gleichzeitigem Sprechen)

b) Was ist denn da zu sehen?
Ein Feuerwehrauto?
Wie macht das Feuerwehrauto?
Ta tü ta ta, ta tü ta ta ........

## Rollenspielsituationen

Die Rollenspielsituation ist noch kein eigentliches Rollenspiel, weil aus dem Gesamtablauf des Rollenspiels eine Einzelsituation herauslöst und diese für eine bestimmte Absicht z.B. der Wortproduktion verwendet wird.

An der Wand hängt ein Cowboybild, im Bilderbuch ist ein Cowboy zu sehen. Der Erwachsene weist auf den Colt hin, tut so, als ob er selbst einen Colt tröge und ruft laut: „Päng, päng, päng!" Dann weist er auf ein gemeinsames Ziel und ermuntert das Kind, ihm beim ‚Päng, päng' zu helfen.

## Bewirk-Siatuationen

Wenn Kinder die Erfahrung machen, daß verbale Hinweise etwas bewirken können, ist die Chance, daß sie die Lautsprache schneller lernen, größer.

a) Das Kind sitzt im Wägelchen. Der Erwachsene zieht. Jedesmal, wenn das Kind ‚Hü-Hott' sagt, zieht der Erwachsene an. Sagt das Kind ‚Oha', hält der Wagen. Es liegt in seiner Macht, was der Erwachsene tut. Es muß nur die entsprechende Lautverbindung sagen.

b) Der Kasten muß von einem Ende des Zimmers zum anderen geschoben werden. Wenn beide zur gleichen Zeit anschieben, geht es leichter. Das gemeinsame Kommando lautet: ‚Hau-ruck'. Das Kind gibt an, wann geschoben wird.

c) Wenn das Kind zum Erwachsenen kommt, auf den Finger deutet und „Weh" sagt, wird sich dieser besonders um es kümmern.

## BEWEGUNGSSPIELE

Sprache ist aus motorischer Sicht eine besondere Art der rhythmischen Bewegung, wobei die Elemente ZEIT, KLANG, KRAFT und FORM grundlegend sind. Werden durch geeignete Bewegungsspiele diese Elemente angesprochen, findet das entwicklungsgestörte Kind einen leichteren Zugang zur Sprache.

### Grundregel

BEVOR DAS KIND ZU LAUTÄUSSERUNGEN VERANLASST WIRD, MUSS ES DIE BEWEGUNG ERLEBEN, MIT IHR VERTRAUT SEIN. ERST DANN WIRD DER ERWACHSENE DAS KIND ZUM MITTÖNEN ANREGEN.

## FREUDE AN DER BEWEGUNG ERLEBEN

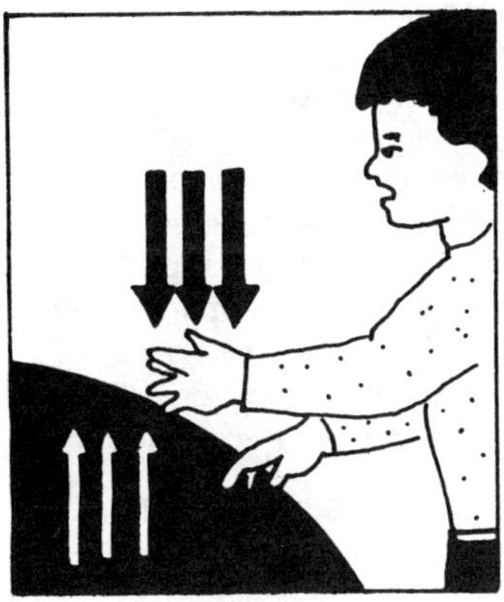

- **Mit dem großen Ball spielen und sprechen**

Der Erwachsene besorgt sich einen großen aufblasbaren Wasserball, legt ihn zwischen sich und das Kind und führt verschiedene Bewegungen mit den Händen aus.

- Hände ruhig auf den Ball legen.
- Der Erwachsene legt seine Hände auf die Hände des Kindes. Der Ball wird leicht hin- und herbewegt. Die Arme pendeln mit, der Oberkörper folgt nach und schließlich pendelt der ganze Körper hin und her.
- Mit einer Hand, später mit zwei Händen auf den Ball patschen und dabei jedesmal eine Silbe oder Silbenkombinationen sprechen (ba-ba-baa, ba-ba-baa . .).
- Mit den Fingern den Ball antippen (bi-bi-bi . .).
- Mit der Faust auf den Ball schlagen (paaa, paaa, paaa . . .).
- Mit der offenen Hand den Ball streicheln (sch, sch . .).
- Mit den Fingern an dem Ball kratzen (Krr, krr, krr . . .).
- Während der Erwachsene die zuvor beschriebenen Bewegungsgeräusche ausführt, legt das Kind sein Ohr an den Ball und horcht. Es hört die Geräusche und spürt die Vibrationen.

- Das Kind gibt dem Ball einen Schubs, so daß er wegrollt und durch den Antrieb von der gegenüberliegenden Wand wieder abprallt: *„Weg,* stoß den Ball *weg!"*
- Das Kind steht an der Wand, und der Erwachsene rollt dem Kind den Ball zu: *„Da, da* kommt der Ball. Fang den Ball!"

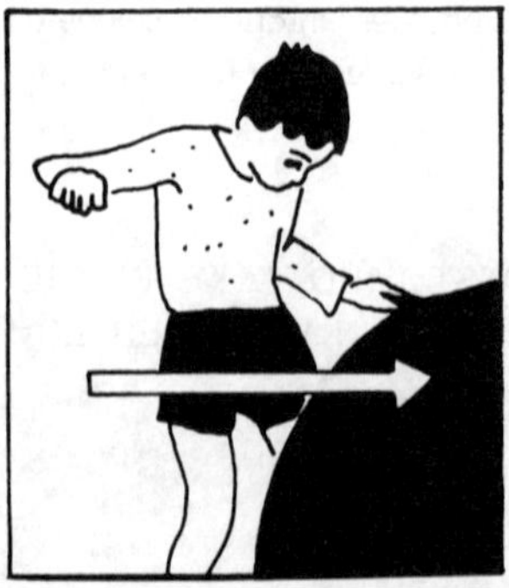

- Das Kind liegt in Bauchlage über dem Ball. Der Erwachsene schaukelt den Ball sanft hin und her: „La, la, la, der Ball geht hin und her. La, la, la, das ist so schön!"
- Der Ball dient als Boxpartner. Mit geballten Fäusten schlägt einmal das Kind und dann der Erwachsene zu: „He und he und he und noch einmal: He und he und he!"
- Das Kind sitzt auf dem Ball. Der Erwachsene läßt durch leichten Druck das Kind auf- und niederhopsen: „Auf und ab, auf und ab, ha ha, ha!"
- Um den Ball wird ein straffes Gummiband gespannt. Der Erwachsene zieht das Band etwas vom Ball weg und läßt es dann zurückschnellen: „Klatsch- und klatsch und nochmal klatsch! (Pf, pf)!"

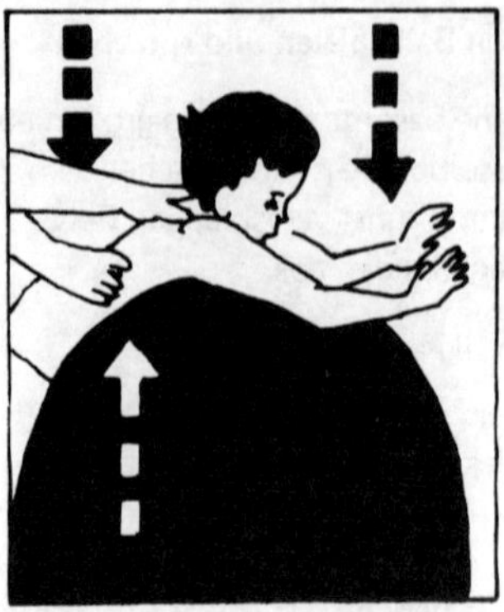

- Das Kind liegt bäuchlings auf dem weichen, grossen Ball. Der Erwachsene legt seine Hände an die beiden unteren Rippenbögen des Kindes und fühlt sich in dessen Atmungsrhythmus ein. Jeweils bei der Ausatmungsphase gibt er leichten Druck auf den Körper. Er hilft gleichsam, die Luft aus den Lungen zu pressen. Während der Ausatmung spricht er ein langgezogenes „Hooo". Ein andermal drückt er ruckartiger, so daß ein stoßweises „Hä, hä, hä" zu hören ist. In gleicher Weise kann die ganze Vokalreihe ha, ho, hu, he, hi, hä, hö, hü, hei, heu, hau vorgesprochen und das Kind zum Mitsprechen angeregt werden.

DER KÖRPER DES KINDES WIRD IN SCHWINGUNG VERSETZT. DER ATEMSTROM VIBRIERT. AUS DIESEN KÖRPERLICHEN MIKROBEWEGUNGEN ERWACHSEN OFT DIE ERSTEN KLANGIMPULSE!

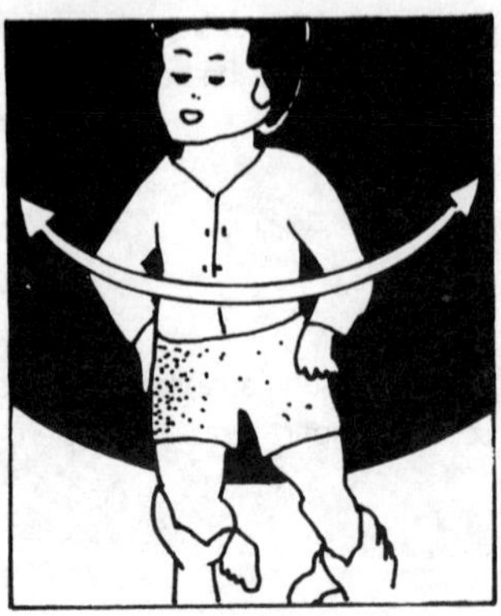

- Das Kind liegt rücklings auf dem Ball. Der Erwachsene schaukelt es leicht hin und her, vor und zurück. Er summt dabei eine Melodie:
Bim, bam, bim, bam.
Claudia singt bim, bam.
Horch wie schön das klingt:
Bim, bam, bim, bam!
Der Oberkörper des Kindes wird weiter nach hinten gebeugt, so daß er sich dehnt. Die Atmung vertieft sich, das Luftvolumen nimmt zu, die Aussprache verstärkt sich.
Sing-sang-Stimme:
Wo ist denn die Oooma?
Ist nicht hier und ist nicht da.
Ist wohl in Amerika?
Wir rufen der Oma: Ooooomaaaaa!

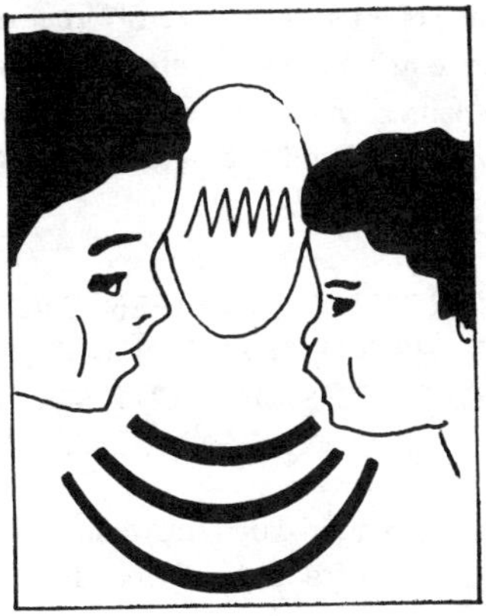


Vibrationen setzen den Körper des Kindes in Schwingung und lockern ihn dadurch. Dieser Lockerungsprozeß wirkt sich auf die Atmung aus. Die Atmung fängt an mitzuschwingen und versetzt ihrerseits die Stimmlippen in Bewegung. Ein Ton entsteht. Aus dem Vibrationserlebnis entstehen hörbare Laute, Silben und ganze Sätze.

- Der Luftballon dient als Vibartionsüberträger. Zwischen die beiden Stirnen gelegt, kann die Körperschwingung beim Sprechen gefühlt werden.
  a) Vokalreihe a e i o u
  b) Umlaute ö ü eu ei ä
  c) Nasallaute m n

WICHTIG:

DAS TÖNEN SOLL NICHT NUR VOM ERWACHSENEN AUSGEHEN. JEDE STIMMÄUSSERUNG DES KINDES IST AUFZUNEHMEN UND DURCH DEN ERWACHSENEN ZU VERSTÄRKEN.

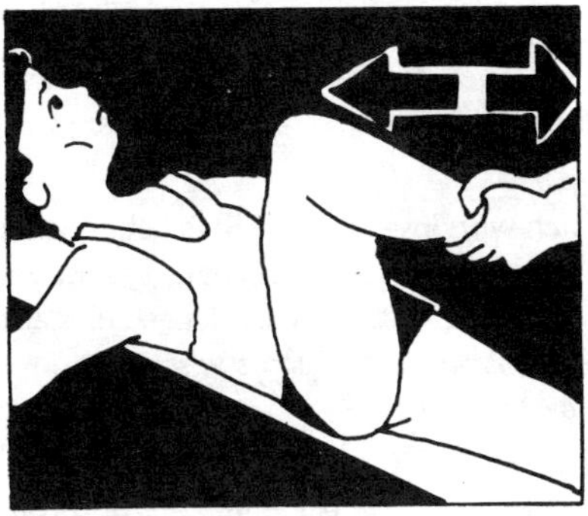

- Das Kind hält einen Ballon in den Händen. Der Erwachsene spricht auf den Ballon. Das Kind spürt die Vibration. Legt das Kind seine Lippen an den Ballon, empfindet es die Mikroschwingungen sehr intensiv.

- Das Kind liegt rücklings auf dem Teppich oder einer zusammengelegten Decke. Der Erwachsene winkelt dessen Beine an und vibriert sie mit leichtem Druck gegen den Körper des Kindes und spricht einen rhythmischen Vers (s.d.). Ist das Kind mit dieser Stellung vertraut, soll es mehr und mehr in die Lautgebung mit einbezogen werden.

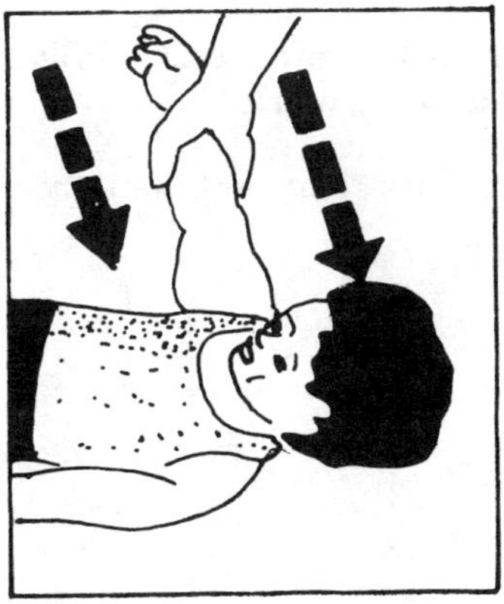

- Wieder liegt das Kind rücklings auf einer weichen Unterlage. Der Erwachsene fasst die Hand des Kindes und zieht sie vibrierend vom Körper weg und drückt sie wieder vibrierend auf ihn zu. Ein ähnliches Vibrationsspiel kann auch mit den gestreckten, steif gemachten Beinen durchgeführt werden. Der Erwachsene fasst die Beine des Kindes an den Fesseln und zieht und drückt sie vibrierend vom Körper weg und wieder zurück.

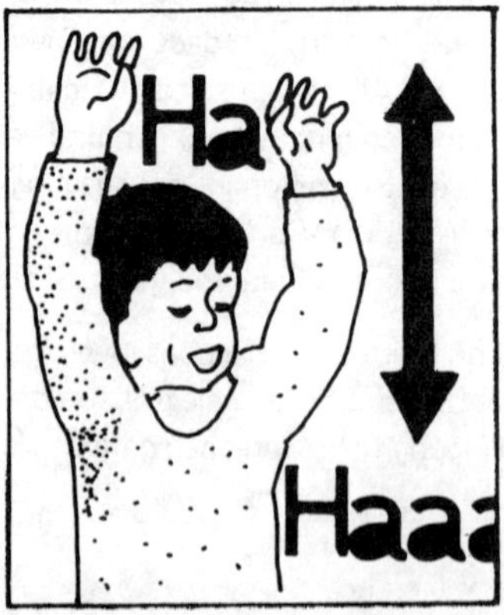


- Der Erwachsene reckt seinen ganzen Körper und streckt die Arme in die Höhe. Er atmet dabei ein und läßt sich dann zusammenfallen. Hierbei wird die Atmung verlängert und es entsteht ein langgezogenes ‚Haaa'.

**Grundsatz:**
DIE BEWEGUNGSSPIELE DÜRFEN DAS KIN NICHT ZU SEHR ANSTRENGEN UND FORDERN, SO DASS ES SICH NICHT MEHR AU DIE LAUTGEBUNG KONZENTRIEREN KANN

- Der Erwachsene wirft ein Tuch, Luftballon in die Höhe, ruft laut und erfreut „Hui" und läßt das Tu auf die Erde schweben.

Wird in das Tuch ein Knoten gebunden, kann es als Wurfgeschoss benutzt werden. Beim gegenseitigen Zuwerfen ruft der jeweilige Werfer: „Hei, aufpassen!"

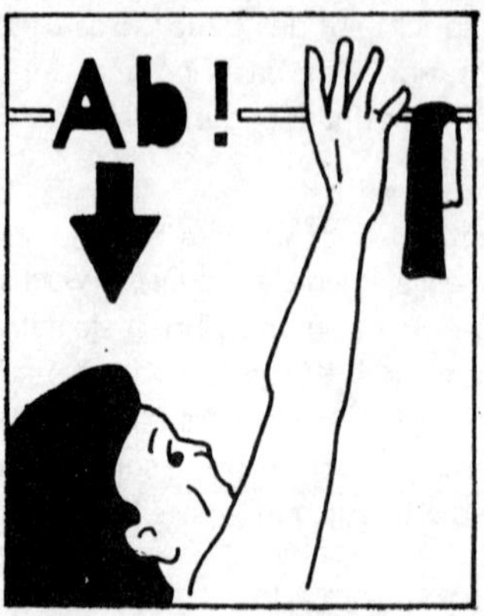


- Der Erwachsene spannt in einer Höhe, in der das Kind bei starker Streckung gerade noch etwas erreichen kann, ein Seil quer durch das Zimmer und hängt ein Tuch darüber. Jedesmal, wenn das Kind das Tuch herunterzieht, sagt er oder es: „Hopp" oder „Ab!"
- Das Tuch wird lose an einen Stab gebunden, den der Erwachsene in der Hand hält. Er gibt dem Kin zu verstehen, daß es das Tuch fangen und abziehen soll. Hat das Kind das Tuch erwischt, ertönt ein freudiges: „Bravo!"

Jeder hat ein Tuch in der Hand und rennt, hüpft, springt mit erhobener Hand im Zimmer umher. Die Fahne flattert im Wind. Zum Schluß winken sie sich gegenseitig zu:

„Winke, winke, winke, winke
mit der Hand und mit dem Tuch und immerzu.
Winke, winke, winke, winke."

- Der Luftballon wird immer wieder in die Höhe geboxt. Notfalls führt der Erwachsene die Hände des Kindes:

„Und ‚pau' und ‚pau' hinauf mit dir!
Du darfst nicht auf die Erde fallen!
‚Pau' und ‚pau' und ‚pau'!"

- Das Kind sitzt auf dem Schaukelpferd (Schaukelstuhl, Schaukelbrett usw.) und schaukelt hin und her. Der Erwachsene sitzt vor ihm und spricht jedesmal, wenn das Kind auf ihn zukommt: „Hopp!“ Dies bewirkt viererlei:

1. Der explosive, ausgestoßene Luftstrom des ‚p‘ trifft auf das Gesicht des Kindes
2. in dem Moment, in dem es gerade auch ausatmet,
3. denn die Vorwärtsbewegung bewirkt eine Beugung des Oberkörpers und damit eine Ausatmungsphase.
4. Außerdem kann das Kind die Lippenbewegung des Erwachsenen unmittelbar und aus einer geringen Distanz sehen. Sein Blick ist notgedrungen auf das Gesicht des Erwachsenen gerichtet.

SPRACHE WEIST AUF DIESER STUFE IMMER NOCH EINEN STARK GEFÜHLSMÄSSIGEN ASPEKT AUF. DAS WECKEN VON EMOTIONEN (SPASS UND FREUDE) BEIM LAUTIEREN STELLT EINE KINDGEMÄSSE FORM DER ARTIKULATIONSHILFE DAR.

- Das Kind sitzt auf dem Schoß des Erwachsenen. Dieser bewegt das Kind mittels seiner Kniebewegungen auf und ab und spricht dazu einen der bekannten und von den Kindern so beliebten Kniereitervers: Hoppe, hoppe Reiter . . . . . .
Die Kniereiterspiele haben für die Sprachentwicklung eine große Bedeutung, weil das Kind die Dynamik der Sprache am eigenen Körper erleben kann.

1) Das Kind wird durch das rhythmische Auf und Ab in einen gefühlsmäßig wohligen Zustand versetzt. Rhythmische Wiederholungen entsprechen einem Grundbedürfnis des Kindes.
(Hoppe, hoppe Reiter,
wenn er fällt, dann schreit er,
fällt er in den Graben,
fressen ihn die Raben,
fällt er in den Sumpf . . . .)

2) Die Sprache steuert, bedingt durch das Ansteigen der Tonhöhe, auf einen Höhepunkt zu. Dieses Spannungsverhältnis erlebt das Kind unmittelbar mit.

3) Der Höhepunkt ist erreicht, alles drängt nach Entspannung. ( . . . . macht der Reiter plumps.)

Die bisherige rhythmische Bewegung ändert sich plötzlich. Der Körper fällt tief. Die Tonhöhe des Sprechers senkt sich, die Gestik und Mimik des Erwachsenen, die bisher sehr gespannt und konzentriert war, lockert sich. Der Erwachsene lacht und freut sich.

Diese sprachlichen Wirkfaktoren regen das Kind sehr an, so daß es selbst Laute bzw. Silben hervorbringt.

**KNIEREITERVERSE** (Auswahl)

- Ist ein Mann ins Wasser g'fallen,
  hab' ihn hören plumpsen.
  Meint', es wär ein großer Mann,
  war's ein kleiner Stumpen.

- Hopp, hopp, hopp, Pferdchen, lauf Galopp
  ÜberStock und über Steine, aber brich dir nicht die Beine!
  Hopp, hopp, hopp, hopp, hopp, Pferdchen lauf Galopp.

- Hopp, hopp, ho,
  Pferdchen frisst kein Stroh.
  Muss dem Pferdchen Hafer kaufen,
  daß es kann im Trabe laufen.
  Hopp, hopp, ho,
  Pferdchen frißt kein Stroh.

  Hopp, hopp, ho,
  ei was bin ich froh.
  Reiten kann ich ganz geschwind,
  noch viel schneller als der Wind.
  Hopp, hopp, ho,
  auf einmal geht es . . . . . so!

- Reit, Kindchen, reit,
  der Weg, der ist noch weit.
  Wir reiten nach Amerika,
  in 100 Tagen sind wir da.
  Steh, Pferdchen, steh –
  da fällt es in den Schnee.

- So reiten die Herren,
  so reiten die Herren,
  So reiten die Damen,
  so reiten die Damen,
  so kajuckelt der Bauer,
  so kajuckelt der Bauer.
  Und plumps – bums, da liegt er unten.

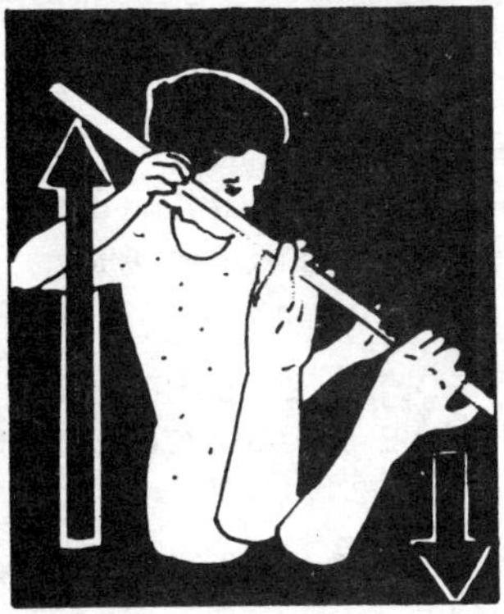

- Beide, Erwachsener und Kind stehen sich mit leicht gegrätschten Beinen gegenüber und halten sich gemeinsam an einem Stab fest.

  1) Der Oberkörper wird leicht hin- und herbewegt. Es entsteht eine Art Pendelbewegung mit Summ- und Brummbegleitung: „Hm, hm . .“

  2) Der seitliche ‚Ausschlag‘ wird größer. Es wird jeweils ein Bein vom Boden gelöst, der Oberkörper neigt sich extrem stark zur Seite: „Rechts und links, seitwärts beugen, hin und her.“

  Ähnliche Übungen lassen sich auch im Sitzen mit einem Reifen ausführen.

Weitere Vorschläge für Bewegungsspiele, bei denen die Sprache als Begleitung und Auslöser für das Sprechen des Kindes eingesetzt werden kann, zeigt die nachfolgende Abbildung.

## SPIELE ZUR BEGRIFFSBILDUNG DER UMSTÄNDE UND VERHÄLTNISSE

Für das Sprechen in vollständigen Sätzen ist der Gebrauch der Wörter, die den Ort, den Umstand und die Zeit des Geschehens beschreiben oder nennen, von Bedeutung. Daher soll das Kind das Unterscheiden und Auseinanderhalten verschiedener Umstände lernen und im Spiel üben. Allerdings muß es hierzu eine bestimmte Reife in seiner Sprachfähigkeit erreicht haben.

DIE SPRACHENTWICKLUNG IST NICHT ALS ISOLIERTER PROZESS ZU SEHEN. DIE ENTWICKLUNG DES EINEN BEREICHES ERFOLGT NICHT OHNE DIE GLEICHZEITIGE ENTWICKLUNG ANDERER BEREICHE.

Zuerst ist das Kind fähig, mit einem Ding zu spielen, später kann es mit zwei Gegenständen umgehen, wenn auch in einfacher Weise. Es kann eine Puppe mit dem Löffel füttern, eine Trommel mit einem Stock schlagen. Nach und nach lernt es auch, die BEZIEHUNGEN zwischen den Dingen zu beachten und zu erfassen. Es sieht, daß alle Kugeln ***in*** einer Schachtel sein können, daß es sie alle wieder ***aus*** ihr herausschütteln kann. Es lernt, daß es die Bauklötze ***auf*** die Dose, ***in*** die Dose, ***neben*** die Dose legen kann. Das Auto, das der Erwachsene an einer Schnur durch das Zimmer zieht, verschwindet ***hinter*** dem Kissen, fährt durch das Tunnel und bleibt ***vor*** ihm stehen.

Obgleich in allen Spielen diese ‚Beziehungen' schon immer vorhanden waren, bedarf es für das Bewußtwerden derselben besonderer Spiele und Hinweise. Hierbei ist es wichtig, daß das Kind die Aktivitäten selbst ausführt. Nichts wird begriffen, das nicht zuvor ergriffen worden ist. Der bekannte Psychologe J. Piaget drückt das so aus: DENKEN IST VERINNERLICHTES HANDELN.

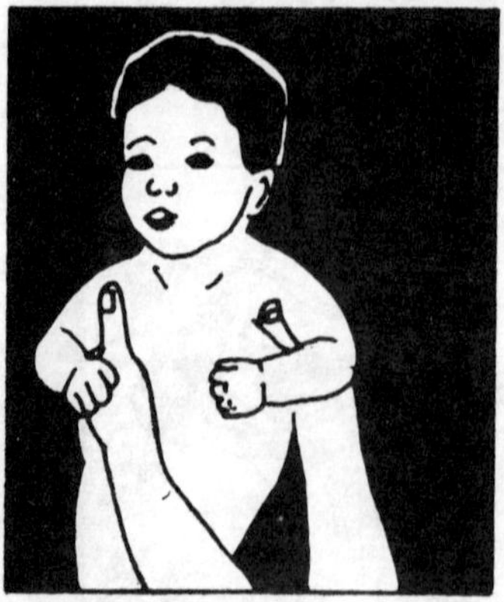

- **‚Auf' und ‚Ab'**

Die Begriffe ‚auf' und ‚ab' als Ortsbezeichnungen werden schon sehr früh bei den Bewegungsspielen verwendet. Eine erste Vorahnung wird daher beim Kind vorhanden sein. Das Kind wird emporgehoben: „Auf". Das Kind wird wieder heruntergelassen: „Ab".

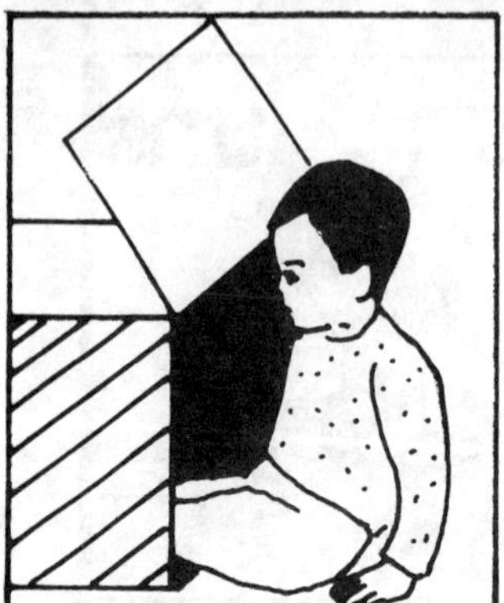

- **Kind in der Schachtel**

Das Kind wird in verschiedene Positionen gebracht Der Erwachsene setzt das Kind nach einem fröhlichen Tummeln in eine nicht allzu tiefe Schachtel.
„Oh je, wo ist die Bärbel?
***In*** der Schachtel!
Die Bärbel ist ***in*** der Schachtel!"
Ein andermal setzt er das Mädchen ***auf*** den Tisch und benennt wieder den Ort.
Viele Situationen im Alltagsleben und im Spiel können auf diese Art und Weise genutzt werden.

## Hineinlegespiele

Der Erwachsene sammelt eine Vielzahl von Gefäßen, Schachteln, Dosen usw, in die etwas hineingelegt werden kann und das hierzu notwendige Hineinsteckmaterial.

1) Der Erwachsene spielt dem Kind vor und versucht, dessen Interesse für diese Art von Spielen zu wecken.
   „Ein Auto. Ich lege das Auto *in* die Schachtel.
   Ein Löffel. Ich lege den Löffel *in* die Schachtel.
   Ein Klötzchen. Lege das Klötzchen *in* die Scha-Schachtel!
   Alles ist *in* der Schachtel.
   Hörst du die Dinge?

2) Ist das Kind mit dem Bewegungsablauf vertraut, soll der Erwachsene es ermuntern, jedesmal beim Hineinlegen eines Dinges das Wörtchen ‚in' auszusprechen. Eine Hilfe kann sein, wenn der Erwachsene sich vergeßlich zeigt. Er legt das Klötzchen auf die Schachtel, anstatt daß er es ‚in' die Schachtel legt. Korrigiert das Kind den Erwachsenen schon?

## Hineinsteckspiele

Kinder lieben es, Dinge in und durch einen Schlitz zu stecken. Der Erwachsene versucht, in einige festere Behälter Löcher, Schlitze zu schneiden. Selbstverständlich können auch die auf dem Spielwarenmarkt befindlichen Steckspiele verwendet werden, doch sollte das die Erwachsenen nicht davon abhalten, hin und wieder ein Wegwerfmaterial in einen Spielgegenstand umzuwandeln. Selbst ein umgedrehter Blumentopf eignet sich, um kleinere Dinge durch das Loch zu stecken.

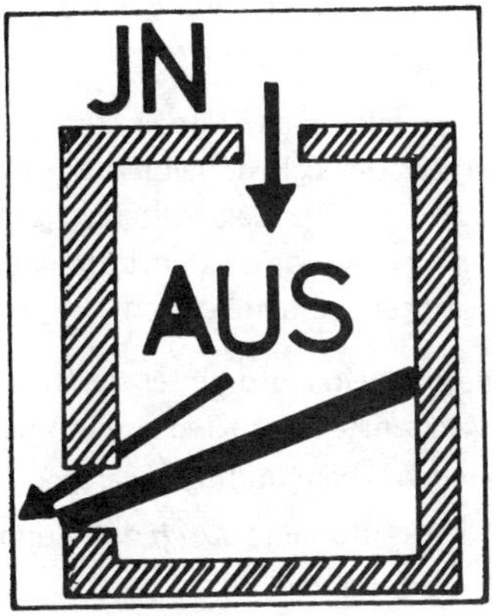


## ‚In' und ‚Aus'

Möchte der Erwachsene mit dem Begriff ‚in' gleichzeitig den Gegenbegriff ‚aus' verdeutlichen, fertigt er nebenstehend abgebildete Schachtel an. Durch das Einfügen einer schrägen Ebene erscheinen die Gegenstände nach dem Hineinstecken wieder. Sie kommen wieder her-*aus*, wenn sie oben hineingesteckt werden.

**Plazieren**

Das Kind hat einen starken Bezug zu seinem Lieblingsspielzeug. Wenn der Erwachsene beispielsweise die geliebte Puppe vor den Augen des des Kindes auf die Wanduhr setzt, wird dieses aufmerksam den Vorgang verfolgen.
Der Erwachsene sagt dem Kind, was er gerade macht und *wo* er die Dinge hinstellt.
„Die Puppe. Ich setze die Puppe *auf* die Uhr!
Die Puppe ist *auf* der Uhr!"
Erst nach einer Vielzahl solcher Spiele wird er fragen:
„Wo ist die Puppe?"

**Schlüssel verstecken**

Der Erwachsene zeigt dem Kind einen Gegenstand, mit dem das Kind sonst gerne spielt. Bevor das Kind danach greifen kann, versteckt er beispielsweise den Schlüsselbund hinter dem Kissen.
Er macht ein fragendes Gesicht und sagt mit aufsteigendem Tonfall: „Wo sind die Schlüssel?"

Zu einem späteren Zeitpunkt wird er Dinge ohne Wissen des Kindes verstecken und ihm nur durch das Nennen des Ortes Anhaltspunkte zum Suchen geben: „Die Schlüssel sind *unter* dem Sofa!"

**‚Durch' den Tunnel**

Der Gedanke, daß ein Gegenstand *durch* einen anderen fährt, ist für das Kind nicht sofort einsichtig und es benötigt viel Erfahrung, bis es dies erfaßt hat.

Der Erwachsene bastelt einige Tunnels aus Schachteln oder Kartonstücken, halbierten Rollen und dergleichen. Die Tunnels sollten so groß sein, daß auch größere Autos bequem durchfahren oder durchgezogen werden können.

Der Erwachsene zieht ein Auto hinter sich her, erregt die Aufmerksamkeit des Kindes, zieht das Auto in den Tunnen hinein und fragt ganz erstaunt: „Wo ist das Auto?" Er beantwortet seine Frage selbst: „Das Auto fährt *durch* den Tunnel. Schau, ich lasse das Auto noch einmal *durch* den Tunnel fahren. Aufgepaßt!"
Nun kommt das Kind an die Reihe. Es zieht Gegenstände durch den Tunnel und der Erwachsene kommentiert jeweils dessen Tun.

## Die schwarze Katze

Die Spielidee besteht darin, daß eine schwarze Plüschkatze (Hund, Igel usw.) auf verschiedene Möbelstücke springt oder unter ihnen hindurchschlüpft.

Hierzu eignen sich für's erste die Einrichtungsgegenstände der Puppenstube. Wenn dies nicht zur Hand sein sollte, malt der Erwachsene einfach ein eingerichtetes Zimmer auf Karton und läßt die Katze dort ihr Unwesen treiben.
Vor und während der Tätigkeiten erzählt der Erwachsene eine dazu passende Geschichte über das schwarze Kätzchen.
„Alle sind aus dem Haus gegangen, nur das Kätzchen ist zu Hause geblieben. Was macht es da? Es springt *auf* den Stuhl. Hui, jetzt ist es *auf* dem Tisch! Es bleibt nicht lange dort. Nun hüpft es *in* den Korb . . ."

Das Spiel kann je nach Stimmung des Kindes eine unterschiedliche Wendung nehmen.

a) Einmal springt das Kätzchen auf das Fernsehgerät. Die Stimme des Erwachsenen wird etwas lauter und drohend: So, du springst *auf* das Fernsehgerät? Das darfst du nicht! Komm sofort wieder ***herunter***.

b) Der Erwachsene drückt dem Kind die Katze in die Hand und spricht anstelle des Kindes: Aha, das Kätzchen schlüpft *in* den Schrank.

c) Bei einer anderen Variante soll das Kind die Katze nach der Aufforderung des Erwachsenen dahin und dorthin bewegen.

Obwohl dieses Spiel sehr einfach erscheint, können mit ihm eine Vielzahl von Umstandswörtern (Präpositionen) verdeutlicht und eingeübt werden. Immer wieder fragt der Erwachsene: „Wo ist die Katze? " Die Katze ist *auf* dem Stuhl. Überlege! Ist das richtig? Nein! Die Katze ist *unter* dem Stuhl!"

## Martin ist „unter" dem Stuhl

So wie das Kind die Positionen von Gegenständen erkennen und benennen soll, so muß es allmählich dahin geführt werden, auch seine eigene Stellung im Raum zu erfahren.

Zuerst werden die Räumlichkeiten hergerichtet: ein Stuhl, eine genügend große Verpackungsschachtel, ein aufgespannter Regenschirm, zwei Gummibänder, eine über den Tisch gelegte Decke usw.

Der Erwachsene erzählt eine dramatische Geschichte, in der ein Junge *auf*, *über*, *in*, *durch* die Gegenstände hüpfen, springen, laufen usw. muß. Das Kind führt die entsprechenden Bewegungen aus.

Bei älteren Kindern können die Gegenstände eine Landschaft mit Hindernissen darstellen. Ein Dieb wird gejagt. Er versteckt sich da und dort, wird aufgestöbert und muß sich wieder einen anderen O suchen.

- **Die Puppe ist „im" Bett**

Der Erwachsene und das Kind sitzen je an einem Einzeltisch. Zwischen beiden hängt ein Vorhang oder es steht eine spanische Wand dazwischen. Jeder Mitspieler hat ein Puppenbett vor sich stehen und eine Puppe in der Hand.

Der Erwachsene beginnt mit dem Spiel. Er sagt laut und deutlich: „Die Puppe ist im Bett!" Dies soll Aufforderung für beide sein, die Puppe in das Bett zu legen. Wer Lust hat, kann nach der Spielhandlung zum Partner gehen und sich überzeugen, ob er es auch richtig verstanden hat und der Aufforderung nachgekommen ist.

Der Erwachsene versucht immer wieder, das Kind zum Sprechen zu veranlassen. Eine Hilfe besteht darin, daß der Erwachsene die Antworten nur halb vorspricht und den Schlußteil vom Kind ergänzen läßt.

Wo ist die Puppe? **Die Puppe ist** → **im Bett.**
→ **unter dem Bett.**
→ **neben dem Bett.**
→ **vor dem Bett.**

- **Ein Maus-Buch**

1) Bei diesem Spiel soll das Kind anhand einer Maus-Geschichte die Umstandswörter erfahren. Eine Maus schlüpft „hinter" die Vase, „unter" den Schrank usw. Immer ist noch ein Zipfelchen von ihr zu sehen, so daß das Kind ihre jeweilige Position erkennen kann.
2) Auf jeder Seite eines Ringbuches wird ein Möbelbild (Katalog) und die Teilabbildung einer Maus aufgeklebt oder hingemalt. Wer kein geübter Zeichner ist, malt die Umrisse der Maus einmal auf ein Stück Karton, schneidet dieses aus und hat für alle Zeiten eine Schablone. Ausgemalt sollte sie allerdings immer werden.

Während des Erzählens wundert sich der Erwachsene, wo die Maus wohl steckt: „Ah, da ist die Maus! Wo ist die Maus? Hinter dem Tintenfaß. Richtig!"

Beim zweiten Durchgang wartet der Erwachsene beim Betrachten einer Seite zuerst die Reaktionen des Kindes ab, bevor er den Ort benennt.

MIT DEM VORGEBEN VON SPRACHE SOLLTE DER ERWACHSENE SEHR VORSICHTIG SEIN. IMMER ZUERST ABWARTEN, OB DAS KIND NICHT ETWAS DAZU SAGEN MÖCHTE! ERST WENN NACH ZWEI BIS DREI VERSUCHEN UND ANREGUNGEN KEINE SPRACHLICHE REAKTION BEIM KIND ERFOLGT, BENENNT DER ERWACHSENE DAS DING ODER BESCHREIBT DEN VORGANG.

Für das Bestimmen der Umstandswörter eignen sich in gleicher Weise die reichlich angebotenen Bilderbücher (s.d.).

- **Versteckspiel**

Der Erwachsene spricht folgenden Vers:
„Über, unter, zwischen, hinter.
Wo verstecken sich die Kinder?
Ein Kind ruft: „Unter dem Tisch!"
Alle Kinder verstecken sich unter dem Tisch.
Der Erwachsene geht von Tisch zu Tisch und sucht nach den Kindern.
Sie bleiben in ihrem Versteck sitzen, denn der Erwachsene wird sie erst nach vielem Herumsuchen entdecken.

Ein anderes Kind darf nun den Versteckvers ausrufen.

## MEHRWORTSATZ

Der geistige Fortschritt des Kindes zeigt sich am deutlichsten beim Gebrauch des Zwei- und Mehrwortsatzes. Ist es zu Beginn der Sprachentwicklung so, daß das Kind sich mit einem einzigen Wort als Aussageweise begnügt, so drängt sich durch das klarere Abheben und das gegliedertere Erfassen der Sachverhalte auch eine angemessenere sprachliche Ausdrucksfähigkeit in den Vordergrund.

Beim Betrachten der ersten zweiwortartigen Sprachgebilde fällt auf, daß die früher schon gebrauchten Bezeichnungen zuerst einfach hintereinandergesetzt werden (WORTREIHEN). Mit Bezug auf den Einwortsatz kann jedes Wort auch für einen Satz stehen, so daß es im Grunde SATZKETTEN sind oder sein können. Die Reihenfolge der einzelnen Bezeichnungen scheint zunächst zufällig zu sein, doch hat W. Stern zwei Tendenzen herausgefunden:

1. Das Kind ist geneigt, das an den Anfang zu stellen, was ihm am wichtigsten ist (EIS ißt Peter).

2. Das Anschaulichere wird zuerst genannt (BLUME hatschi Peter).

Das fortschreitende Erfassen der Beziehungen zwischen den Gliedern (Personen, Sachen, Ereignissen) veranlaßt das Kind, diese auch in seinen sprachlichen Produkten zum Ausdruck zu bringen. Di AUSSAGE lehnt sich mehr und mehr an das Satzmodell (Satzgegenstand – Subjekt – S, Satzaussage-Prädikat – P, Satzergänzung– Objekt – O) an, wobei noch eines der Glieder weggelassen ode umgestellt werden kann. Im Grunde wird das Satzbildungsprinzip jedoch gewahrt.

Von ihrer Struktur her lassen sich zwei wichtige Satztypen unterscheiden: Die Aussagesätze und di Fragesätze.

## AUSSAGESÄTZE

Sie beziehen sich auf das unmittelbar Gegenwärtige und Erlebte. Das Kind drückt damit aus, was es sieht, tut, was es bei anderen wahrnimmt oder was es haben möchte.

| | | | | | |
|---|---|---|---|---|---|
| I. | mama kucha<br>S + O | ➜ | Mama | hat<br>backt<br>gibt<br>holt | Kuchen (für mich) |
| II. | papa ada<br>S + P | ➜ | Papa | geht<br>ist<br>will | fort |
| III. | bobf eis<br>S + P | ➜ | Der Topf | ist | heiß |
| IV. | Bebe us bau<br>S + O + P | ➜ | Bärbel | baut | ein Haus |

Wie die Erfahrung zeigt, bestehen die ersten mehrwortigen Sätze meist nur aus zwei Gliedern. Ist jedoch mit dieser Fähigkeit das Verbinden, Zusammenfügen und Gliedern erst einmal erprobt worden, können auch umfangreichere Verbindungen gebildet werden.

Die Sprachentwicklung ist hier an eine entscheidende Stelle angelangt. DIE GEGENSTÄNDLICHE WELT ERHÄLT GEISTIGE STRUKTUREN!

**Methodischer Hinweis:**

1) Der Erwachsene ist manchmal bei sprachentwicklungsgestörten Kindern schon erfreut, wenn diese „Wörter" sprechen, die Gefahr, die darin liegt, ist die, daß das Sprechen in Einwortsätzen allzu lange toleriert und akzeptiert wird. Natürlich soll das Kind nicht durch ein zu schnelles Vorwärtsdrängen irritiert werden, aber ein übermaßiges Ausdehnen der Einwortphase hemmt den Sprachentwicklungsprozeß ebenfalls.

2) Das Anbahnen des Zwei- und Mehrwortsatzes sollte dann begonnen werden, wenn das Kind ca. 30 – 50 Wörter inhaltlich richtig und sinngemäß verwendet.

3) Die meisten bisher genannten Spiele eignen sich in gleicher Weise für das Einüben der Satzbildung. Nur wird die Spielabsicht eine andere sein. Dem Kind muß Zeit gelassen werden, sich auf diese neue Absicht einzustellen.

● **Der Ball (ist) fort**

Der Erwachsene sucht ca. fünf Gegenstände, die das Kind korrekt (das muß nicht unbedingt lauttreu bedeuten) benennen kann. Außerdem soll das Kind den Inhalt des Umstandswortes „dort" oder „weg" kennen und möglicherweise schon gebrauchen können.

Während des Spiels, bei dem die Gegenstände in einem großen Sack verschwinden, werden die beiden Wörter miteinander verbunden.
*„Der Ball* (ist) *fort!"* oder *„Der Löffel* (ist) *fort!"*

Die Satzteile zu Beginn und am Ende werden akzentuierter ausgesprochen. Als zusätzliche Hilfe kann der Erwachsene mit dem Wort „fort" noch eine Gebärde, Geste verbinden. Die Hand wird ausladend in Richtung des Satzes bewegt. Beim zweiten Durchgang wird der Erwachsene den ersten Satzteil sagen, innehalten, dann die Gebärde ausführen und das Kind durch Augenkontakt, durch einen fragenden Stimmklang ermuntern, den zweiten Teil des Satzes selbst zu vollenden.

Eine andere Sprechmotivation besteht darin, daß der Erwachsene zu dem gesprochenen Wort klatscht. Er verfährt wie zuvor beschrieben, d.h. er klatscht den zweiten Satzteil, ohne ihn auszusprechen. Das wortlose Klatschen soll das Kind zum Sprechen anregen.

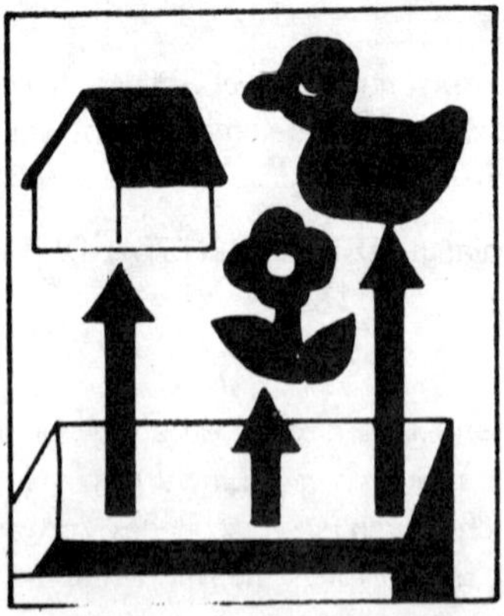

**Da (ist das) Haus!**

Einige Gegenstände, die das Kind benennen kann, werden nacheinander aus einer Schachtel geholt. Kommt die Reihe des Herausholens an das Kind, darf es erst den betreffenden Gegenstand hinstellen, wenn es den zweiten Teil des Satzes „Da ist *ein Haus*" gesagt hat.

Wenn es mehr und mehr mit der Absicht, die dem Spiel zugrunde liegt, vertraut ist, darf es den nächsten Gegenstand erst dann aus der Schachtel holen, wenn es den ersten und den zweiten Teil des Satzes verbunden ausgesprochen hat.

Zur Verdeutlichung und Unterstützung soll das Kind in Nachahmung des Erwachsenen mit dem Finger auf die Gegenstände zeigen (hinweisende Gebärde).

**Lernkontrolle:**
Wie kann der Erwachsene erfahren, ob und wann das Kind die Idee des Zweiwortsatzes erfaßt hat? Während des zuvor beschriebenen Spiels werden zwei oder drei Gegenstände, die das Kind sicher b nennen kann, die jedoch für diese Art von Spiel noch nicht verwendet wurden, benutzt. Es ist inter essant zu sehen und zu hören, ob das Kind nun auch die Namen der neuen Gegenstände mit dem zweiten Wort verbindet. Tut das Kind dies nicht, wird der Erwachsene in gleicher Weise wie bisher fortfahren und zu einem späteren Zeitpunkt erneut eine „Lernkontrolle" einfügen.

**Papa, komm!**

Zwei bis drei Familienmitglieder sitzen im Halbkre auf Stühlen vor dem Kind. Ein Erwachsener führt das Spiel ein- oder mehrmals vor. Er winkt einen Mitspieler zu sich her und sagt: „Mama, komm!" Die Mutter steht *sofort* auf und geht auf den Rufenden zu. Soll die Motivation noch mehr erhöht werden, gibt der Rufer dem Herbeigerufenen etwa in die Hand (Rosine, Gummibärchen).
Es wird nur wenige Kinder geben, die bei dieser A von Belohnung und dem lustbetonten Spiel, sie können immerhin die Erwachsenen dirigieren, den Befehlssatz nicht aussprechen.

● **Das Wasser (ist) heiß!**

Dieses Spiel ergibt sich hin und wieder aus dem Alltagsgeschehen heraus oder ist in es eingebettet, wie überhaupt die Alltagssituationen für Spiele mehr genützt werden sollten.

Auf dem Tisch stehen zwei Töpfe mit kaltem und handwarmem Wasser. Der Erwachsene taucht seine Hand in jedes der Gefäße und spricht den entsprechenden Satz dazu.

Hier bietet sich ebenfalls eine Art Gebärde an. Nachdem die Hand ins „heiße" Wasser getaucht worden ist, bläst der Erwachsene auf seine Hand, schüttelt sie zur Kühlung, verzieht das Gesicht und spricht sehr akzentuiert: „Heiß! Das ***Wasser*** ist ***heiß!***"

● **Gib (den) Ball!**

Für dieses Spiel wird eine Schuhschachtel durch eine Zwischenwand in zwei einzelne Fächer geteilt. Der Erwachsene legt in jedes Fach ein Spielzeug, das das Kind sicher benennen kann. Dann schiebt er dem Kind die Schachtel hin, überlegt hin und her und streckt seine offene Hand aus. Er entscheidet sich schließlich für den Ball.
„Gib (den) Ball!"

Hat das Kind die Idee des Spiels verstanden, behält der Erwachsene die Schachtel und ermuntert das Kind zu sagen, was er ihm geben soll.

Die Wörter, die in Klammer stehen (ist, da, der, die das usw.) werden in der Regel ausgesprochen, jedoch nicht so lautstark. Die Betonung soll auf den beiden sinngebenden Satzteilen liegen:
„GIB (den) BALL!"

Ist die Sprachentwicklungsstörung gravierender, kann es in bestimmten Fällen angebracht sein, den reinen Zweiwortsatz zu verwenden. Allerdings muß dies die Ausnahme bleiben und soll nicht ohne den Rat eines Fachmannes erfolgen.

Eine Fortführung dieses Spiels stellt das sogenannte Kaufladenspiel dar: „Gib mir die Seife (den Kamm usw.)!"

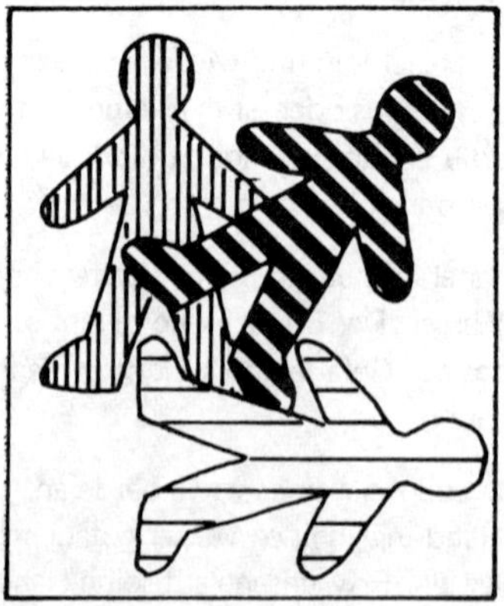

## Was die Puppe alles kann

Das gemeinsame Puppenspiel bietet eine Fülle von Anlässen, das Kind zum Gebrauch von Zwei- und Mehrwortsätzen anzuregen.

BEISPIEL:
Während das Kind sich mit seinen Puppen beschäftigt, setzt sich der Erwachsene dazu und beteiligt sich am Spiel. So läßt er einmal die Puppe tanzen, trommelt mit den Fingern den Takt dazu oder singt ein Lied. „Die Puppe tanzt". Dann läßt er die Puppe eine andere charakteristische Bewegung ausführen und weist wieder eindringlich auf die neue Bewegungs- und Zustandsform hin. Danach nimmt er wieder die erste Spielart auf und regt das Kind zum Sprechen an:

„Schau, die Puppe . . . . .
Schau, die Puppe t . . . .
Schau, die Puppe tan . .
Schau, die Puppe tanzt!"

**Auswahl von möglichen Modellsätzen**

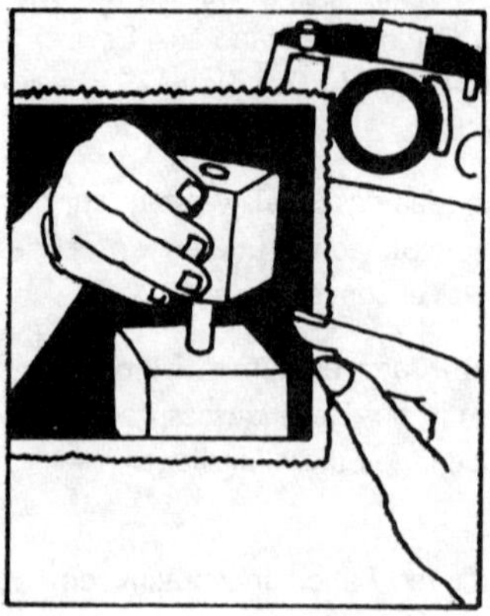

Mit der Kamera (Sofortbildkamera) werden die Tätigkeiten, die das Kind ausführt, aufgenommen, die Bilder auf Karton aufgeklebt und für das Bilden von Modellsätzen verwendet.

Peter ⟶ weint.
⟶ lacht.
⟶ trinkt.
⟶ ißt.

| | | |
|---|---|---|
| Der Schwamm | | naß. |
| Martin | (ist) | lieb. |
| Der Ball | | kaputt. |

## Satzstreifen

Spürt der Erwachsene, daß das Kind anfängt, die ihm vorgesprochenen Sätze nachzuahmen, wird er ihm zusätzliche und auf das Bilden von Sätzen abgestimmte Spiele anbieten.

Eine Möglichkeit dazu bieten die Satzstreifen (s. Abb.). Der Erwachsene schneidet die Bildstreifen aus Kartonpapier aus, bemalt sie und schiebt sie entsprechend der Abbildung zusammen. Zuerst weist der Erwachsene auf die Begebenheit hin und spricht den entsprechenden Satz dazu. Beim zweiten Durchgang hält er vor dem Aussprechen des letzten Satzteils kurz inne und ermuntert das Kind, den Satz zu vollenden. Auf diese Weise versucht er, daß das Kind immer mehr Glieder des Satzes selbst ausspricht, bis es schließlich den vollständigen Satz beherrscht.

## Bilderwürfel

Die vier Seiten eines quadratischen Kartons werden mit vier Bildern beklebt.
Für das Spiel bieten sich zwei Varianten an.

1. **„Gib den Ball!"**
Nachdem zwei Erwachsene dem Kind das Spiel vorgespielt haben, kommt das Kind an die Reihe. Der Erwachsene legt drei bis vier Bilderwürfel auf den Boden und bittet das Kind, ihm die entsprechenden zu geben. Das Kind gibt ihm die verlangten Würfel für den Turmbau.
Anfangs kann anstelle des Wortes „gib" auch eine Gebärde verwendet werden. Nach und nach soll sie jedoch durch ein Wort ersetzt werden.
Die Rollen werden getauscht.

2. **„Da ist der Ball!"**
Der Bilderturm ist gebaut. Der Erwachsene möchte vom Kind wissen, wo sich die einzelnen Gegenständeabbildungen befinden. Er hält die Hände vor die Augen und fragt: „Wo ist der Ball?" Das Kind soll auf das entsprechende Bild deuten und antworten: „Da (ist) (der) Ball! (Der) Ball (ist) da!"

## Arbeit verteilen

Auf dem Tisch sitzen die Lieblingstiere und -puppen und daneben liegt ein Kamm.
Der Erwachsene gibt jeweils an, welches Tier usw. gekämmt werden soll.
„Martin, kämm den Bär!"
„Martin, kämm die Puppe!"

Die Rollen werden getauscht. Der Erwachsene wa tet auf den Arbeitsauftrag, der ihm vom Kind erteilt wird.
„Mama, kämm den Bär!"

Dieser Satz wird in der Regel noch nicht vom Kin ausgesprochen. Es spricht noch im sogenannten Telegrammstil, „Mama, Bär, kämm!", der viel Gemeinsames mit der Grammatik der Gebärdensprache hat.

## Gespielte Geschichten

Stand bei den bisher genannten Sprachspielen ein Modellsatz mit verschiedenen Variationen im Mittelpunkt des Spielgeschehens, so werden jetzt Sät ze, bei denen die Glieder nicht gleich sind, angebo ten.

Der Erwachsene holt sich einen Teddybär und beginnt zu spielen.

1. „Da ist der Bär!
2. Der Bär sagt „Guten Tag".
3. Was macht der Bär jetzt?
4. Der Bär tanzt auf dem Stuhl.
5. Der Bär tanzt unter dem Stuhl.
6. Der Bär geht wieder fort."

Nun zeigt der Erwachsene auf die Puppe und fordert das Kind auf, mit der Puppe die gleichen oder ähnlichen Aktionen durchzuführen. Anfangs wird der Erwachsene das Spiel mit Sprache begleiten, doch soll das Kind mehr und mehr selbst dazu sprechen. Der Erwachsene hält bei seinem Kommentar immer wieder inne und ermuntert das Kind, den Satz zu Ende zu sprechen.

## Bauernhof

Fast in jede Spielsituation kann ein sprachliches Element mit aufgenommen werden, ohne daß dadurch die Spielabsicht des Kindes gestört oder gefährdet wird.

BEISPIEL:
Das Kind spielt mit seinen Holztieren. Der Erwachsene setzt sich dazu, beobachtet das Spielgeschehen und beteiligt sich schließlich. Der Bauer (Mann) hat alle Tiere auf die Weide getrieben. Es ist Abend. Die Tiere sollen zur Fütterung nach Hause geholt werden. Jedesmal, wenn das Kind ein Tier holt, spricht der Erwachsene.

a) „Der Mann holt das Schwein. Der Mann holt die Kuh."

b) Der Erwachsene spricht den Satz unmittelbar vor der Handlung des Kindes. Das Kind soll auf die Aussage des Erwachsenen hören und das Gesagte in Aktion umsetzen.
„Richtig! Der Mann holt den Hund. Du hast es verstanden und richtig ausgeführt."

c) Der Erwachsene holt die restlichen Tiere nach Hause. Das Kind soll sagen, was der Erwachsene tut. „Der Mann holt das Pferd."

## – ißt –

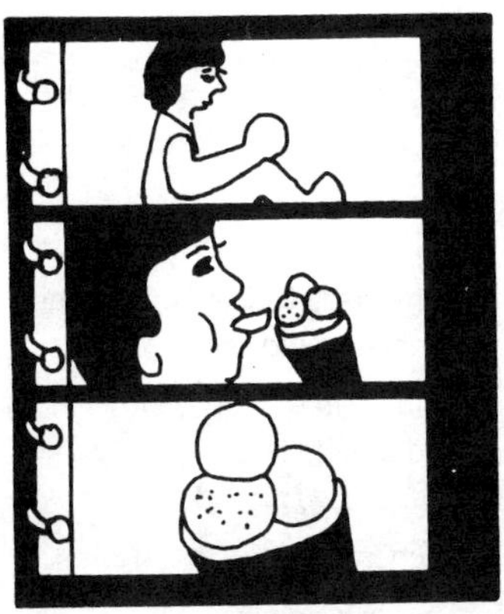

Das Bilden von ANALOGIESÄTZEN kann mit Hilfe eines geteilten Bilderbuches sehr sinnvoll mit dem Kind geübt werden.
Das Satzmuster lautet:
*Der Bub ißt.*
Jeweils drei einzeln umblätterbare Bilder werden zu einem Situationsbild vereinigt.
Der Erwachsene deutet auf das
erste Bild und spricht: Der Bub (Martin),
zweite Bild und spricht: ißt (will, holt),
dritte Bild und spricht: Eis (Auto usw.).

Vorschlag für den Anfang:
Auf die obersten Blätter werden der Reihe nach Fotographien vom Kind, von der Mutter und vom Vater oder den Geschwistern geklebt. Auf das mittlere Blatt werden jeweils die Tätigkeitsbilder (s.d.), die das Kind kennt und die sich mit einer Gebärde verdeutlichen lassen, aufgeklebt.
Ist das Kind mit der Methode des geteilten Bilderbuches vertraut und in seinem Sprachverständnis fortgeschritten, kann folgendes Spiel angeboten werden:

1. Der Erwachsene sagt: „Der Bub holt den Teller!"
2. Das Kind blättert die hierzu passenden Einzelblätter auf.

## MALGESCHICHTEN

Malgeschichten begeistern die Kinder sehr. Sie erleben unmittelbar das Entstehen eines Bildes mit. Sie sehen, was zuerst gemalt (Kopf, Körper, Arme, Beine), wo und wie es gemalt wird und vor allen Dingen, welche Beziehungen zwischen den Gestalten bestehen.

Bei den Malgeschichten kommt es nicht darauf an, daß der Erwachsene gut zeichnen kann, er muß nur Mut dazu haben.

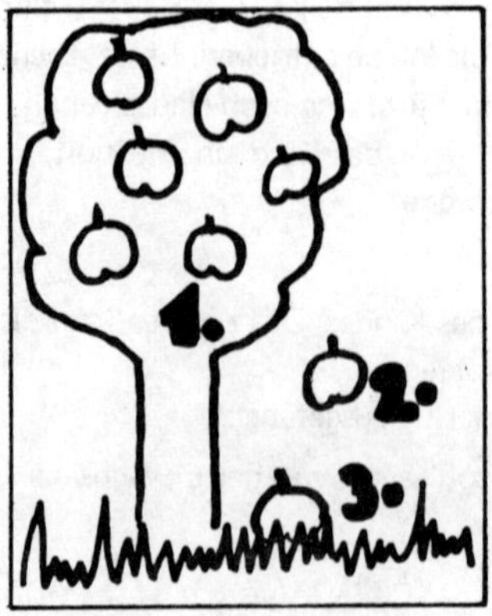


- **Der Apfelbaum**

Während des Malens eines Baumes wird gesprochen:

1. „Das ist ein Baum.
   Auf dem Baum hängen viele Äpfel.
   Es ist ein Apfelbaum.
2. Ein Apfel fällt herunter.
   Wo ist der Apfel?
3. Der Apfel liegt im Gras."

BEI DEN ERSTEN MALGESCHICHTEN ENTSTEHT **EIN** GESAMTBILD.

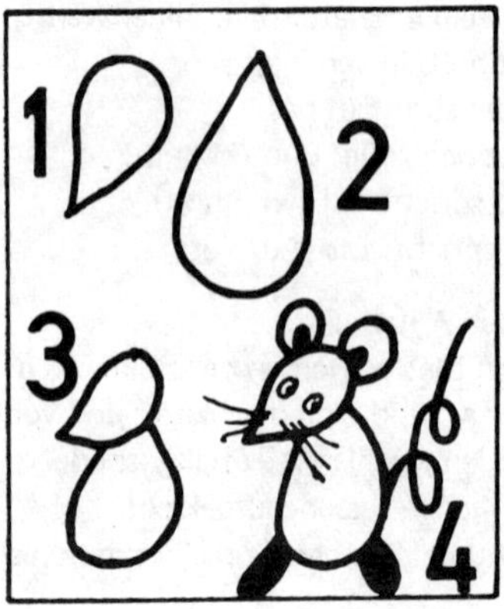


- **Die Maus**

Das Bild, das hier in mehrere Einzelbilder aufgeteilt ist, soll im Original ***ein*** Bild sein.

1. „Ein großes und ein kleines Tröpfelein
   ergeben Kopf und Bäuchelein.
2. Die Ohren und der Schwanz –
   bald ist das Mäuschen ganz.
3. Die Augen fehlen noch, die Haare.
   Und ganz zum Schlusse,
   da kommen noch die Füße."

## Erste Bildergeschichte

Bildergeschichten fördern das Erfassen von Beziehungen und das Ordnen in einer logischen Reihe. Wenn ein Kind hinfällt und sich das Knie aufschlägt, kann nicht das Verbinden vor dem Hinfallen kommen. Wird beim Hinlegen der Situationsbilder nicht die richtige Reihenfolge erkannt, ergibt das Ganze keinen Sinn.

Zum anderen werden bei den Bildergeschichten unterschiedliche Sätze bezüglich des Inhalts verwendet.

HINWEIS:
Die erste Bildergeschichte soll das Kind selbst erlebt haben. Zwischen dem Zeitpunkt des Erlebens und dem nachfolgenden bildlichen Festhalten soll keine allzu große Zeitspanne liegen. Das Kind verliert sonst den Bezug dazu. Empfehlenswert ist, soweit vorhanden, ein reales, mehrgliegliedriges Geschehen mit einer Sofortbildkamera festzuhalten oder die Situation gleich mit wenigen Strichen zu skizzieren.

BEISPIEL:
Es ist ein heißer Sommertag. Der Erwachsene geht mit dem Kind einkaufen. Sie kommen an einem Eisstand vorbei. Das Kind möchte ein Eis haben. Das Kind erhält ein Eis und leckt genüßlich an ihm. Zu Hause werden die in der Abbildung gezeigten Situationen festgehalten.

„Peter und Mama fahren in die Stadt.
Peter sieht einen Eisstand.
Was möchte Peter?
Peter möchte ein Eis!
Peter bekommt ein Eis.
Hm, das Eis schmeckt gut!"

Ist das Kind mit den Bildern vertraut, darf es sie selbst hinlegen und der Erwachsene spricht abermals dazu. Dann legt der Erwachsene die Bilder hin und ermuntert das Kind, selbst dazu zu sprechen. Schließlich geraten die Bilder durcheinander und müssen wieder geordnet werden. Welches Bild kommt zuerst? Und dann?

## Erzählbilder

Im Unterschied zu den Bildergeschichten, die aus einer Reihe von Einzelbildern bestehen, werden bei den Erzählbildern alle Begebenheiten in einem gegliederten Bild mit Einzelsituationen festgehalten.

BEISPIEL:
„Da ist eine Maus, sie wohnt im Haus. Abends läuft sie in die Küche. Sie sieht den Käse. Hm, der Käse schmeckt gut. Die Maus knabbert am Käse. Da kommt die Katze. Die Maus rennt schnell fort. Die Maus rennt ins Mauseloch."

Diese Art von Bildergeschichte verlangt vom Kind schon ein gewisses Maß an Beziehungsdenken, so daß der Erwachsene das Kind bei zu frühem Einsatz damit überfordern kann.

## Bildfries

Eine andere Möglichkeit des Darbietens von Bildergeschichten sind die Bildfriese. Die Einzelbilder werden hintereinander in einer Reihe gemalt oder aufgeklebt.

1. Der Vogel sitzt im Käfig.
2. Die Türe ist auf.
3. Der Vogel fliegt fort.
4. Der Vogel sitzt auf dem Baum.

## SPIELE ZUR BEGRIFFSBILDUNG VON EIGENSCHAFTEN UND ZUSTÄNDEN

Das Eigenschaftswort (Adjektiv) bezeichnet die Art, den Zustand, die Eigenschaft eines Dinges oder eines Wesens. Es bezeichnet aber nicht nur die Art, sondern gibt auch an, in welchem Grade das Merkmal an dem Ding oder Vorgang sichtbar wird. Das Eigenschaftswort kann gesteigert werden.

Der erste Gebrauch der Eigenschaftswörter zeigt deutlich, daß die Sprache am Anfang stark von dem Gefühlsempfinden des Kindes geprägt ist, daß das Kind die Welt und die Personen immer in Beziehung zu sich selbst setzt und sieht. Die ersten Eigenschaftswörter drücken daher seinen ***eigenen Zustand***, der irgendeine Folgehandlung verlagt (müde – ins Bett legen), aus oder deuten das ***Verhalten eines Außenstehenden*** zur eigenen Person an. Die Eigenschaftswörter schließen daher immer Wertungen ein. Wenn jemand ‚bös' ist, dann darum, weil er das Wohlbefinden des Kindes beeinträchtigt, nicht weil er an sich ‚böse' ist.

Werden die Eigenschaftswörter in Bezug zu den Sinnesgebieten gesehen, dann treten zuerst solche auf, die den TAST–, TEMPERATUR– und MUSKELSINN berühren. Die optischen Reize und die dementsprechenden Ausdrücke dafür fehlen noch. Am ehesten ist das Kind für Helligkeitsgegensätze (hell-dunkel; weiß-schwarz) empfänglich, nicht jedoch für die FARBEN. Trotz der augenscheinlichen Farbunterschiede treten Farbbenennungen erst spät auf (2,8 – 3,0 Lebensjahr).

Zusammenstellung von Eigenschaftswörtern, die in Sprachspielen eingestreut werden können.

| | |
|---|---|
| müde | leise |
| naß | kalt |
| lieb (brav) | sauer |
| heiß | schnell |
| traurig | schön |
| schwer | süß |
| bös | |

Der gegenüberstellende Gebrauch der Eigenschaftswörter (heiß – kalt, lieb – bös) sollte in den Sprachspielen berücksichtigt werden, weil er das Gefühlsleben des Kindes anspricht und somit auch eher verinnerlicht werden kann.

## Heiß! – Der Brei ist heiß!

Die Herdplatte ist heiß. Langt das Kind mit der Hand darauf, wird es sich Schmerz zufügen. Aus der einmal gewonnenen schmerhaften Erfahrung wird es in Zukunft Abstand vom Herd halten.

Eine noch frühere und unmittelbarere Erfahrung mit der Temperaturqualität erlebt das Kind beim Essen.

Der Erwachsene stellt den Teller mit dem Brei vor das Kind, nimmt einen Löffel davon, probiert und sagt: „Heiß! Der Brei ist ***heiß!***" Dann bläst er kühlende Luft darauf und reicht ihn dem Kind. Ein andermal wird er, nachdem er festgestellt hat, daß der Brei noch zu heiß ist, das Kind selbst blasen lassen.

Bekommt das Kind den Teller mit dem dampfenden Brei hingestellt, deutet der Erwachsene darauf, mimt einen entsprechenden Gesichtsausdruck, schüttelt vielleicht noch die Finger als Ausdruck des Verbranntthabens und schaut das Kind fragend an. Sagt es nicht von sich aus: „Heiß!" wird der Erwachsene die genannte Situation noch einmal und immer wieder versprachlichen.

Eine weitere Situation, bei der die Eigenschaft ‚heiß' eine wichtige Rolle spielt, ist das tägliche Bad. Der Erwachsene hält kurz die Hand ins Wasser und stellt fest, daß das Badewasser noch zu heiß ist.

„Heiß! Das Wasser ist zu heiß.
Wir gießen noch kaltes Wasser nach.
Komm, wir prüfen noch einmal.
Ist es jetzt noch zu heiß?"

Die Heiß-Situationen werden im Puppenspiel nachvollzogen. Bevor die Puppen gefüttert werden, wird probiert und versucht, ob die Milch oder der Brei nicht zu heiß sind. Immer wieder spricht der Erwachsene ‚heiß' vor in der Erwartung, daß das Kind es selbst sinngemäß anwendet: „Heiß!"

## Martin ist müde

Das Kind hat nach einem Spaziergang am eigenen Leib erlebt, was ‚müde' sein' bedeutet. Die Füße tun ihm weh, es ist kraftloser und hat keine Lust mehr zum Spielen oder Herumtreiben. Es will sich ausruhen. Die Erwachsenen werden solche Situationen nützen und diesen besonderen Zustand versprachlichen.

„Du bist sehr weit gelaufen.
Jetzt bist du ***müde!***
Komm, wir setzen uns auf die Bank."

Am Ende eines langandauernden Puppenspiels sind die Puppen ebenfalls müde. Sie lassen die Köpfe hängen und sind ein wenig wackelig auf den Beinen und möchten nichts weiter, als ins Bett gehen zu dürfen.

„Schau Martin, die Puppen sind ***müde! Müde!*** Oh, wie sind sie ***müde.*** Sie möchten ins Bett gehen."

Der Reihe nach wird jede Puppe sanft und sachte ins Bett gelegt und zugedeckt.

## Auf Zehenspitzen gehen

Der Erwachsene arrangiert ein Bewegungsspiel, bei dem die Art der Fortbewegung mit den Lautheitsgeraden in Verbindung steht.

1. „Ich bin ein Bär.
   Ich trab daher.
   Bum, bum, bum!"

(Der Erwachsene tritt mit festem, lautem Schritt auf. Das Stampfen und Dröhnen soll übertrieben vorgemacht werden.)

2. „Ganz leise, leise wie die Katze schleich ich hin zu der Matratze. Pst, pst, pst! Keiner darf uns hören. Leise, leise, leise!

(Der Erwachsene geht auf Zehenspitzen durch das Zimmer, hält den ausgestreckten Zeigefinger vor den Mund und spricht immer: „Leise, leise, leise.")

Jetzt ist das Kind an der Reihe. Ob es genauso leise auf Zehenspitzen durch das Zimmer gehen kann?

**groß – klein**

Die erste Bekanntschaft mit dem Wort ‚groß' wird das Kind wohl bei dem beliebten Nachahmungsspiel: „Wie groß ist das Kind? Soooo groß!" machen. Beim Aussprechen des Wortes ‚groß' streckt der Erwachsene die Arme des Kindes in die Höhe. Später wird erwartet, daß das Kind von sich aus die Arme in die Höhe streckt.

Der Erwachsene greift diese Vorerfahrung auf und bindet sie in ein Bewegungsspiel ein. Er bückt sich, macht sich klein und sagt: „Papa ist klein! Klein! Ganz klein!" Dann streckt er sich so weit es geht und ruft: „Papa ist groß! Ganz groß!"

Beide führen zusammen die Bewegungen aus. Der Erwachsene spricht dazu.

Bei einem nachfolgenden Spielangebot soll das Kind die entsprechenden Bewegungen ohne Mitwirkung des Erwachsenen, nur auf Grund der sprachlichen Aufforderung ausführen. Wieder ein andermal werden die Rollen getauscht. Der Erwachsene macht sich groß oder klein, wenn das Kind dies sagt.

**hell – dunkel**

Kinder drücken und schrauben für ihr Leben gern an Schaltern und Knöpfen herum. Der Erwachsene arrangiert eine Spielsituation, bei der das Kind eine Lampe im Wechsel aus- und einschalten kann. Während der Dämmerstunde ist dieses Spiel am wirkungsvollsten, weil dann die Hell-Dunkel-Unterschiede am augenscheinlichsten sind.

„Da ist die Lampe. Drück auf den Knopf. Oh – jetzt ist es ***dunkel.*** Wo bist du? Ich sehe dich nicht. Drück wieder auf den Knopf. Oh – jetzt ist es ***hell!*** Ganz ***hell!*** Noch einmal? "

**Martin möchte (will) Kuchen**

Das Erlernen der Sprache bedarf einer Anstrengung und das Kind, zumal das sprachentwicklungsgestörte wird versuchen, den einfachsten Weg zu gehen. Dies wird von den Erwachsenen dann unterstützt, wenn sie allzu schnell und allzu oft auf seine Gesten achten, wenn sie ihm die Wünsche von den Augen ablesen, wenn sie das Kind nicht anregen und auffordern, die Lautsprache zu gebrauchen.

Was können Erwachsene tun, damit das Kind die Wirkung des Sprechens erfährt?

Das wichtigste ist, daß die Erwachsenen beim Äußern von Wünschen dem Kind einen Teil zum Selbsttun überlassen oder Situationen arrangieren, wo es etwas tun muß.

BEISPIEL 1:
Der Erwachsene beobachtet das Kind und findet heraus, was es schon sprechen kann. Dann stellt er den Gegenstand oder die Süßigkeit in Sichtweite, aber nicht in Reichweite vor das Kind hin. Bevor das Kind das Begehrte erhält, soll es danach fragen. Vielleicht wird es zu Beginn nur ein Wort sein, später wird daraus eine Bitte, eine Aufforderung werden.

BEISPIEL 2:
Während der Teezeit schneidet der Erwachsene ein Stück Kuchen in kleine Stücke, setzt sich dem Kind gegenüber an den Tisch und reicht ihm ein Stückchen. Zur selben Zeit sagt er das Wort ‚Kuchen'. Bevor er das zweite Stück anbietet fragt er: „Möchtest du Kuchen?" Bejaht das Kind dies, erhält es wieder ein Stück. Nach und nach wird der Fragesatz erweitert, bis das Kind in einem ‚Satz' seinen Wunsch zum Ausdruck bringt.

DAS KIND SOLL ERFAHREN, DASS ES SICH LOHNT, WÜNSCHE UND BEDÜRFNISSE ZU ARTIKULIEREN.

Als zusätzliche Hilfestellung kann der Erwachsene den Satz halb vorsprechen: „Ich möchte . . . ." Das Kind soll den letzten Teil ergänzen. In gleicher Weise kann der Erwachsene die Namen der Spielsachen erfragen lassen. Hier bietet sich an, daß er einige begehrte Spieldinge nach dem Spiel immer wieder wegschließt. Das Verlangen nach den Dingen kann dadurch gesteigert werden.

## FRAGESÄTZE

Die Fragesätze treten zeitlich später als die Aussagesätze auf. Doch haben sie insofern für die Sprachentwicklung eine große Bedeutung, als sie zum einen das Denken, die Logik fördern und formen und weil sie zum anderen dem Kind eine Methode der Wissensaneignung und Wissensvermehrung an die Hand geben.

IM ALLGEMEINEN STELLT SICH MIT DEM ERFRAGEN DER NAMEN DER DINGE (Was ist das? ) DAS ERFRAGEN DES ORTES EIN (Apfe wo? )

Das frühe Auftreten der Ortsfrage hängt damit zusammen, daß das Charakteristikum des Kindes das Habenwollen ist. Das Fragen nach dem Ort bedeutet daher nicht so sehr das Wissenwollen, wo sich dieses oder jenes befindet im Sinne eines Wissensdranges, sondern weil es das Erfragte haben möchte.

DIE FRAGESÄTZE MÜSSEN NICHT IMMER MIT EINEM FRAGEWORT (wo, was, wer) BEGINNEN. ES IST IN DER MEHRZAHL ZU BEOBACHTEN, DASS DER **FRAGESINN** EHER ÜBER DIE SPRACHSCHWELLE TRITT ALS DAS **FRAGEWORT!**

| | | | | | |
|---|---|---|---|---|---|
| A | Tonfall | = | apfe | wo? | |
| B | Wortstellung | = | apfe<br>2. | wo<br>1. | |
| | | | wo ist der<br>1. | Apfel<br>2. | |
| C | Zusammenhang | = | apfe? | | Hat Schüssel mit Äpfel gesehen, Vater bringt einige Äpfel mit nach Hause,<br>bekommt regelmäßig einen Apfelschnitz. |

Alle drei Faktoren können einzeln angewandt werden, um den Charakter der Frage zu kennzeichnen.

Die ersten Warumfragen sind bei der Regelentwicklung um die Wende des dritten zum vierten Lebensjahres zu beobachten.

Sehr spät bewältigt das Kind die Zeitbegriffe und demzufolge stellen sich Zeitfragen erst zum Schluß ein.

### Was möchtest du?

Auf dem Tisch stehen drei bis vier begehrenswerte Dinge. Der Erwachsene verdeutlicht dem Kind, daß es eines davon bekommen kann. Es muß sich allerdings für eines entscheiden und soll sagen, welches es haben möchte. Zu einem späteren Zeitpunkt stellt der Erwachsene solche Dinge, die sich in einem oder in zwei Merkmalen unterscheiden vor das Kind. Es genügt nun nicht mehr zu sagen: „Ich möchte das Auto!" Das Kind muß sich genauer und präziser ausdrücken: „Ich möchte das große Auto!"

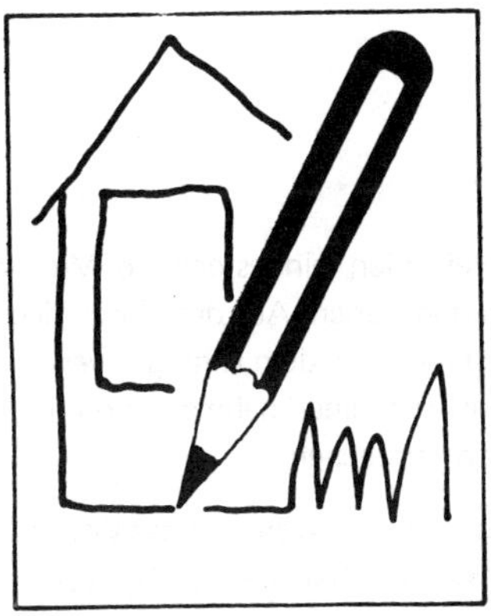

### Malen auf Wunsch

Die meisten Kinder haben es gerne, wenn die Erwachsenen ein Bild für sie malen. Es sollen keine Gemälde entstehen, einfache Strichzeichnungen genügen vollauf.

Malt der Erwachsene gerade ein Haus, streut er einige Fragen ein: „Was soll ich dahin malen? Wer schläft in dem Bett? Fehlt hier am Fenster noch etwas? Schau, ich habe ein Spielzeug gemalt. Was ist das?"

Ist das Kind mit der Idee des Spiels vertraut, zeichnet der Erwachsene einen Gegenstand und sagt absichtlich die falsche Bezeichnung. Bemerkt das Kind den Fehler und kann es ihn schon korrigieren?

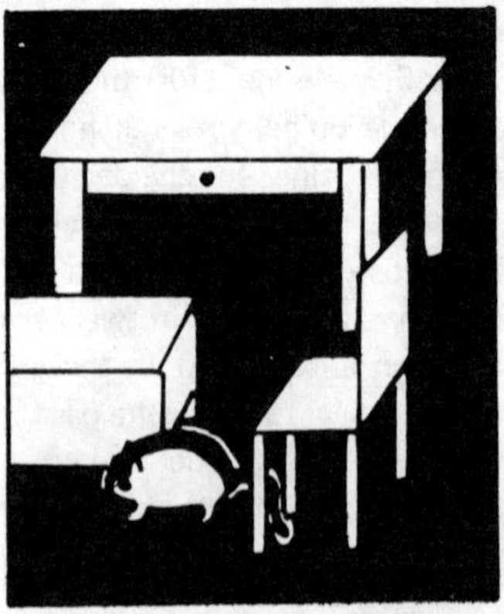

### Wo ist die Maus?

Der Erwachsene schneidet aus den vielfältigen Reklameschriften das Bild einer Zimmereinrichtung aus und klebt sie auf einen festen Karton. Dann besorgt er sich ein kleines Stoff- oder Holztier und plaziert es einmal auf den Tisch, dann unter den Tisch usw. Bei jeder Position fragt er das neugierig zuschauende Kind: „Wo ist die Maus?" „Da!"

In gleicher Weise kann eine Puppenstube in das Spiel mit einbezogen werden. Jeder der Mitspieler darf das Tierchen einmal verstecken. Einmal im Schrank, das anderemal unter dem Bett.

Das, was mit den Dingen durchgespielt wird, kann auch mit Personen geschehen.
Das Kind und der Erwachsene suchen gemeinsam. Während des Suchens fragen sie immer wieder: „Wo ist Martin?" Ist ein vermutetes Versteck erreicht und erfolglos durchsucht worden, schauen die beiden Sucher sich an, zucken mit den Achseln und sagen: „Nicht da. Martin ist nicht da. Wo ist Martin?"

### Wer hat . . . .?

Für dieses Spiel sollen mindestens drei Mitspieler zur Verfügung stehen. Auf dem Tisch liegen einige Gegenstände, die dem Kind gut vertraut sind. Jeder darf sich einen nehmen und hinter seinem Rücken verstecken.

Der Spielleiter, der sich während des Wegnehmens kurz umgedreht hat, weiß wohl, was fehlt, er weiß jedoch nicht, wer von den Mitspielern welches Ding hat. Er fragt: „Wer hat das Auto?" Derjenige, der den Gegenstand hinter seinem Rücken hält, darf ihn nun hochhalten: „Ich habe das Auto!"

## SPRACHGEMEINSCHAFT

Für das Kind wird die Sprache im eigentlichen Sinne des Wortes erst dann zu einem Verständigungsmittel, wenn es

- über einen bestimmten Wortschatz verfügt,
- die Laute und Wörter einigermaßen lautrein und verständlich aussprechen kann,
- die Zusammenhänge und Beziehungen der Dinge und Erscheinungen durch das Anwenden bestimmter grammatischer Formen wiederzugeben vermag.

Deshalb werden die Bereicherung des Wortschatzes, die Erziehung zum grammatikalisch richtigen und die Erziehung zum lautreinen Sprechen zur Hauptfaugabe der weiterführenden Spracherziehung.

Verschiedene Entwicklungsschritte sind notwendig, um von dem ganzheitlichen Einwortsatz über den Mehrwortsatz zum grammatikalisch richtigen und vollständigen Satz zu gelangen.

- Das Kind muß die gehörten und verwendeten Lautgestalten als NAMEN für Dinge, Vorgänge und Zustände auffassen.
- Das Kind muß fähig sein, aus der Schallmasse der Wörter, Satzteile, Bedeutungsträger herauszuhören.
- Das Kind muß eine gedankliche (geistige) Beziehung zwischen den Dingen, deren Positionen, Eigenschaften usw. herstellen können.
- Das Kind muß die Fähigkeit zum Verknüpfen (Synthese) entwickeln.

Das isolierte Wort verliert allmählich seine Satzfunktion und wird zum BEGRIFF. Das Bilden umfassenderer Meinungseinheiten geschieht nunmehr dadurch, daß diese Begriffe zuerst nur aneinandergereiht (Wortketten) und später in eine bestimmte Beziehung zueinander gebracht werden.

Für eine differenziertere Aussage genügt der Einwortsatz nicht mehr, der Informationswert ist zu dürftig. Unter dem Druck des MITTEILUNGSVERLANGENS vervollständigt das Kind mehr und mehr seinen sprachlichen Ausdruck. Dieses Anbahnen der GLIEDERUNGSFÄHIGKEIT ist der wichtigste Schritt in dem weiteren Geschehen, denn dadurch erahnt das Kind, daß es nicht genügt, ein Wortzeichen an beliebiger Stelle einzusetzen, sondern daß auch der Ort, an den das Zeichen gestellt wird, aussagebedeutsam ist. Eine Art unterschwelliges Beziehungswissen entsteht.

Die beiden bedeutsamsten Mechanismen, die das Bilden von neuen Sprachformen, ermöglichen und erleichtern, sind das Gedächtnis und die Fähigkeit der Analogiebildung. Das, was es einmal gehört hat, spricht es nach, kann es sich merken und bei ähnlichen Situationen wieder aus dem Gedächtnis holen. Andererseits wendet es bestimmte Prinzipien (gut → güter analog zu groß → größer) bei Neubildungen an. Manchmal kann die Analogie als Bildungstriebkraft im Kind wirksamer werden als der Einfluß des Gedächtnisbesitzes.

Das bisher Gesagte muß Folgen haben auf die Art und Weise, wie und was der Erwachsene zum Kind spricht. Wenn das Kind gute sprachliche Modelle in seinem Gedächtnis hat, wird es diese nach dem Wiederhervorholen auch angemessen anwenden können. Wenn es die Bildungsgesetzlichkeiten aus dem sprachlichen Vorbild der Erwachsenen ablesen kann, wird es diese eher auf seine sprachlichen Schöpfungen übertragen können.

DEM ERWACHSENEN KOMMT DAHER IN SEINER FUNKTION ALS SPRACHLICHES VORBILD EINE ÜBERGROSSE BEDEUTUNG ZU.

Der Aktionsraum des Kindes erweitert sich. Es wächst über den engen Rahmen der Familie hinaus. Es tritt in eine erweiterte SPRACHGEMEINSCHAFT ein. In der Regel wird dies der Kindergarten oder der Sonderkindergarten sein.

Bezogen sich die im ersten Teil des Buches aufgezeigten Spiele auf die Möglichkeiten im Familienkre waren die Eltern oder andere Bezugspersonen die eigentlichen und fast ausschließlichen Partner, so werden es jetzt mehr und mehr die gleichaltrigen Spielkameraden sein. Aus diesem Grund stehen im zweiten Teil des Buches die GRUPPENSPIELE im Vordergrund.

## SPRACHE VERSTEHEN

Sprechenkönnen im Sinne des Verwendenkönnens von sinnvollen und der Sprachgemeinschaft angepaßten Lautzeichen setzt Hören- und Verstehenkönnen voraus. Eine Ausnahme bilden die hörgeschädigten Kinder, sie erwerben die Lautsprache nicht auf natürlichem Wege.

An das Ohr des Kindes fluten ein Schwall von Lauten, Klängen, Wörtern, Sätzen. Wie und wodurch kann das Kind die Wörter heraushören?

– Zu dem Kind wird zwar in ganzen Sätzen gesprochen, doch werden in bestimmten Situationen bestimmte bedeutungsträchtige Wörter heraus- und hervorgehoben. Das Kind versteht zum Zeitpunkt des Satzgliederungsvermögens schon einige Wörter der Erwachsenensprache.

– Das Verstehen gehörter Wörter und das bedeutungsmäßige Verwenden fallen beim Kind nicht genau zusammen. Die WAHRNEHMUNG geht in der Entwicklung der MOTORIK voraus.

> „Sobald ein kleines Kind die Sprache seiner Umgebung bis zu einem gewissen Grade versteht und sich in seinem Tun und Lassen von dieser Sprache beeinflussen läßt, hat es die erste Sprachstufe bereits erreicht, wenn auch das aktive Sprechen erst später einsetzt (Revész)."

– Das Kind entwickelt eine allgemeine Fähigkeit, komplexe Ganzheiten zu gliedern. Dies bezieht sich auf alle Bereiche der Wahrnehmung, der Motorik, des Denkens und des Sprechens.

Diese Verstehensleistung soll einmal durch Spiele, in denen das Kind auf den Inhalt des Gesprochenen achten muß, gefördert und verfeinert werden und zum anderen durch Nachsprech-Spiele. Durch das Zuasmmenwirken der eine zeitlang voneinander unabhängig geübten Leistungen des Sprachverstehens und des Nachsprechens wird das Bilden von Sätzen wesentlich vorbereitet und erleichtert.

## BILDERBÜCHER

Bilderbücher, vorerst ohne Text, später mit einfach strukturierten Sätzen, sind für die Sprachförderung von großer Bedeutung. Der Erwachsene wird jeden Tag eine Situation finden und sich die Zeit nehmen, mit den Kindern ein Bilderbuch anzuschauen. Hier einige Vorschläge:

- **Selbstgebasteltes Bilderbuch**

Der Erwachsene erzählt eine Geschichte in einfachen Sätzen. Er spart dabei nicht mit Mimik und Gestik, spricht einmal lauter, einmal leiser und fügt zwischendurch eine Spielszene ein. Danach malen die Kinder zu jeder Szene ein Bild. Diese Bilder werden in der richtigen Reihenfolge zusammengeklebt oder genäht, mit einem Deckel versehen und schon ist das selbstgebastelte Bilderbuch fertig.

- **Naturkundliche Bilderbücher**

Der Einsatz der naturkundlichen Bilderbücher ist erst dann sinnvoll, wenn sich die Kinder durch eine Realbegegnung eine Vorstellung von dem Wesen, dem Gegenstand über das oder den gesprochen wird und dem Bild machen können. Mit dem puren Wort ‚Hase' können die Kinder nur wenig anfangen.

Beim Betrachten der Bilderbücher sollen nicht Seite für Seite die Dinge benannt oder nach deren Namen gefragt werden. Das langweilt die Kinder. Das Bilderbuch soll Ausgangspunkt für Aktionen sein – auch gedanklicher Art. Ist z.B. auf einer Seite ein Hase abgebildet, dann wird darüber gesprochen, was dieser wohl frißt. Die Kinder vollziehen dies nach, indem sie wie eine Hase Karotten knabbern. Ein andermal hoppeln sie wie die Hasen durch das Zimmer, stellen ihre Ohren und machen Männchen.

## Geschichten mit Gegenständen

Der Erwachsene liest die Geschichte (z.B. „Swimmy" von Leo Leonni) einmal ganz vor. Dann liest er sie ein zweites Mal abschnittweise vor. Zwischendurch werden die einzelnen Szenen mit Materialien nachgespielt.

Die großen Fische (Klötze) fressen die kleinen Fische (Klötzchen) auf. Die kleinen Fische formieren sich zur Form eines ganz großen Fisches. Die großen Fische schwimmen schnell davon.

## Spaziergang-Geschichten

Auf den wöchentlichen Ausflügen und Spaziergängen erhalten die Kinder eine Fülle neuer Eindrücke. Warum sollen diese nicht in Form eines Erlebnisbuches festgehalten werden? Gleichzeitig wird dadurch die Erzählform der Vergangenheit eingeführt.

BEISPIEL:

1) Gestern waren wir im Park. Wo sind wir zuerst hingefahren? Schaut das Bild an! Auf den Parkplatz!
2) Dann sind wir zum . . . . gegangen. Wer möchte dazu etwas sagen? Hier ist ein Bild, vielleicht hilft euch das etwas weiter.
3) Auf der Wiese lagen viele . . . . Habt ihr noch eure Feder? Holt sie schnell. Wir schauen die Feder an.
4) Zum Schluß haben wir einen kleinen „Springer" gesehen. Wer weiß, was ich meine? Vater macht vor, wie der Frosch springt. Wollen wir alle einmal im Zimmer so herumhüpfen?

Wer sich nicht zutraut, die Bilder zu zeichnen, fotografiert sie einfach mit einer Sofortbildkamera. Wem auch das zu aufwendig ist, läßt von den Kindern während des Ausflugs bestimmte Dinge sammeln, legt sie zu Hause in der Reihenfolge des Findens auf das Fensterbrett und läßt die Kinder darüber berichten.

**Was muß ich tun?**

Charakteristische Abläufe werden in Form eines Wandfrieses festgehalten.

BEISPIEL:
Wer war schon mit der Mutter einkaufen? Erzählt! ⟶ Wir werden jetzt zu jeder Geschichte ein Bild malen.

1) Die Mutter führt das Kind an der Hand. Beide gehen über die Straße und betreten das Lebensmittelgeschäft.
2) Die Mutter und das Kind holen aus den Regalen eine Packung Nudeln, ein Päckchen Salz, eine Flasche Speiseöl und eine Tüte Gummibärchen und legen alles in den Einkaufswagen.
3) Die Kassiererin tippt alle Preise in die Kasse. Die Mutter bezahlt.
4) Die Sachen werden von dem Einkaufswagen in die Einkaufstasche gepackt.

**Bilderbücher zum Entdecken**

Es gibt Bilderbücher, in denen im Rahmen eines Situationsbildes viele Einzelheiten abgebildet sind. Es gilt, diese mit dem Kind zu entdecken.

*Suchspiele:* „Ich sehe ein Pferd!
Wer sieht es auch?"

*Findespiele:* „Ein Junge hat seine Mutter verloren. Wer kann sie finden?"

Der Erwachsene wird darauf achten, daß er nicht nur Gegenstände, Tiere usw. entdecken, sondern auch die Handlungen beschreiben läßt.

## Bilderbücher zum Mitsprechen

Bei einigen Bilderbüchern ist der Inhalt in gereimten Texten wiedergegeben. Der Erwachsene liest zunächst den ganzen Text in rhythmisierter Sprechweise vor, betont dieses oder jenes Wort besonders und stellt immer wieder den Bezug zwischen Text und Bild her.

Beim zweiten Durchgang läßt er das letzte Wort, den letzten Satzteil vom Kind ergänzen. Dieses bereitet den Kindern sehr viel Spaß und ist eine ausgezeichnete Hilfe, sich Satzstrukturen einzuprägen.

## Geschichten zum Nachspielen

1. Die Geschichte wird ganz vorgelesen (z.B. Hänsel und Gretel). Eventuell wird der Inhalt in einigen Stichworten nochmal wiederholt.
2. Die Rollen werden verteilt. Wer möchte den Hänsel spielen? Wer spielt die Gretel? Die Schauplätze werden bestimmt. Da steht das Hexenhaus!
3. Eine oder zwei Haupthandlungen werden gespielt, wobei am Anfang die Gestik und die Mimik die Sprache ersetzen kann.

## Geschichten zum Mitdenken und Nachdenken

In bestimmten Bilderbüchern werden den Kindern Probleme bewußt gemacht, Hilfen für die Bewältigung der Welt, in der sie leben, angeboten. Der Erwachsene wird hier den Kindern einen breiten Raum zur Selbstgestaltung, zum Mitdenken und zum Selbstfinden von Lösungen einräumen. Die Moral der Geschichte wird nicht sofort serviert.

## Peter, gib mir den Ball!

In der Mitte des Raumes liegen unterschiedliche Dinge. Die Kinder sitzen im Kreis. Der Erwachsene sucht sich in Gedanken einen Gegenstand aus und bittet ein Kind, ihm das betreffende Ding zu holen: „Peter, gib mir das Rennauto!"
Beim zweiten Durchgang ist das Kind, das den Gegenstand geholt hat, mit dem Bitten an der Reihe.

VARIATIONEN:

a) Der zu holende Gegenstand wird nicht mit Namen genannt. Er wird umschrieben.
„Peter, gib mir bitte das Ding mit Rädern!"

b) Es werden solche Aufträge verteilt, bei denen zwei oder mehr Dinge geholt werden sollen.

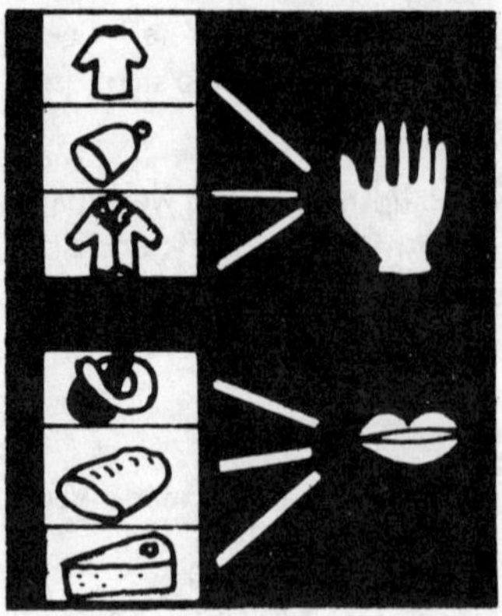

## Kauen oder Klatschen

Der Erwachsene erklärt den Spielablauf.
„Ich sage verschiedene Wörter. Immer, wenn etwas zum Essen kommt., müßt ihr kauen. Sage ich ein Kleidungsstück, dann müßt ihr auf die Schenkel klatschen. Ich möchte einmal sehen, ob ihr auch alle Wörter richtig versteht.
Aufgepaßt, es geht los!

Schokolade ⟶ kauen
Apfel ⟶ kauen
Mütze ⟶ klatschen

Nach einer Übungszeit können die Rollen getauscht werden. Ein Kind soll einen Begriff nennen und die anderen Kinder führen die entsprechenden Bewegungen aus.

Durch diese Art von Sprachspiele wird das Bilden von Oberbegriffen vorbereitet. Gleiches wird als zusammengehörig erkannt.

## Wer sieht den Kleiderbügel?

Der Erwachsene konzentriert die Kinder auf sich. Wenn alle aufmerksam sind, erklärt er das Suchspiel: „Hier im Zimmer (Garten) gibt es viele Dinge. Ich suche eines heraus und sage auch den Namen. Ihr geht im Zimmer umher und sucht mit den Augen das Ding. Wenn ihr es entdeckt habt, sagt ihr es mir ins Ohr."

VARIATIONEN:

a) „Wenn ihr es entdeckt habt, bleibt ihr dort stehen, dann weiß ich, ob ihr mich auch richtig verstanden habt."

b) „Ich sehe etwas, was ihr nicht seht und das ist ist . . ." Die Mitspieler können sich zuvor einigen, daß einmal nur Dinge aus dem Bereich ‚Möbel' und ein andermal aus dem Bereich ‚Spielsachen' genommen werden.

## Ist es in diesem Raum versteckt?

Der Erwachsene geht aus dem Zimmer. In der Zwischenzeit dürfen die Kinder einen Gegenstand im Raum verstecken. Nachdem der Erwachsene den Raum wieder betreten hat, stellt er reihum an jedes Kind solche Fragen, die die Kinder nur mit „Ja" oder „Nein" beantworten können und auch sollen.

„Ist es in diesem Raum versteckt?
Liegt es hinter dem Schrank?
Habt ihr es unter die Spielkiste gelegt?"

Die Kinder müssen genau auf die Formulierung achten, wenn sie die Frage richtig beantworten wollen.

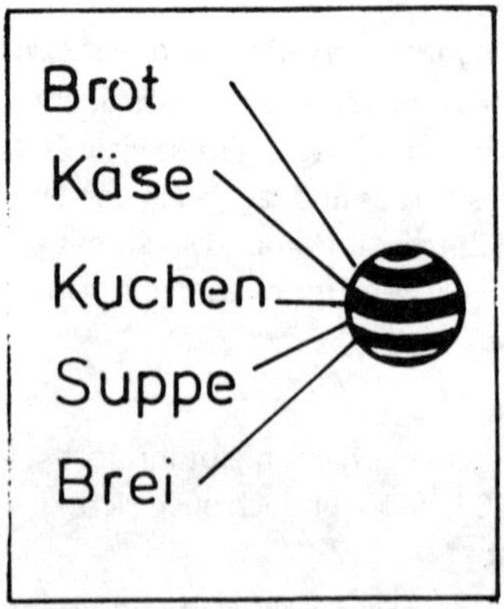


### Ich möchte etwas zum Essen

Die Kinder sitzen in einem Kreis, wickeln einen Ball in ein Tuch ein und schnüren die Tuchenden zusammen. Der Ball soll während des Wortspiels als Wurfgeschoß dienen.

Ein Kind macht den Anfang. Es wirft einem anderen den Ball zu und sagt: „Ich möchte etwas zum Essen." Das angesprochene Kind muß irgendeine Eßware nennen und darf dann den Ball an einen anderen Mitspieler mit der gleichen Bemerkung weitergeben.

VARIATION:
Alle Erfahrungsbereiche der Kinder können auf diese Art und Weise durchgespielt werden.
KLEIDUNG, KÜCHENGERÄTE, SPIELSACHEN, TIERE, MÖBEL, TOILETTENARTIKEL, FAHRZEUGE.

### Alle Kinder fassen sich an die Nase

Bei diesem Spiel kommt es sowohl auf das Sprachverständnis als auch auf die Schnelligkeit der Reaktion an.

Die Kinder sitzen in einer Reihe auf einer langen Bank. Der Erwachsene erklärt ihnen das Spiel: „Ich sage euch, was ihr tun sollt. Dann zähle ich solange, bis alle das machen, was ich gesagt habe. Ich bin gespannt, wie lange ich zählen muß."

Wir beginnen mit einem Versuch:
Alle Kinder fassen sich an die Nase!
1, 2, 3, 4, 5, . . .

VARIATION:
Auf diese Weise kenn der Erwachsene oder jedes beliebige Kind alle Körperteile nennen und verschiedene Bewegungsformen ausführen lassen.

## Ein „Hm . . . .“

Der Erwachsene erzählt eine nicht allzu lange Geschichte. Ab und zu fällt ihm das richtige Wort nicht ein. Er sagt dafür ein langegzogenes „Hm“ und schaut die Kinder dabei fragend an in der Erwartung, daß sie das fehlende Wort nennen. Möglicherweise kann das Kind das richtige Wort nennen, die Geschichte weitererzählen oder ergänzen.

BEISPIEL:
Der Erwachsene zeigt ein Bild und beginnt zu erzählen:
„Auf dem Sofa sitzt eine . . . . Sie hat ein wunderschönes . . . . an. Gerade kommt der . . . . zur Türe herein. Er sieht die . . . . und möchte mit ihr spielen.“

VARIATIONEN:
a) Die Kinder werden aufgefordert, sich auszudenken, wie die Geschichte weitergehen könnte.
b) Ein Kind wird aufgefordert, zu einem anderen Bild eine ähnliche Geschichtet zu erfinden.

## Alles dreht sich um den Schuh

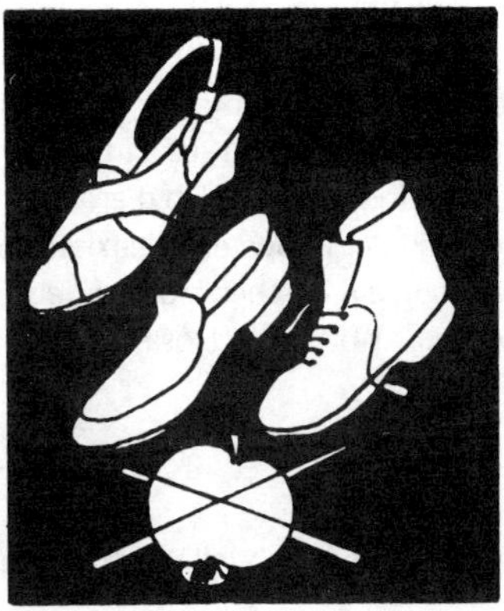

Nach der Beschäftigung mit einem Gegenstandsbereich, bei der oftmals die betreffenden Begriffe genannt und inhaltlich erklärt wurden, bietet der Erwachsene eine Wortsammlung an. Ein Wort, später können es auch mehrere sein, paßt nicht in die Wörterreihe. Es soll von den Kindern herausgefunden werden.

BEISPIEL:

Halbschuh
Schuhcreme
Schuhschrank
Schuster
Schuhlöffel
Apfel

VARIATION:
Ein ähnliches Spiel kann mit Bildkarten gespielt werden. Ein abgebildeter Gegenstand paßt nicht in die Bildsammlung. Welcher?

## Alle Vögel fliegen hoch

Alle Kinder sitzen am Tisch und trommeln mit beiden ausgestreckten Zeigefingern auf die Tischkante. Der Erwachsene spricht: „Alle Vögel fliegen hoch. Die Spatzen fliegen hoch. Die Bienen fliegen hoch. Die Tische fliegen hoch."

Sooft der Erwachsene Dinge nennt, die fliegen können, heben die Kinder die Arme hoch. Beachtet ein Kind die Regel nicht, muß es ein Pfand abgeben. Die Schwierigkeit des Spiels kann dadurch gesteigert werden, daß der Erwachsene grundsätzlich bei allen Aufzählungen seine Arme hochhebt.

VARIATION:
Neben den flugtüchtigen Gegenständen, Dingen und Wesen können auch solche Dinge genannt werden, die schwimmen usw. können.

„Alle Fische schwimmen im Wasser. Die Goldfische schwimmen. Die Walfische schwimmen. Die Vogelhäuschen schwimmen."

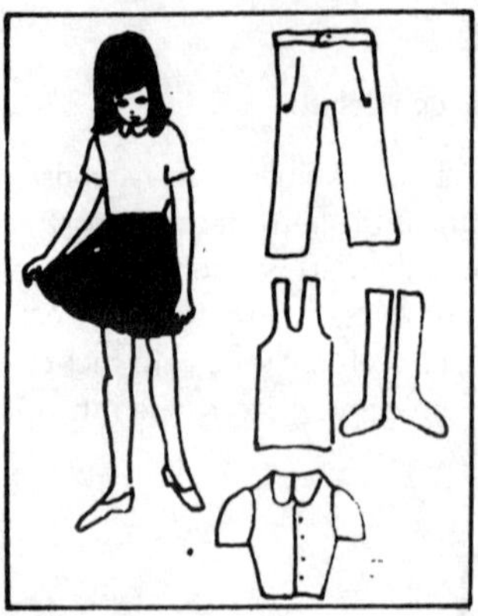

## Wo ist das Hemd?

Der Erwachsene setzt sich eine unbekleidete Puppe auf den Schoß und verteilt die einzelnen Kleidungsstücke an die Kinder.

Er beginnt mit folgender Geschichte:
„Ach, es ist Winter. Ich friere. Brrr, es ist kalt. Wo ist das Hemd? (Das Kind, das das Hemd erhalten hat, soll vortreten und der Puppe das Hemd anziehen). Jetzt ist es schon ein bißchen wärmer., aber ich friere immer noch. Wo ist die Hose? . . . ."

VARIATION:
Die Puppe ist fertig angezogen und bedankt sich bei den Kindern. Sie möchte sich jedoch noch einmal vergewissern, wer ihr was gebracht hat.
„Martin, was hast du mir angezogen?
Helga, was hast du mir angezogen? "

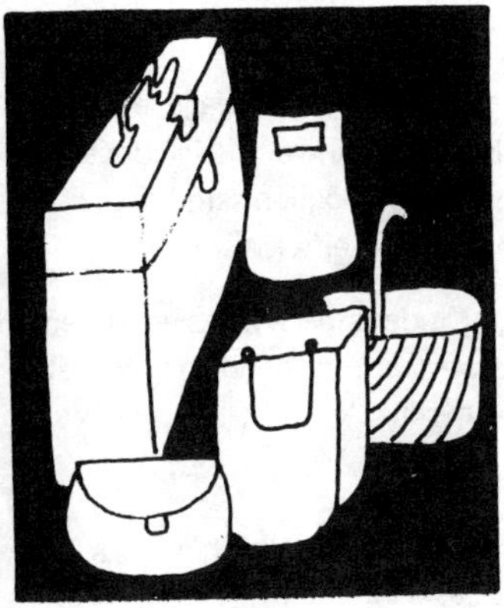

## Viele Gepäckstücke

In der Mitte des Raumes stehen ein Koffer, eine Handtasche, eine Einkaufstasche, ein Netz, ein Korb und eine Plastiktüte. Der Erwachsene stellt einige typische Situationen dar. Das Kind soll das Gepäckstück, das für diese Situation paßt, aufnehmen und mit ihm im Zimmer umherlaufen.

1. Peter verreist zu seiner Großmutter. Wo soll er nur all die vielen Sachen hinpacken?
2. Die Mutter muß um 10 Uhr beim Zahnarzt sein. Sie geht schnell hin. Halt! Was braucht sie? Ein Taschentuch, den Krankenschein . . . In was soll sie all die Sachen packen?
3. Auf dem Markt gibt es frische Gurken zu kaufen. Welche Tasche nimmt die Mutter mit?
4. Luise geht einkaufen.
5. Hans hat im Kaufhaus ein Bilderbuch gekauft. Er möchte es nicht in der Hand nach Hause tragen.
6. Ohje, die Badehose und das Handtuch sind naß. In was soll Hans die Dinge nach Hause tragen?

## Zutaten

Kinder kochen und backen für ihr Leben gern. Sie lernen, welche Zutaten notwendig sind und welche Tätigkeiten der Reihe nach folgen müssen. Der Erwachsene baut die Festigung und Wiederholung in ein Sprachspiel ein: ,,Wißt ihr noch, was wir alles zum Backen verwendet haben? Hört zu, ich zähle noch einmal auf: Mehl, Milch, Eier, Zukker, Holzschrauben, Salz . . .''

Haben die Kinder richtig zugehört, werden sie entdecken, daß ein Begriff nicht dazu paßt. Fällt er den Kindern nicht auf, wird der Erwcahsene darauf aufmerksam machen.

Solche und ähnliche Sprachspiele können nach jedem Sachgespräch, nach jeder Handlungseinheit durchgeführt werden.

## Quatschbilder

Der Erwachsene zeigt eine Bildcollage, auf der etwas dargestellt ist, das einmal lustig aussieht und das zum anderen unmöglich sein kann. So z.B., wenn ein Hase Pfeife raucht.

Zuerst sollen die Kinder sagen, was sie auf dem Bild sehen: „Warum lacht ihr denn so? Was ist denn daran so komisch?"

BEISPIEL:
„Die Hühner schlafen im Federbett."
„Ja und, stimmt das denn nicht?"
„Nein, das stimmt nicht. Die Hühner schlafen im . . . . ."

1. VARIATION:

Der Erwachsene zeigt die o.g. Bilder und sagt etwas, das wieder nicht stimmen kann. Die Kinder sollen aufmerksam zuhören und dann den Unsinn, den Quatsch aufdecken.

*Beispiel:* Die Pferde rauchen Zigaretten.
Der Franz ißt die Suppe mit der Gabel.
Der Vogel fliegt im Wasser.

2. VARIATION:

Lustige Reime, die einfach nicht stimmen können.

Auf einer Hecke kriecht eine Schnecke.
Auf einer Maus steht ein Haus.
Auf einer Möwe reitet ein Löwe.
Auf einem Fisch liegt ein Tisch.

3. VARIATION:

Der Erwachsene macht die Kinder darauf aufmerksam, daß ein Satz nicht stimmen kann. Sie sollen herausfinden welcher.
Es geht los!

„Die Großmutter fährt in die Stadt.
In der Stadt kauft sie rote Kirschen.
Dann schwimmt sie ins Kaufhaus.
Dort verliert sie ihre Brille."

## RÄTSEL

Die Rätsel werden je nach dem geistigen Vermögen der Kinder eingesetzt.
Rätsel zeigen die vielfältigen Möglichkeiten auf, wie man auf verschiedene Art und Weise über einen Gegenstand sprechen kann. Daneben fördern sie die poetische Wahrnehmung, d.h. das Sehen der Welt mit den Augen des Sprachmächtigen. In diesem Zusammenhang ist auch die dritte Bedeutung der Rätsel für die Sprachentwicklung des Kindes zu sehen.

DIE RÄTSEL WEISEN AUF DIE ZWEITBEDEUTUNG (DOPPELBEDEUTUNG) DER WÖRTER DER MUTTERSPRACHE HIN.

Rätsel sind auf Sprachgemeinschaft angewiesen. Sie erfordern den Partner, der zuhört, der mitdenkt und mitversucht, die Lösung zu finden.

Die Bildhaftigkeit der Bilderrätsel kommt der noch naiven Weltanschauung und Auffassungsart der Kinder entgegen.

- Ich kenne ein Tier,
  das trägt sein Haus auf dem Rücken (Schnecke)
- Mit welchen Nadeln kann die Mutter nicht nähen? (Tannennadeln)
- Wie heißen die Schuhe für die Hände? (Handschuhe)
- Wer sitzt immer auf dem Dach und raucht? (Schornstein)
- Wer rührt und knetet, formt und schiebt,
  was jeden Morgen dein Mündchen liebt? (Bäcker)
- Wer trägt 'ne große weiße Mütze
  und arbeitet bei starker Hitze? (Koch)
- Wa ist gebaut aus Mauersteinen, die Leute gehen ein und aus.
  Was ist das? (Haus)
- Im Sommer bin ich kalt. Im Winter bin ich heiß.
  Wer weiß, wie ich heiß? (Ofen)
- Ich kriech ins Loch und öffne alle Türen. (Schlüssel
- Es ist gemacht aus Glas und Holz.
  Das Licht scheint durch und macht das Zimmer hell. (Fenster)
- Am Abend macht's die Stube hell,
  nun rat' mir dieses Rätsel schnell. (Lampe)
- Wer sagt euch die Zeit, daß ihr pünktlich seid? (Uhr)
- Im Haus braucht es die Mutter,
  sie streicht damit die Butter. (Messer)
- Sie ist aus Glas und sitzt auf der Nas'. (Brille)
- Es schnauft und pfeift und zischt und kreischt.
  Es fährt auf Schienen und muß den Menschen dienen. (Eisenbahn)
- Wie heißt das Glöckchen im weißen Röckchen?
  Es wächst im Schnee schon in die Höhe'. (Schneeglöckchen)
- Ich pflück es im Grase, dann steck' ich's in die Vase. (Blume)

- Ohne Tür und Fenster ein Haus,
  und doch guckt sein Bewohner gar oft heraus,
  er geht ganz langsam, Schritt für Schritt
  und nimmt sein kleines Häuslein mit. (Schnecke)

- Alle Tage geh ich aus, bleibe dennoch stets zu Haus. (Schnecke)

- Rate, welches Tierlein klein
  bringt uns den süßen Honig ein? (Biene)

- Es steht im Wald auf einem Bein,
  gern sammeln es die Leute ein. (Pilz)

- Wer ist im Wald der kleine Mann,
  der nur auf einem Bein stehn kann?
  Trägt einen großen, bunten Hut –
  mal ist er giftig und mal gut. (Pilz)

- Ach, ach, ach, wer läuft mir immer nach?
  Das ist ein kleiner, schwarzer Mann, der nicht lesen und beten kann,
  der nicht lesen und beten kann. (Schatten)

- Was ist das:
  Am Morgen ist es lang, am Mittag kurz und klein,
  am Abend ist's am längsten, und nachts ist's gar nicht da. (Schatten)

- Ich möchte sohl wissen, wer das ist,
  der immer mit zwei Löffeln frißt? (Hase)

- Vorn wie eine Gabel, in der Mitte wie ein Faß,
  hinten wie ein Besen – rate, was ist das? (Kuh)

- Es sieht aus wie eine Katz' und maust wie eine Katz',
  hat einen Kopf wie eine Katz' und einen Schwanz wie eine Katz'
  und ist doch keine Katz'.
  Was ist das? (Kater)

- Ich habe Tür und Giebel und steh seit Jahren hier.
  Vor Wind und andrem Übel beschütz' ich Mensch und Tier.
  In meinen dicken Mauern geht mancher her und hin,
  es lachen und es trauern die Menschen in mir drin.
  Auch du gehst ein und aus in mir, dem alten –! (Haus)

- Wer sitzt auf unserm Dach und raucht,
  der weder Pfeif' noch Tabak braucht? (Schornstein)

- Es ist gemacht aus Holz und Glas,
  das Licht schein durch – was ist denn das? (Fenster)

- Es ist etwas in meinem Haus,
  geht Tag und Nacht, doch kommt's nicht raus! (Uhr)

- Auf meinen vier Beinen steh' ich ganz still
  und warte auf einen, der vom Laufen oder Stehen
  mal ausruhen will. (Stuhl)

- Ich weiß ein kleines weißes Haus,
  hat nichts von Fenstern, Türen, Toren,
  und will der kleine Wirt heraus,
  so muß er erst die Wand durchbohren. (Ei)

- Ich wohn' im Keller und im Speicher,
  der Bauer wird durch mich nicht reicher.
  Ich nähre mich von Korn und Speck,
  doch seh' ich Menschen, husch' ich weg!
  Am meisten fürchte ich die Katzen
  mit ihren scharfen spitzen Tatzen
  Ich wohne auch in deinem Haus.
  Ich bin die kleine graue ..... (Maus)

- Im tiefen See bin ich zu Haus,
  und holt man mich von dort heraus,
  komm ich gebraten auf den Tisch.
  Du kennst mich doch? Ich bin der ..... (Fisch)

**Quelle:** „Scherz- und Rätselfragen", gesammelt und herausgegeben von Hubert Ries, Kemper Verlag, Heidelberg
„Neue Rätselstiege", zusammengestellt von Else Tümmel, Thienemanns Verlag, Stuttgart
„Meine bunte Rätselwelt" von B.H. Bull, Boje-Verlag, Stuttgart

## SPIELE ZUM HÖREN

Dem Anteil des Hörens an der Sprachentwicklung wird häufig nicht die ihm zukommende Bedeutung beigemessen. Ohne Hörvermögen kann das Kind auf natürliche Art nicht die Lautsprache erlernen. Neben der Taubheit oder Schwerhörigkeit, die in der Regel schon früh erkannt werden kann, gibt es eine nicht zu geringe Anzahl von Kindern, die isolierte Hörschäden haben, deren akustische Aufmerksamkeit nicht altersentsprechend entwickelt, deren akustisches Unterscheidungsvermögen eingeschränkt ist. Solche Kinder werden ohne eine besondere und gezielte Förderung durch Hörspiele lange Schwierigkeiten mit dem Verstehen der Aussprache haben.
Dieses Kapitel versteht sich als Fortsetzung des Abschnittes ‚Sprache hören' im ersten Teil des Buches.

Vor dem Darstellen der einzelnen Spiele soll in groben Zügen auf das Problem der Hörschädigung eingegangen werden.

### Einteilung der Hörschäden

Mit Hilfe von Höruntersuchungen kann festgestellt werden, wieviel Dezibel (dB, Maßeinheit der Lautstärke, die etwa dem Phon entspricht) ein Kind hört oder nicht mehr hört. Die nebenstehende Tabelle zeigt , daß bei 0 dB gerade etwas über das Ohr wahrgenommen wird. Zwischen 20 und 60 dB spielt sich unsere Hörwelt ab. In diesem Bereich ist die Lautsprache angesiedelt und die Mehrzahl der Umweltgeräusche. Ist ein Ton sehr laut, 80 – 100 dB, empfinden wir ihn als unangenehm. Geht seine Intensität gar über 100 – 120 dB hinaus, erreicht er die Schmerzschwelle und wir halten uns vor Schmerz die Ohren zu.

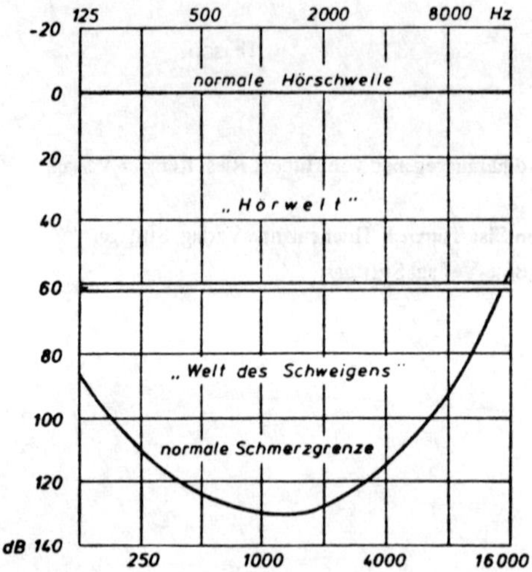


**Hörfeld und 60-dB-Linie als Grenze zwischen „Hörwelt" und „Welt des Schweigens" (nach *Huizing*)**

| | | |
|---|---|---|
| **Stufe I** | **0 bis 30 dB** | **leicht schwerhörig** |
| **Stufe II** | **30 bis 60 dB** | **mäßig schwerhörig** |
| **Stufe III** | **60 bis 90 dB** | **schwer schwerhörig** |
| **Stufe IV** | **über 90 dB** | **taub** |

***Davis***

Liegt bei einem Kind der Hörverlust jenseits der 60 dB-Grenze kann es die Lautsprache nicht mehr exakt hören. Es ist auf Hörgeräte angewiesen. Befindet sich die Hörfähigkeit jeseits der 80 – 90 dB-Grenze, kann die Lautsprache auch mit den verstärkenden Hörgeräten nicht mehr gehört werden. Die Kinder sind taub.

**Hörschädigung und Sprachfeld**

Jeder unserer Laute setzt sich aus verschiedenen Tonhöhen zusammen. So besteht der Ton a beispielsweise aus den Tonhöhen

| | | | | | | |
|---|---|---|---|---|---|---|
| Hz | 125 | 250 | 400 | 630 | 800 | 1250 |

Das bedeutet, daß im menschlichen Hörfeld, die Sprache einmal im Hinglick auf die Lautstärke (0-120dB) und zum anderen hinsichtlich der Frequenzen (65-16000 Hz) in einem bestimmten Bereich angesiedelt ist.

Hört ein Kind bestimmte Tonhöhen (Frequenzen) schlechter als andere, so wird es auch die Laute und Klänge verzerrt wahrnehmen.

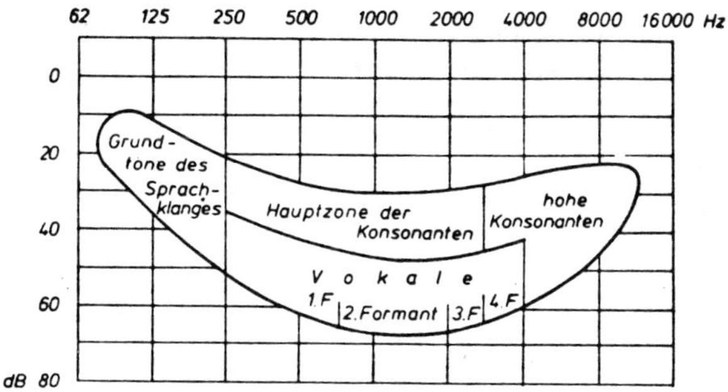


*Sprachfeld in die Hörverlustdarstellung eingetragen*

Die nebenstehende Tabelle zeigt, daß z.B. die hohen Konsonenten (s, sch, x, z) zwischen 3000 und 8000 Hz angesiedelt sind. Liegt eine Beeinträchtigung im Hochtonbereich vor, so werden die diese Laute nicht richtig gehört und können demnach auch nicht richtig ausgesprochen werden.

Hier ist der Ort, wo Hör-Spiele die akustische Wahrnehmung des Kindes steigern und es empfindlich machen können.

BESTEHT DER LEISESTE VERDACHT, DASS DAS KIND SCHLECHT HÖRT, SOLLTE IMMER UND UNTER ALLEN UMSTÄNDEN EIN FACHMANN (Kinderarzt, Hals-Nasen-Ohren-Arzt, pädoaudiologische Beratungsstelle) AUFGESUCHT WERDEN.

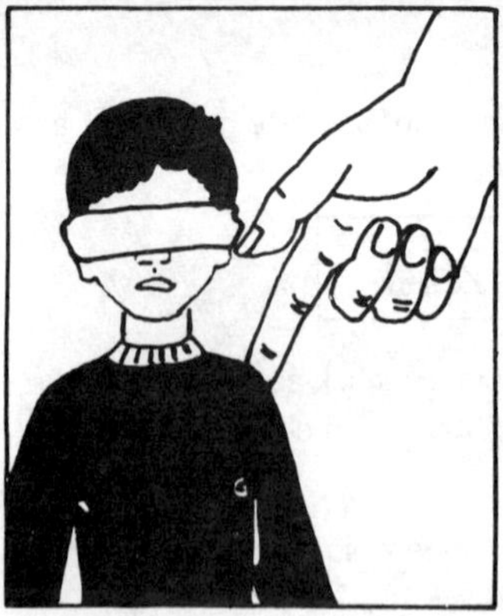

## Häschen piep einmal!

Der Erwachsene erklärt den Kindern zuerst das Spiel: „Einem Kind, das sich freiwillig meldet, werden die Augen mit diesem Schal verbunden. Die anderen Kinder kommen der Reihe nach zu ihm und tippen dem ‚blinden' Kind auf die Schulter. Damit das ‚blinde' Kind erkennen kann, wer ihm auf die Schulter tippt, ruft es: „Hänschen piep einmal." Wird es an der Stimme erkennt, werden ihm die Augen verbunden und das Spiel beginnt von neuem."

1. VARIATION:
Ein Kind kniet mit beiden Beinen vor dem sitzenden Erwachsenen und legt den Kopf in dessen Schoß. Die anderen Kinder tippen ihm auf den Rücken und sagen etwas.

2. VARIATION:
Anstatt dem ‚Hänschen piep einmal' kann die Aufforderung „1, 2, 3, 4, wer steht hinter mir" verwendet werden.

## Dora, wo bist du?

Die Kinder bilden einen großen Kreis. Zweien, die sich freiwillig melden, werden die Augen verbunden. Dann wird jeder an eine andere Stelle im Kreis geführt. Einer erhält den Auftrag, den anderen zu frangen. Er darf immer rufen: „Dora, wo bis du? " Der andere muß sofort antworten: „Hier!" Jetzt kann sich der Fänger in Richtung der Schallquelle vorantasten, und wenn er Glück hat, erwischt er den zweiten Mitspieler. Die umstehenden Kinder verfolgen das Spiel mit Spannung. Nach dem ersten Durchgang kommt ein anderes Kinderpaar an die Reihe.

VARIATION:
Es wird der Eigenname des zu Fangenden gerufen: „Klaus, wo bist du? " Der Angerufene antwortet: „Der Klaus ist hier!"

### Ecken raten

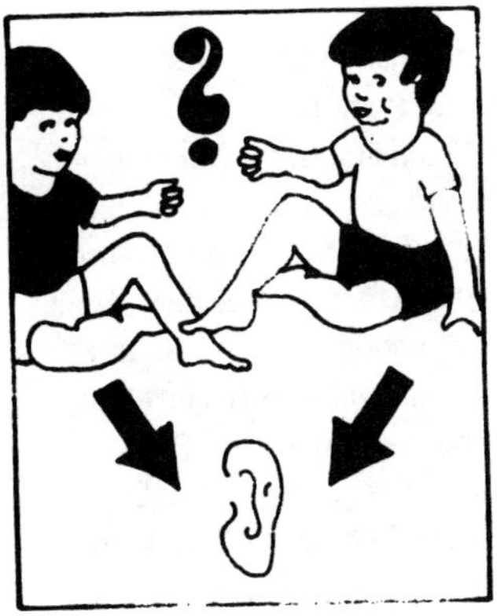

Die Kinder werden in zwei Gruppen aufgeteilt. Jeweils vier Kinder stellen sich in je eine Ecke des Zimmers. Die anderen setzen sich in die Raummitte und halten die Augen zu.

Auf ein Zeichen des Erwachsenen gibt eines der Kinder aus der Ecke einen Laut von sich. Die Kinder in der Mitte sollen genau hinhören und durch Armbewegungen anzeigen, aus welcher Ecke der Laut kam.

VARIATION:
Ein Kind in der Ecke sagt ein Wort oder einen Satz, die Kinder in der Mitte sollen herausfinden, wer der Sprechende ist. Dies setzt allerdings voraus, daß die Kinder in der Mitte zuvor nicht wissen, wo die Eckensteher Platz genommen haben.

### Wer läuft im Kreis mit?

Alle Kinder sitzen mit geschlossenen Augen und einigem Abstand voneinander im Kreis. Der Erwachsene geht ganz leise um den Kreis herum und fordert ein Kind durch antippen auf, ihm zu folgen. Nach dem Umrunden des Kreises setzt sich das Kind so leise wie möglich wieder hin. Nun sollen die Mitspieler raten, wer von ihnen mit herumgelaufen ist.

Anmerkung:
Das Zuhalten der Augen mit den Händen ohne zu spicken erfordert ein hohes Maß an Selbstdisziplin. Können die Kinder diese noch nicht aufbringen, werden ihnen die Augen verbundden oder sie verbinden sich gegenseitig die Augen.

## Den Schatz hüten

Die Kinder sitzen in einem großen Kreis. Ein Kind darf in der Mitte Platz nehmen. Seine Aufgabe besteht darin, eine Handvoll Gummibärchen, die neben ihm liegen, zu hüten. Damit die Aufgabe nicht allzu leicht ist, werden ihm die Augen verbunden. Ein Kind aus dem Kreis krabbelt so leise wie möglich auf den Schatz zu und darf, wenn es ihn unbemerkt erreicht, sich ein Gummibärchen wegnehmen. Der Schatzhüter muß aber auf der Hut sein. Sowie er ein verdächtiges Geräusch hört, deutet er in die entsprechende Richtung. Trifft seine Vermutung zu, so muß das anschleichende Kind in den Kreis zurück und das Spiel beginnt von neuem.

## Wer läutet?

Ein Mitspieler wird freundlich aufgefordert, den Raum für einen Augenblick zu verlassen. Derweil stellen sich die übrigen Kinder in einer Reihe auf und halten die Arme hinter dem Rükken. Einer erhält eine Rassel oder eine sonstige Geräuschquelle. Der eintretende Mitspieler, der die Reihe immer nur von vorne sehen darf, soll erraten, wer von den anderen gerade läutet. Hat der Hörer nicht richtig geraten, kann die Rassel hinter dem Rücken unbemerkt weitergegeben werden und der Hörer muß erneut raten.

## Ohren wie ein Luchs

Die Kinder sitzen in einer Reihe. Der Erwachsene geht drei, vier Schritte von den Kindern weg und dreht ihnen den Rücken zu. Er spricht ein Wort oder einen Satz und die Kinder sollen ihn wiederholen. Die Sprache des Erwachsenen wird immer leiser, bis er nur noch flüstert. Können die Kinder jetzt das Gesprochene immer noch hören und verstehen? Die Rollen werden getauscht. Ein Kind darf der Sprecher sein.

VARIATION:
Der Sprecher entfernt sich immer weiter von den Hörern. Dadurch wird die Sprache von selbst leiser.

## Ticke-tacke, wo ist die Uhr?

Das Spiel, bei dem mit verbundenen Augen eine Uhr gesucht werden soll, ist bei den Kindern sehr beliebt. Die Kinder sitzen in einem großen weiten Kreis. Einem Kind werden die Augen verbunden. Es soll einen tickenden Wecker, der sich irgendwo im Kreis befindet, krabbelnd suchen.

VARIATION:
Der tönende Gegenstand (Radio, Lachsack, Spieldose) wird im Zimmer versteckt.

## Was fällt auf den Boden?

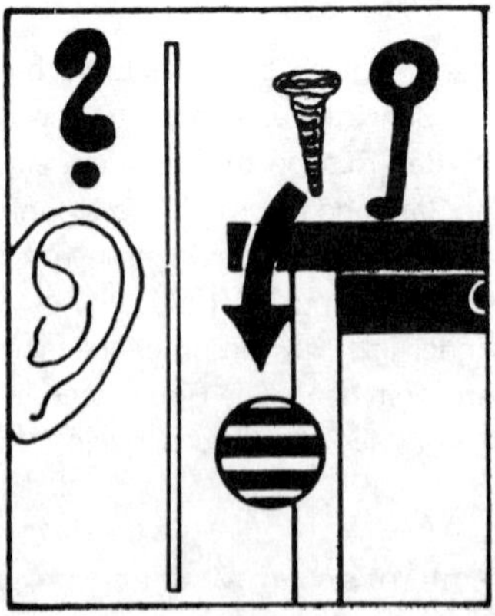

Der Erwachsene sammelt einige Gegenstände, die beim Herunterfallen ein charakteristisches Geräusch erzeugen (Münzen, Nägel, Löffel, Plastikbecher, Rührlöffel aus Holz, Buch, Tennisball, Dose usw.). Die Dinge werden auf den Tisch gestellt. Ein Gespräch über Bezeichnung, Gebrauch, Festigkeit, Beständigkeit usw. beginnt.

Entweder werden die Dinge ohne vorherige Demonstation mit geschlossenen Augen hinsichtlich des beim Herunterfallen entstehenden Greäusches erkannt, oder die einzelnen Dinge werden vor dem eigentlichen Spiel ein- bis zweimal von den Kindern selbst auf den Boden fallen gelassen. Die Kinder sollen sich das Fallgeräusch einprägen.

VARIATION:
Auf dem Tisch liegen einige Klanginstrumente. Nach dem selbständigen Umgang mit ihnen sollen die Kinder diese aufgrund ihrer Klangqualitäten mit verbundenen Augen wiedererkennen.

## Eine Papiergeschichte

Die Kinder sitzen um den Gruppentisch. Der Erwachsene legt ein großes Blatt Zeitungspapier hjn und erzählt eine Geschichte, bei der das Papier einmal in Stücke zerrissen, geknüllt, gefaltet und mit der Schere zerschnitten wird. Natürlich führen der Erwachsene oder die Kinder die Tätigkeit konkret aus. Nachdem die Kinder genügend Erfahrung sammeln konnten, fordert der Erwachsene sie auf, sich umzudrehen. Er zerreißt das Papier, zerknüllt es usw. Die Kinder sollen anhand des Geräusches sagen, was der Erwachsene jeweils tut.

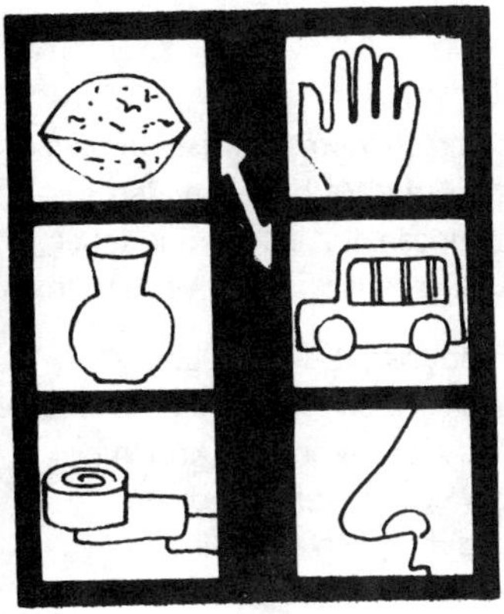

## Was klingt so ähnlich?

Kinder sollen lernen, auf Laute zu achten. Die Wörter ‚Nuß' und ‚Bus' klingen ähnlich.
Der Erwachsene sammelt Bilder von Dingen, Zuständen und Tätigkeiten, deren lautliche Bezeichnung bis auf einen Laut gleich sind.

a) Die Bildkarten liegen auf dem Tisch, der Erwachsene hält das Bild der „Nuß" hoch und fordert die Kinder auf, ein Ding zu suchen, das ähnlich klingt.

b) Die Bildkarten werden an die Kinder ausgeteilt. Diejenigen, die ähnlich klingende Bezeichnungen haben, sollen sie zu Paaren zusammenlegen.

c) Die Bildkärtchen werden im Raum versteckt. Der Erwachsene fordert ein Kind nach dem anderen auf: „Hol die Nuß! Hol den Bus!"

## Ei-artige Dinge

Der Erwachsene sammelt Dinge oder Bilder, die mit „Ei" anfangen: Eimer Eisenbahn, Eis, Eichel, eins (1), Eichhörnchen, Ei, Eisbär usw. Dazu zeigt er der Reihe nach alle Bilder den Kindern und läßt deren Namen jeweils laut und deutlich sagen. Die Kinder sollen herausfinden, was sich bei allen Wörtern gleich anhört.

Eventuell spricht der Erwachsene ein Wort mit besonderer Betonung des „Ei . . ." vor.

1. VARIATION:
Aus einer Ansammlung von Bildern oder Gegenständen sollen diejenigen herausgesucht werden, die mit „Ei" beginnen.

2. VARIATION:
Ein großes Ei wird gemalt und alle Ei-Bilder werden in die Umrißform geklebt.

## CHORSPRECHEN MIT BEWEGUNG

● Das gemeinsame Sprechen im Chor ist eine geeignete und sehr sinnvolle Methode, bei den Kindern Sprechhemmungen abzubauen und ihnen eine Art Sprechsicherheitsgefühl zu vermitteln.

– „Teddybär, Teddybär, dreh dich um!
(Die Kinder drehen sich um ihre eigenen Achse)
Teddybär, Teddybär, mach dich krumm!
(Die Kinder bewegen sich nach vorn)
Teddybär, Teddybär, heb ein Bein!
(Alle heben ein Bein)
Teddybär, Teddybär, das war fein!"
(Alle Kinder klatschen)

– „Wir fahren mit dem Karussell! (Die Kinder bilden einen Kreis, fassen sich an den Händen und sprechen die Verse während der Kreis sich in Bewegung setzt).
Zuerst geht's langsam, dann geht's schnell! (Die Kreisbewegung wird immer schneller)
Jetzt geht's auch noch zur andern Stell!" (Das Karussell dreht sich anders herum).

– „Mein Reifen ist bunt! (Jedes Kind erhält einen Reifen und legt ihn während des Sprechens auf den Boden).
Mein Reifen ist rund! (Die Kinder bücken sich und fahren mit den Händen die Rundung nach).
Ich spring in mein Haus! (Die Kinder springen in den Reifen hinein).
Ich spring wieder raus! (Die Kinder springen aus dem Reifen heraus).
Jetzt schau aus dem Haus! (Alle stellen den Reifen senkrecht und schauen hindurch).
Die Geschichte ist aus!" (Die Kinder geben dem Reifen einen Schubs, daß er zur Wand rollt).

BEIM CHORSPRECHEN SPRICHT DER ERWACHSENE JEWEILS EINEN SATZ VOR UND ERMUNTERT DIE KINDER, DEN SATZ NACHZUSPRECHEN.

(Vorbild ⟶ Nachahmung).

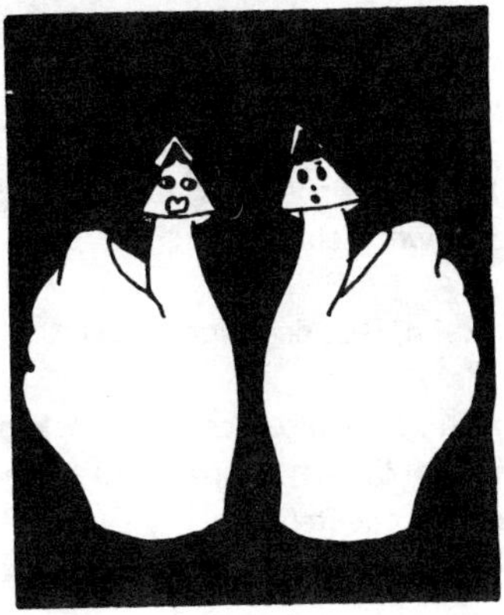

– „Zwei Tauben sitzen auf einem Dach! (Beide Fäuste mit ausgestrecktem Daumen werden auf die Tischkante gesetzt)
Die eine fliegt fort! (Faust wird geöffnet, mit Hand fliegende Bewegung andeuten)
Die zweite fliegt fort! (s.o.)
Die eine kommt wieder! (Hand wieder nach vorn holen, Faust bilden, Daumen ausstrecken und auf Tischkante setzen)
Die andere kommt wieder! (s.o.)
Da sitzen sie alle beide wieder! (Mit beiden Daumen wackeln)."

**Etwas zur Methode**

Bereitet das Chorsprechen den Kindern noch Schwierigkeiten, d.h. können sie den Satz in seiner Länge noch nicht behalten, spricht der Erwachsene unisono. Er spricht den Satz leise und immer um einen Augenblick schneller als die Kinder mit.

| | |
|---|---|
| Zwei Tauben sitzen auf . . . | ⟶ Erwachsener |
| —— Zwei Tauben sitzen auf . . . | ⟶ Kinder |
| 1/4 Sekunde | |

– „Da hast' nen Taler! (Pantomimisch wird ein Taler in die Hand eines Mitspielers gelegt)
Geh auf den Markt! (Die Finger krabbeln am Arm des Kindes hoch)
Kauf dir' ne Kuh! (Mit beiden Händen werden ‚Hörner' angedeutet)
Ein Kälbchen dazu. (Gesicht zum Grinsen verziehen)
Faß es am Schwänzchen! (Kind am kleinen Finger ziehen)
Didel-didel-dänzchen! (Sich um das Kind drehen)

– Auf einer kleinen Wiege, (Die Hände werden wiegend hin- und herbewegt)
sitzt eine freche Fliege. (Mit dem Zeigefinger auf eine Stelle der Hand zeigen)
Die fliegt mir auf die Nase. (Mit Finger auf die eigene Nase deuten)
Paß auf, wenn ich dich kriege! (Mit schneller Bewegung nach der Fliege schnappen)

– Jetzt steigt Hampelmann aus seinem Bett heraus. (Sich strecken und recken)
Oh, du mein Hampelmann, mein Hampelmann bis du. (Hampeln)
Jetzt kämmt Hampelmann sich die Haare. (Sich die Haare pantomimisch kämmen)
Oh, du mein Hampelmann, mein Hampelmann bist du) (Hampeln)
Jetzt putzt Hampelmann die Nase sich so fein.( Sich pantomimisch die Nase putzen)

oder anstelle von ‚Oh, du mein Hampelmann' wird ein charakteristischer Laut rhythmisch gesprochen.

BEISPIEL:
Nase putzen: Hatschi, hatschi, hatschi!
Zähne putzen: rrrr, rrrr, rrrr!
Hals waschen: Oh, wie fein!, oh, wie fein, oh, wie fein!

und komme aus dem Wald. (Handbewegung von außen auf sich zukommend)
Ich such mir eine Freundin (Flache Hand an Stirn legen und suchend umherschauen)
und finde sie gar bald. (Auf ein bestimmtes Kind deuten)
Wir tanzen Ringelreih (Kreisende Bewegung mit ausgestrecktem Zeigefinger über dem Kopf)
von einem auf das andere Bein. (Von einem Bein auf das andere wechseln)

– Ich wollt, ich wär ein Huhn, (Mit dem Kopf nicken, „dog, dog, dog" sprechen)
dann hätt ich nichts zu tun! (Sich recken und strecken)
Ich legte jeden Tag ein Ei (Mit dem Daumen und Zeigefinger die Form eines Eies andeuten)
und sonntags sogar zwei! (Mit beiden Händen zwei Eier andeuten).

– Mein Hut, der hat drei Ecken. (Pantomimisch einen Hut mit drei Ecken andeuten)
Drei Ecken hat mein Hut. (Die drei Ecken werden abermals angedeutet, aber in der entgegengesetzten Reihenfolge)
Und hat er nicht drei Ecken (s.o.),
dann ist er nicht mein Hut! (Auf sich deuten und verneinend den Kopf schütteln).

– Knusper, knusper, knäuschen, (Kauen andeuten)
wer knuspert an mei'm Häuschen? (Mit erhobenem Finger drohen)
Der Wind, der Wind, das himmlische Kind. (Schwingend und wedelnd mit den Händen durch die Luft wirbeln)

– Kommt ein Vogel gefolgen, (Mit beiden Armen schwingen)
setzt sich nieder auf mein Fuß. (Auf Fuß deuten)
Hat ein Briefchen im Schnabel,(Auf Mund deuten) deuten)
von der Mutter 'nen Gruß. (Jemandem zuwinken)

## BEREICHERUNG DES WORTSCHATZES

Die Bereicherung des Wortschatzes ist eine wichtige und grundlegende Aufgabe der Spracherziehung, denn ohne einen ausreichenden Wortschatz lassen sich keine differenzierten Sätze und andere Aussageweisen bilden.

Die zweite Bedeutung des Wortschatzes liegt in seiner Möglichkeit der ABWANDLUNG. In der Regelentwicklung werden bis zum Ende des zweiten Lebensjahres die Wörter ohne eine nennenswerte Abwandlung gebraucht. Die einzelnen Wortklassen treten so auf, wie sie das Kind am häufigsten bei den Erwachsenen hört:

1. Hauptwörter im Werfall (Nominativ) = Buch (nicht? des Buches)
2. Zeitwörter in Grundform (Infinitiv) = kommen (nicht: kommt)
3. Eigenschaftswörter in Grundfrom (Positiv) = rot (nicht: rote(r)

Das schließt nicht aus, daß auch andere Formen vorkommen, doch bilden diese die Minderheit oder die Ausnahme.

In der hier beschriebenen Entwicklungsphase setzen die Hauptformen der WORTABWANDLUNG fast gleichzeitig ein:

a) Abwandlung der Hauptwörter (Deklination) = Haus – Häuser
b) Abwandlung der Zeitwörter (Konjugation) = tragen – trug
c) Steigerung der Eigenschaftswörter (Komparation) = groß – größer

Die Kinder übernehmen aber nicht nur die vom Erwachsenen in den Spielen verwendeten Wörter, sondern sie eignen sich diese auch in vielen anderen Sitautionen an. Darunter sind oft solche Begriffe, deren Sinngehalt noch nicht oder noch nicht voll erfaßt werden kann. Dadurch entsteht ein Widerspruch zwischen dem Vermögen der Kinder, über bestimmte Dinge zu reden, und den geringeren oder falschen Vorstellungen, die sich mit den in der Regel verwendeten Begriffen verbinden.

Spiele zur Bereicherung des Wortschatzes und zur Abklärung und Festigung der Wortinhalte müssen immer ein fester Bestandteil der Spracherziehung sein.

Das Üben der Hauptwörter geschieht in Benennungsspielen. Die Tätigkeitswörter werden mit den entsprechenden Handlungen verbunden, bei den Eigenschaftswörtern stehen Rate-, Such- und Vergleichsspiele im Vordergrund. Das Erlernen der Umstands- und Verhältniswörter setzen das Sichbewegen im Raum, das Erleben der Zeit und das Erkennen des eigenen Körpers voraus.

## Gegenstand hinter dem Rücken

Der Name eines Gegenstandes soll erfühlt werden. Nach einer Sachbegegnung (Einkaufen, Herbstspaziergang, Tisch decken) werden die einzelnen Begriffe nochmals ins Gedächtnis gerufen.

Die Kinder stehen oder sitzen im Kreis. Der Erwachsene geht von einem Kind zum anderen und legt in die auf den Rücken gelegten Hände einen Gegenstand zum Bestimmen. Wer glaubt, die richtige Bezeichnung erfühlt zu haben, darf sich melden.

VARIATION:
Ein Kind steht in der Kreismitte und darf mit geschlossenen Augen einen ihm gereichten Gegenstand erkennen und benennen. Die Mitspieler beobachten zunächst nur. Sie kommen dann später selbst an die Reihe.

## Fundkiste

Der Erwachsene stellt die ‚Fundkiste' vor die Kinder. In der Kiste sind die Sachen, die die Leute irgendwo vergessen haben.

„Schaut, was alles in der Kiste ist! Ein Schirm, ein Schnuller, eine Handtasche . . . ! Wem gehören eigentlich die Sachen? Ich habe hier drei Bilder aufgestellt. Was seht ihr auf dem ersten Bild? Einen Mann. Und auf dem zweiten Bild? Einen kleinen Jungen . . . So, nun werden die Fundsachen an die drei Personen verteilt. Wer bekommt die Krawatte? " Jedes Kind holt einen Gegenstand aus der Kiste, benennt ihn und ordnet ihn den Bildern zu.

VARIATION:
Bei jeder Zuordnung sagt das Kind den Satz: „Die Brille gehört dem Mann. Der Sonnenhut gehört der Frau."

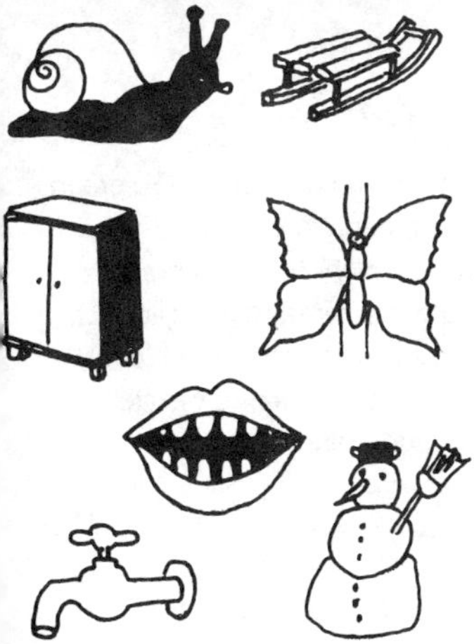

## Entdeckungsblatt

Auf einem Blatt sind Gegenstände zum Entdecken, Betrachten und Benennen abgebildet.

- Wer sieht eine Kuh?
- Suche den Mann mit dem Hut!
- Sage, was du alles siehst!
- Was ist das?
- Wer sieht etwas zum Essen?
- Gibt es auch zwei gleiche Dinge?
- Wie heißen die Tiere?

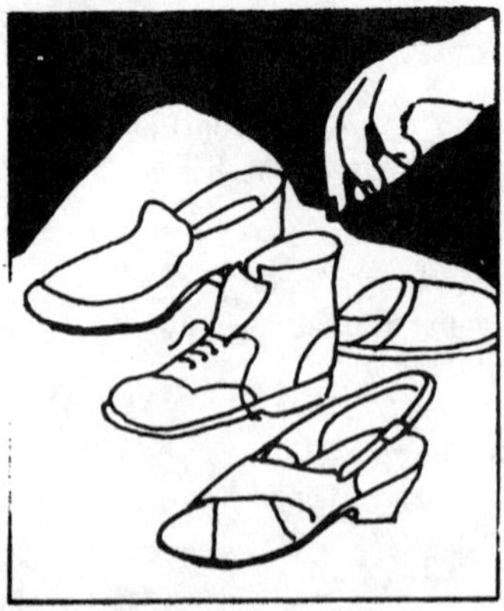

**Was für Schuhe sind das?**

In der Raummitte werden nach einem Gespräch über Schuhe unterschiedliche Schuhe, die jeweils einen bestimmten Schuhtyp charkaterisieren, gestellt und mit einem Tuch zugedeckt. Ein Kind nach dem anderen darf einen Schuh ertasten und soll die entsprechende Bezeichnung sagen: Turnschuh, Sandale, Bergschuh, Stiefel, Halbschuh.

1. VARIATION;
Falls dem Kind das Aussprechen eines Namens noch schwer fällt, darf es auf eine Bildkarte zeigen und demonstrieren, daß es den Schuh richtig erkannt hat.

2. VARIATION:
Der richtig betastete und benannte Einzelschuh wird dem zweiten, der irgendwo im Raum steht, zugeordnet.

**Mich hat eine Schnake gestochen**

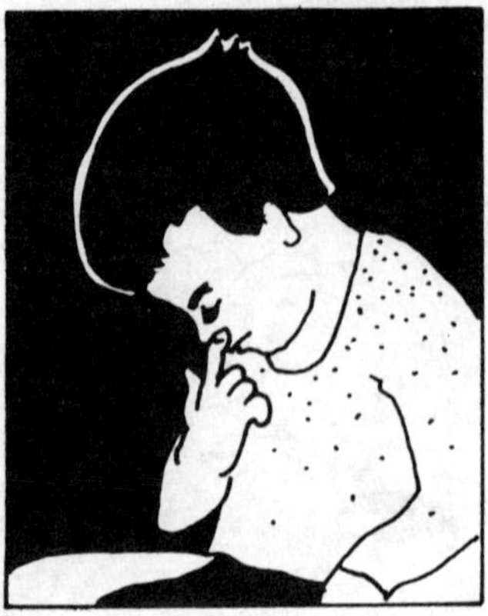

Können die Kinder die wesentlichen Körperteile benennen? Wenn nicht, bietet sich dieses beliebte Spiel an. Die Kinder sitzen im Kreis, der Erwachsene springt auf und ruft: „Mich hat eine Schnake gestochen! Aber wo? Aber wo? Ach da! Ach, da! Am Arm!"

Jetzt darf der Reihe nach jeder feststellen, daß ihn eine Schnake gestochen hat. Die Mitspieler fragen: „Wo? " Das Kind deutet auf die betreffende Körperstelle und die anderen sollen wiederum die Bezeichnung der Körperteile nennen.

VARIATION:
Ein Kind sagt: „Mich hat eine Schnake gestochen" und kratzt sich dabei an einer Köperstelle. Alle Kinder ahmen das Kratzen nach. Der Erwachsene fragt einen Mitspieler: „Wo hat dich die Schnake gestochen? " Das Kind soll den Körperteil nennen.

## Martin darf den Apfel essen

Das Essen regt Kinder immer zum Mitspielen an. Der Erwachsene zerschneidet einen Apfel, eine Birne, eine Zwetschge usw. in kleine Stücke, legt sie in einen flachen Teller und stellt alles auf den Tisch. Die Kinder sitzen im Kreis um den Tisch herum. Der Erwachsene sagt in die Runde: „Martin darf den Apfel essen." Der Angesprochene wird nicht lange überlegen und ein Stückchen Apfel essen. Doch nun ist er an der Reihe, einen Mitspieler zu bestimmen, der ein anderes Obstteilchen essen darf. Der Erwachsene achtet darauf, daß kein Kind zweimal aufgerufen wird. Am besten ist es, wenn zuvor vereinbart wird, daß derjenige ausscheidet, der schon ein Oststückchen gegessen hat.

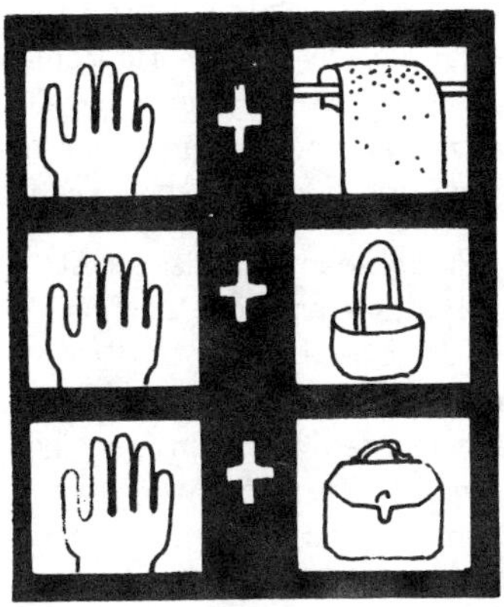

## Hand + Tuch = Handtuch

Der Erwachsene sammelt aus Katalogen Bilder, die, wenn sie zusammengesetzt werden, einen neuen Begriff ergeben.

BEISPIEL:

Hand + Tuch = Handtuch
Der Erwachsene läßt von den Kindern jedes einzelne Bild benennen, schiebt sie dann ganz eng zusammen und fragt, was das zusammengenommen ergibt.
„Wenn wir ‚Hand' und ‚Tuch' ganz schnell sprechen, was hört ihr dann? Welches neue Wort ist dann zu hören?"

BEISPIELE:

| | | |
|---|---|---|
| Blumen | – | Zwiebel |
| | – | Topf |
| | – | Strauß |
| | – | Fenster |
| Kleider | – | Schrank |
| | – | Bügel |
| | – | Stoff |

| | | |
|---|---|---|
| Kleider | – | Schrank |
| Küchen | – | |
| Schuh | – | |
| Butter | – | Brot |
| Wurst | – | |
| Käse | – | |

## Zusammengesetzte Wörter erkennen

Dieses Spiel, das sehr reizvoll ist, setzt voraus, daß der Erwachsene willens ist zu zeichnen. Er muß kein großer Künstler sein, Strichfiguren genügen vollauf. So zeichnet er beispielsweise eine Sonne mit einer Blume im Mund (s.Abb.) Erkennt das Kind den Doppelbegriff nicht, deutet der Erwachsene zuerst auf die ‚Sonne', dann auf die ‚Blume' und läßt die beiden Wörter hintereinander sprechen: ‚Sonne(n)-Blume.

BEISPIELE:
Fingerhut, Schlüsselblume, Glockenblume, Taschenuhr, Vogelkäfig . . .

## Wörter zergliedern

Neben dem Zusammenfügen zweier Wörter zu einem neuen kann auch der umgekehrte Vorgang den Kindern angeboten werden. Sie sollen ein zusammengesetztes Wort in seine Einzelteile zergliedern oder die Einzelteile als solche erkennen.

Da die Analyse (Zergliedern) schwieriger ist als die Synthese (Zusammenfügen), zeichnet der Erwachsene den Doppelbegriff auf. Möchte er beispielsweise das zusammengesetzte Wort ‚Sonnenblume' zergliedern lassen, malt er eine Sonnenblume und läßt das Doppelwort ganz langsam sprechen. Während das Kind ‚Sonnen-, sagt, malt er schnell eine Sonne, und während das Kind ‚-blume' sagt, malt er schnell eine Blume. Das Kind sieht, daß aus einem Wort zwei geworden sind.

## Gleichlautende Wörter

Der Erwachsene sammelt Bilder unter dem Aspekt der gleichlautenden Bezeichnung aber unterschiedlichen Inhalts. So hat er z.B. das Bild eines Hahns (Huhn) und eines Wasserhahns. Das gleiche Wort wird für verschiedene Inhalte verwendet.

Der Erwachsene legt dem Kind zwei bis drei Wortpaare hin mit der Aufforderung, die ‚Gleichen' zu finden. Versteht das Kind die Aufforderung nicht sofort, wird er es dem Kind vormachen. „Alle Hähne kommen auf diese Seite."

BEISPIELE:

| | | |
|---|---|---|
| Birne | – | Birne |
| Strauß | – | Strauß |
| Feder | – | Feder |

## Tastwand

Dinge sehen und benennen ist für das Kind in diesem Stadium der Sprachentwicklung keine allzu große Kunst mehr. Dinge fühlen und benennen, ist dagegen schon viel schwieriger.

Der Erwachsene klebt, näht oder heftet Alltagsgegenstände an eine Wolldecke und hängt diese an der Wand auf.

Die Kinder dürfen die Tastwand zuvor nicht sehen. Wenn das Spiel beginnt, werden ihnen die Augen verbunden. Sie sollen die Dinge abtasten und sagen, um welche Sachen es sich handelt.

**Vorschlag:**
Glühbirne, Würfel (Bauklotz), Federball, Wollknäuel, Knopf, Tube, Schachtel, Nagel, Draht, Papierseite, Schlüssel.

## Sommerkleider – Winterkleider

Nachdem die Kinder die Sommer- und die Winterkleider selbst anziehen und dem richtigen Bereich in Form sines Spiels zuordnen durften, sollen sie aus Katalogen und Reklameschriften die entsprechenden Bilder ausschneiden.

Der Erwachsene bringt an der Wand zwei Leisten an und stellt Klebstoff oder Steckstifte bereit. Auf die obere Leiste kommen die Bilder mit der Winterbekleidung, auf die untere die mit der Sommerbekleidung.

Wer beginnt mit der Zuordnung?

VARIATION:
Vor der Zuordnung wird ein Satz gesprochen: „Im Winter ziehe ich eine Mütze auf. Im Sommer ziehe ich eine kurze Hose an.

## Einkaufen

Der Erwachsene klebt auf drei genügend große Schilder entweder das Bild einer Brezel, einer Wurst oder einer Nudelpackung, hängt diese im Raum auf und versammelt die Kinder um sich.

„Ich sage euch, was wir alles einkaufen müssen. Ihr müßt nur gut zuhören und dann in das richtige Geschäft gehen. Ein Beispiel: Wo könnt ihr Salz kaufen? Im Lebensmittelgeschäft! Wo könnt ihr Torte kaufen? Beim Bäcker! Nun geht es los!"

Nach dem Aussprechen der Warenbezeichnung rennen die Kinder in das gekennzeichnete Geschäft und holen die dort bereitgestellten Waren.

**Gemüse oder Getränke?**

Nachdem die Oberbegriffe ‚Gemüse' und ‚Getränke genannt sind, legt der Erwachsene verschiedene Gemüsearten und einige Getränkearten (Flaschen mit Etikett, Packung Milch, Tee, Kakao usw.) in die Kreismitte und fordert ein oder zwei Kinder auf, die Dinge, die man essen kann, auf die andere Seite zu sortieren.

„Was liegt hier? Die Getränke! Richtig!"
Das Spiel geht weiter: „Ich sage jedem ein Wort. Ihr müßt genau zuhören und den Ball dorthin rollen, wo das Wort hinpaßt."

BEISPIEL:
„Rettich! Wo mußt du den Ball hinrollen? "

**Möbel**

Der Erwachsene besorgt sich für jedes Kind einen Katalog, in dem Möbel abgebildet sind.

Zuvor werden jedoch die Kinder auf dieses Sprachspiel eingestimmt. Eine leere Puppenstube wird eingerichtet. Was muß alles in ein Zimmer hineingestellt werden, damit die Puppen darin leben können? Vorschläge werden gesammelt. Dann richten die Kinder die Puppenstube mit den bereitgestellten Puppenmöbeln ein. Nach getaner Arbeit erhalten die Kinder die zuvor genannten Kataloge mit der Aufforderung, die bereits besprochenen Tische, Schränke usw. aus dem Katalog auszuschneiden. Zum Schluß werden alle Bildteile auf einen großen Karton geklebt.

as ist das? Und wie heißt das? – Wer kennt einen Namen für alles das zusammen? – Möbel!"

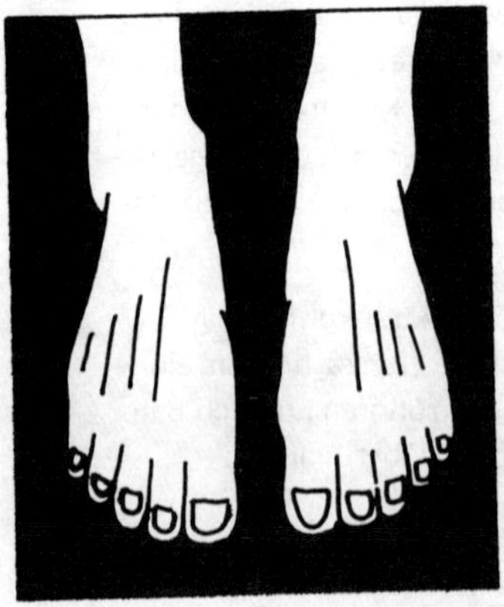

**Was die Beine alles können!**

„Können die Beine fliegen? Nein!
Was können sie dann?"
Diese Frage kann leicht beantwortet werden, wenn die Kinder alle Bewegungsmöglichkeiten der Beine durchprobiert haben.

Die Beine können
- gehen
- hüpfen
- rennen
- schleichen

Vorgehensweise:

a) Der Erwachsene führt eine Bewegung aus, fordert die Kinder zur Nachahmung auf und läßt sie die Bewegungsart benennen.

b) Ein Kind oder mehrere Kinder dürfen sich frei bewegen und die anderen bestimmen die Bewegungsformen.

c) Das Bild eines Bären wird den Kindern gezeigt mit der Aufforderung, sich so fortzubewegen wie ein Bär. (s. Singspiele und Kinderreime)

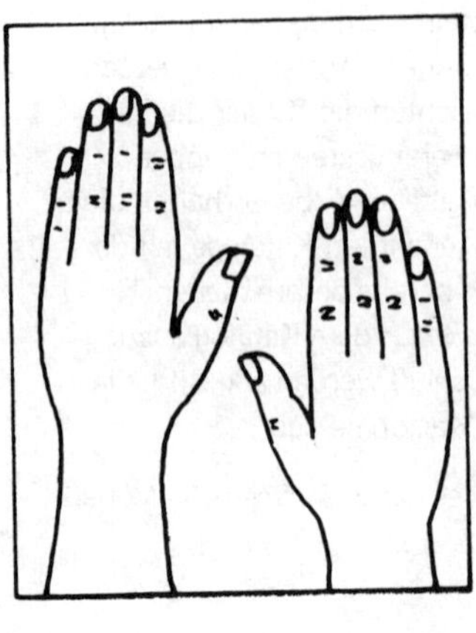

**Was soll die Hand, auf die ich zeige?**

Den Kindern sind die Tätigkeitenwörter (Bewegungen der Hand wie schütteln, klatschen, winken, drehen) bekannt. Sie sollen jedoch auf spielerische Weise gefestigt und eingeübt werden.

Der Erwachsene deutet auf seine Hand und fragt: „Was soll die Hand denn tun?" Die Kinder sollen ein entsprechendes Tätigkeitswort nennen, so daß der Erwachsene die richtige Bewegung ausführen kann. Nun kommt die Reihe an die Kinder. Reihum oder kreuz und quer darf ein Kind auf die Hände eines anderen deuten und dessen Hände zu einer charakteristischen Bewegung auffordern.

VARIATION:
Alle Körperteile, die willkürlich bewegt werden können, werden in dieser Art und Weise bewegt.

## Was tun die Kinder?

Verschiedene Tätigkeiten, die die Kinder kennen, werden pantomimisch dargestellt. Die zuschauenden Kinder sollen erraten, um welche Tätigkeit es sich handelt: Kratzen, bücken, nicken, boxen, drohen ....

VARIATION:
Ein Kind wird vor die Tür geschickt. Die zurückbleibenden Kinder machen unter sich eine Pantomime aus, die der andere Mitspieler nach dem Eintreten erraten soll. Findet der Rater lange nicht die richtige Bezeichnung, werden ihm Hilfen gegeben.

1. So macht ein Schneider ....
2. Er braucht dazu so ein kleines, spitzes Ding ...
3. Das spitze Ding fängt so an: N(adel).

## Mutter ist krank

Der Erwachsene erzählt den Kindern eine Geschichte: „Die Mutter hatte am Morgen sehr starke Bauchschmerzen. Trotzdem wollte sie aufstehen. Der kleine Sohn und der Vater sagten aber: „Bleibe ruhig im Bett liegen. Wir machen die Arbeit für dich. Morgen bist du wieder gesund."

Gemeinsam überlegen die Kinder mit dem Erwachsenen, was sie alles an Mutters Stelle im Haushalt verrichten können.

Vermittlungshilfen:

1. Der Erwachsene führt die entsprechenden Hausarbeiten pantomimisch vor und die Kinder sollen sie erkennen und benennen.

Bilder, die Hausarbeiten zum Inhalt haben, werden gezeigt.

Jeder darf berichten, bei welchen Arbeiten im Haushalt er schon einmal mithelfen durfte.

Die entsprechenden Tätigkeiten werden von den Kindern im Rollenspiel ausgeführt.

## VERGANGENHEITS- UND ZUKUNFTSFORMEN

Das Kind lebt und fühlt sich in ein örtliches Beziehungsgeflecht früher ein als in ein zeitliches. Das Kind lebt ganz in einem Hier und Jetzt. Was jenseits davon geschieht, ist von ihm noch nicht faßbar. Der Raum hingegen ist anschaulich. Das Oben und Unten, das Vorne und Hinten kann gesehen, kann erfahren werden. Die zeitliche Dimension ist dagegen viel abstrakter und zwar aus zweierlei Gründen:

– Die Gegenwart bleibt nie stehen. Das was gerade Gegenwart ist, ist im Nu Vergangenheit und das, was Zukünftig ist, ist bald Heute.

– Die Zeit ist für Kinder und Erwachsene weniger gliederungsfähig.

Diese Beziehung drückt sich ebenfalls in der Spracherziehung aus. Die örtlichen Bezeichnungen (oben, unten, da, dort) sind viel früher zu beobachten, als die, die zeitliche Angaben zum Inhalt haben. Auch innerhalb der Anwendung der Zukunfts- und Vergangenheitsformen besteht ein zeitlicher Unterschied. Trotzdem die Vergangenheit für das Kind konkreter ist, weil es sie ja durchlebt hat, sind die Zukunftsangaben eher und häufiger anzutreffen. Das kindliche Bedürfnis ist stark auf das Wollen, auf das Haben ausgerichtet. Die Süßigkeit möchte es in naher Zukunft haben, die Vergangenheit gibt sie ihm nicht mehr. Die Vergangenheit ist seinem Drängen und Wollen, seinem Willen weitgehend entzogen.

Die ersten Zeitangaben sind unbestimmter Natur. Die Wörter ‚heute, morgen, gestern' bedeuten für das Kind ‚jetzt, bald, nachher, früher, vorher'. Es wird noch viel Zeit vergehen, bis es lernt, daß die Zeitangaben abgegrenzte Zeiten und relative Zeiten in einem meinen.

Beim Ausdruck der Vergangenheit bedient sich das Kind zuerst und ausschließlich des Partizip Perfekts (hat gegessen). Das Imperfekt (aß) ist erst viel später zu beobachten und hat zu Beginn der Sprachentwicklung einen großen Seltenheitswert.

## Ich will (möchte)

Mit den Kindern werden zusammen Pfannkuchen gebacken (Brote gerichtet, Pudding gekocht usw). Jeder darf im voraus sagen, was er auf dem Pfannkuchen haben möchte.

— „Wir backen Pfannkuchen, Was möchtet ihr *später* auf dem Pfannkuchen haben? Zucker, Marmelade oder Früchte? Jeder darf sich etwas wünschen. Peter, was möchtest du auf dem Pfannkuchen haben? (Ich möchte . . . .) . . . ."

— „Gleich fangen wir an. Hier sind die Zutaten. Ihr sagt mir aber noch zuvor, was wir gleich machen werden. Ich sage den ersten Teil des Satzes und ihr sagt den zweiten: Gleich werden wir . . . ."

## Morgen gehen wir ins Schwimmbad

Herausragende, von den Kindern beliebte Tätigkeiten eigenen sich sehr, um auf das Zuerwartende hinzuweisen. Die Vorfreude der Kinder läßt sie immer wieder nach bevorstehenden Ereignissen fragen. „Kinder, morgen gehen wir ins Schwimmbad."

- Es wird aufgezählt, was die Kinder mitnehmen müssen.
- Jeder darf von seinen Schwimmbaderlebnissen berichten.
- Es wird noch einmal zusammengefaßt, was am kommenden Tag alles getan wird.

/as werden wir im Schwimmbad alles tun? Wir ziehen die Badehose an. (Wir werden die Bade-
lse anziehen — spätere Form). Wir hüpfen ins Wasser. Wir werden ins Wasser hüpfen. (Diese
ätere Form soll erst dann gebraucht werden, wenn die Gegenwartsaussage mit Zukunftserwar-
ng von den Kindern sinngerecht verwendet werden kann.)

### Gleich passiert etwas!

Der Erwachsene zeigt den Kindern einen Luftballon. Er wird hin- und hergeworfen und durch die Luft geboxt. Nach dem Abklingen des ersten Spielvergnügens und wenn der Luftballon alles gut überstanden hat, führt der Erwachsene ein Experiment vor. Er nähert sich mit einer Nadel dem Luftballon und wartet die Reaktion der Kinder ab. Was wird geschehen? Konnten die Kinder bisher noch keine Vorerfahrungen in dieser Hinsicht sammeln, werden sie dem Versuch ruhig zuschauen? Andernfalls werden sie zum Ausdruck bringen, daß der Ballon gleich platzen wird.

„Was geschieht? – Der Luftballon wird gleich platzen. Päng! – Der Luftballon ist geplatzt!"

Zu einem anderen Zeitpunkt zeigt der Erwachsene den Kindern Bilder, auf denen gleich etwas passieren wird. Die Kinder sollen sagen, was passieren wird. „Gleich platzt der Luftballon! Gleich kommt er unter das Auto! Gleich fällt er in das Wasser. Gleich fällt die Tasse auf den Boden."

Der Erwachsene fragt zu einem späteren Zeitpunkt noch einmal:
„Was *wird* gleich passieren? Ich sage die erste Hälfte des Satzes und ihr sagt den Rest: Die Tasse wird gleich . . . . Jetzt drehen wir alles um. Ihr sagt den ersten Teil des Satzes und ich vollende ihn: „ . . . . auf den Boden fallen."

Das Zusammentragen einer kleinen Bildersammlung mit unmittelbar zukünftigen Ereignissen wird nicht ganz leicht sein. Am leichtesten werden Bilder, die sich auf das Verkehrsgeschehen beziehen, zu finden sein.

**Was hast du gestern gemacht?**

Die Kinder sollen die Vergangenheitsformen anwenden können, d.h. in ihren aktiven Sprachgebrauch aufnehmen. Der Erwachsene läßt jedes Kind berichten, was es am Vortag oder am letzten Sonntag alles gesehen oder erlebt hat.
„Heute machen wir ein ganz besonderes Spiel. Jeder darf sagen, was er gestern alles getan hat. Fangt am besten so an: Gestern habe ich . . ."

VARIATION:
Die Kinder sollen berichten, was sie heute spielen, mit was sie heute spielen, was sie heute essen, was sie heute an Kleidungsstücken anhaben.

Im Gegensatz dazu sollen sie sich erinnern, was sie gestern gespielt, gegessen oder welche Kleidung sie gestern getragen haben.

Heute spiele ich im Sandkasten. Gestern habe ich ein Bild gemalt."
Als Vermittlungshilfe legt der Erwachsene die Spielsachen, mit denen gestern gespielt wurde, auf inen Tisch und die Dinge, mit denen heute gespielt wird, auf einen anderen Tisch.

**Gestern haben wir . . . .**

Der Erwachsene weist während des Spielens intensiv und eindringlich darauf hin, was gerade gespielt wird. Er läßt es von den Kindern wiederholen und stellt eines der gerade entstehenden Spielprodukte (Turm, Haus usw.) zur Seite.

„Wir bauen einen Turm.
Wir bauen ein Haus."

Am nächsten Tag kommt der Erwachsene auf das Tun des Vortages zu sprechen.

„Was haben wir gestern getan? Schaut auf den Schrank, dort steht noch etwas!"

Die Kinder sollen sich daran erinnern und einen Satz in Vergangenheitsform (Perfekt) bilden.

„Gestern haben wir einen Turm gebaut."

- **süß oder salzig?**

Der Erwachsene stellt einen Teller mit einigen Salzbrezeln und Zuckerwürfeln unter einem Tuch auf den Tisch. Zuerst dürfen die Kinder Vermutungen anstellen, was unter dem Tuch sein könnte. Nach dieser Phase der Anregung werden die Dinge benannt.

Der Erwachsene stellt die Frage: „Was ist süß? Was ist salzig?" Ist diese Art des Fragens für das Kind noch nicht geläufig, läßt der Erwachsene die Kinder ein Stückchen probieren und fragt: „Wie schmeckt die Brezel?"

Eine zusätzliche Hilfe, um die beiden Geschmackseigentümlichkeiten unterscheiden und richtig benennen zu können, liegt darin, daß jedes Eigenschaftswort mit einer Lautgebärde verbunden wird.

Mm! Der Zucker ist süß! (Bauch reiben)
Brr! Die Brezel ist salzig! (Leicht den Mund verziehen)

- **hoch – tief**

Der Erwachsene stellt zwei unterschiedlich hoch mit Wasser gefüllte Flaschen auf den Tisch und veranlaßt die Kinder, in die Flaschen durch Auflegen der Unterlippe auf den Rand des Flaschenhalses hineinzublasen. Gelingt diese Technik nicht sofort, so wird eben ein wenig experimentiert und probiert. Gegebenenfalls führt es der Erwachsene einige Male vor.

Den Flaschen entsteigt ein unterschiedlich hoher Ton. Die Kinder sollen den Tonhöhenunterschied erkennen.

„Hört genau hin! Was hört ihr? Was stellt ihr fest? Zeig mir die Flasche mit dem hohen Ton! Aus welcher Flasche kommt der tiefe Ton? Hört noch einmal! Welches ist der hohe Ton? Welches ist der tiefe Ton? Sprecht einen Satz: Der Ton ist . . . ."

## kaputt

Die Bezeichnung für ‚kaputt (putt)' wird schon sehr früh verstanden und auch sinngemäß angewendet, weil das Kaputtsein oder das Kaputtgehen in die Gefühlslage des Kindes unmittelbar eingreifen kann.

Der Wagen wird an der Schnur hinterhergezogen. Plötzlich fallen die Räder ab. Der Wagen rollt nicht mehr. Die Spielverlauf erhält eine andere Qualität.

- In allen Situationen, bei denen etwas entzwei geht, wird der Erwachsene nochmals auf den neuen Zustand hinweisen und das Wort ‚kaputt' entsprechend akzentuiert aussprechen.

Der Erwachsene sammelt Bilder, auf denen zerstörte Gegenstände, die dem Kind bekannt sind, zu sehen sind. „Oh, schau, was ist denn hier passiert? Das Auto ist . . . . Und hier? Was ist mit dem Puppenwagen passiert?

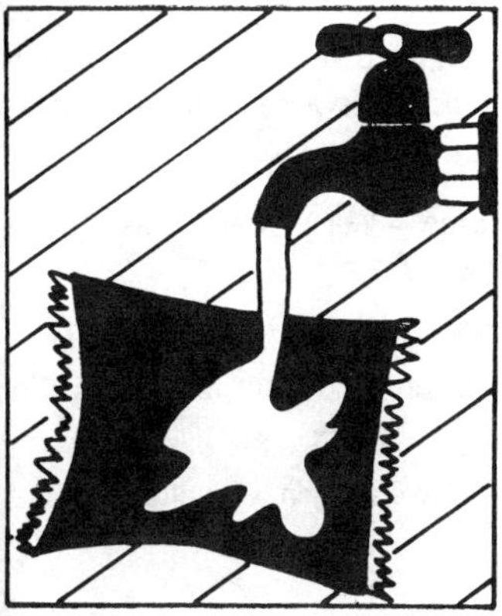

## naß

Der Erwachsene legt zwei trockene Tücher auf den Tisch, läßt sie von den Kindern befühlen, stellt fest, daß sie ***trocken*** sind und legt dann eines in eine Schüssel mit Wasser. Das triefende Tuch wird neben das trockene gelegt. Der Erwachsene macht ein fragendes Gesicht, deutet stumm auf die beiden Tücher und fordert durch seine Mimik und Gestik die Kinder zum Sprechen auf. Äußern sich die Kinder nicht spontan, wird der Erwachsene sagen: „Dieses Tuch ist trocken. Dieses Tuch ist . . . .?"

VARIATION:

- Die Kinder sollen ***eine*** Hand in die Schüssel mit Wasser halten und beide hinterher vergleichen.
- Der Rasen wird im Sommer berieselt. Einige Kinder laufen darüber und vergleichen ihre Füße mit denen der anderen.

## langsam – schnell

Der Erwachsene stellt einen schwerfälligen LKW (Traktor) und einen schnittigen PKW auf die Tischplatte. Mit dem LKW fährt er langsam und mit dem PKW sehr schnell über den Tisch. Haben die Kinder den Unterschied bemerkt und können sie ihn auch schon sprachlich ausdrücken? Wenn nicht, werden die Vorgänge noch einmal oder mehrere Male wiederholt

VARIATIONEN:

– Die Kinder gehen im Rhythmus des Trommelschlages im Zimmer umher. Die Trommelschläge erfolgen einmal schneller und dann wieder langsamer. Die Kinder richten sich in ihrer Bewegung danach. Jedes Kind darf selbst auf die Trommel schlagen.

– Die Kinder werden in zwei Gruppen aufgeteilt. Ein Kind darf der Spielleiter sein. Der einen Gru pe gibt er den Befehl, schnell zu gehen ( die Arme zu kreisen usw.), der anderen einen entgegengesetzten Auftrag.

– Ein Kind soll sich schnell oder langsam fortbewegen. Die anderen Kinder sollen sagen, wie es sic fortbewegt. Schnell oder langsam?

## krank

Die Puppe oder ein Kind sind krank. Die Bauchschmerzen lassen beispielsweise nicht nach. Was ist zu tun?

1. Den Arzt anrufen – Wer ruft an? Was soll der Betreffende sagen?
2. Der Arzt kommt. – Wer gibt ihm Auskunft?
3. Der Arzt untersucht und stellt fest: „Das Kind ist krank".
4. Der Arzt gibt Anweisungen, was alles zu tun ist:

a) Das Kind ist krank. – Es darf nicht herumspringen
– Es muß im Bett bleiben.
– Es soll nichts Kaltes trinken.

b) Je nach Sprachentwicklungsstand können hin und wieder Nebensätze angeboten werden:
„Das Kind darf nicht herumspringen, weil es krank ist.
Das Kind muß im Bett bleiben, weil es krank ist."

## heiß — kalt

Die beiden Eigenschaftswörter „heiß" und „kalt" können in einem Bewegungsspiel sinnvoll angeswendet werden.

Die Kinder laufen oder gehen frei durch den Raum. Immer wenn der Erwachsene sagt: „Oh, heute ist es heiß!" steigen die Kinder schnell auf einen Stuhl und wischen sich pantomimisch den Schweiß von der Stirn. Ruft der Erwachsene „Hu, wie ist es heute kalt!" finden sich immer zwei Kinder zusammen, umarmen sich und wärmen sich gegenseitig.

VARIATION:
Bei „kalt" ziehen die Kinder ein zustäzliches Kleidungsstück an und hüpfen sich aufwärmend auf der Stelle, bei „warm" oder „heiß" ziehen sie das Kleidungsstück wieder aus und rennen Luft fechelnd durch den Raum.

## voll — leer

Beim Frühstücken, Mittagessen und Vespern ergeben sich eine Fülle von Möglichkeiten, auf volle oder leere Gläser hinzuweisen. „Schaut, Peters Gläser ist schon leer. Peter, du hast aber einen riesengroßen Durst gehabt. Wer hat noch ein leeres Glas? Was, dein Glas ist auch schon leer!"

VARIATION:

- Jedes Kind darf ein bereitgestelltes Glas voll eingießen. Es soll natürlich dazu sprechen. „Das Glas ist leer. Jetzt gieße ich Wasser hinein. Das Glas ist voll."
- Der Erwachsene sammelt Bilder, auf denen volle und leere Gläser zu sehen sind.
  a) Wer kann die Bilder zeigen, auf denen alle Gläser voll sind?
  b) Auf diese Tischseite sortiert ihr alle Bilder mit den vollen Gläsern und auf jene die mit den leeren.
  c) Zeig auf das Glas und sage mir, ob das Glas voll oder leer ist.

## FARBBEZEICHNUNGEN

Die Farbwörter „rot, blau, gelb usw." durchlaufen bis zu ihrem sicheren Gebrauch eine recht lange Entwicklungsgeschichte. Sie sind nicht einfach da, sondern müssen erlernt werden.

Die ersten Farbwörter kann das Kind nur dinggebunden verwenden. Es sagt beispielsweise „so wie das Kleid" und meint damit eine Rotqualität. Die Farbnamen begegnen dem Kind in erster Linie beim Unterscheiden von Merkmalen an Dingen. Das Kind besitzt z.B. ein rotes Kleid und ein grünes Kleid. Der Bruder hat einen roten Ball und die Schwester eine rote Mütze. Das Kind sieht, daß die wiederkehrende Bezeichnung „rot" zwar eine bestimmte Farbtönung meint, aber es handelt sich nicht immer um das gleiche Rot. Es nimmt die Farbabstufungen innerhalb der Rotskala wahr und erkennt im Laufe der Zeit das der Rotbezeichnung Gemeinsame. Indem es jedoch dieses erkennt und erfaßt, hat es einen abstrakten Begriff gebildet. Das bedeutet wiederum, daß das Kind vor dem Bilden eines ABSTRAKTEN Begriffs eine DENKLEISTUNG vollbringen muß:

> Es muß ähnliche Qualitäten und das ihnen zugrundeliegende Gleiche erkennen.

Dies ist auch der Grund, warum die Farbbezeichnungen erst spät im Wortschatz des Kindes zu beobachten sind. In der Regelentwicklung sind sie nicht vor dem zweiten Lebensjahr vorhanden. Empfohlene Reihenfolge der Einführung und des Gebrauchs der Farbwörter:

1. schwarz
2. weiß
3. bunt
4. rot
5. blau
6. gelb

8. rosa
9. braun
10. grau
11. Doppelwörter: gelbgrün, schwarzrot
12. Zusammengesetzte Farbwörter: dunkelrot, hellrot . . . . .

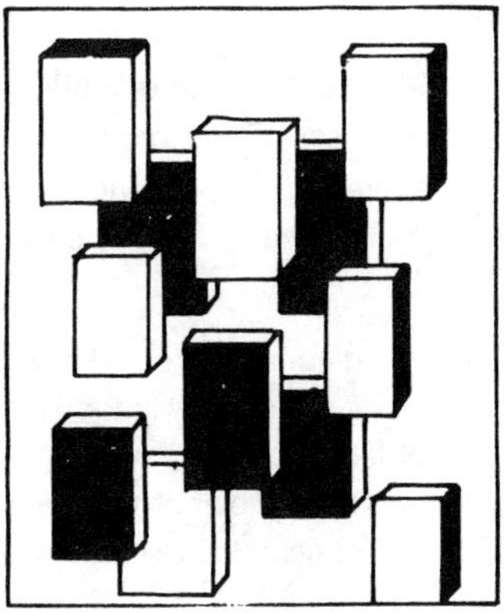

## ● Hole „Schwarz"!

Farben mit intensiven Hell-Dunkel-Abstufungen sind zuerst im Sprachgebrauch der Kinder zu beobachten. Das hängt mit der Entwicklung der Wahrnehmungsfähigkeit zusammen. Hell-Dunkel-Kontraste sind die ersten visuellen Eindrücke des Kindes.

Der Erwachsene sammelt Holzklötzchen (Bierdeckel, Kartonstücke usw.), malt die einen weiß und die anderen schwarz an und legt eines jeder Farbe auf den Tisch. Er macht auf die unterschiedlichen Farben aufmerksam:

„Das ist schwarz! SCHWARZ! Nimm es in die Hand! Schau es genau an! SCHWARZ ist es!
Dieses hier ist WEISS! Nimm es auch in die Hand!
GIB MIR BITTE DAS SCHWARZE! NEIN, NICHT DAS WEISSE, SONDERN DAS SCHWARZE!

VARIATIONEN:

- Auf dem Tisch liegen mehrere Klötzchen. Das Kind soll alle schwarzen und alle weißen Klötzchen in die weiße oder in die schwarze Schachtel sortieren.
- Der Erwachsene nimmt in jede Hand ein schwarzes oder ein weißes Klötzchen. „Möchtest du ein schwarzes oder ein weißes Klötzchen haben?"
- Die die Klötzchen umschließenden Hände werden hinter den Rücken gehalten. „Welche Hand möchtes du? Was ist in der Hand?"
- Das Kind soll eine lange Reihe mit den Klötzchen legen: „Zuerst kommt ein schwarzes Klötzchen, dann kommt ein weißes, jetzt wieder ein schwarzes usw. . . . ."
- Im Raum befinden sich schwarze und weiße Dinge. „Wir legen die schwarzen Klötzchen zu den schwarzen Dingen und die weißen zu den weißen Gegenständen."
- „Ich sehe etwas und das ist schwarz!"
- Das Kind darf Spielleiter sein. Es darf dem Erwachsenen sagen, welche Schuhe (weiße oder schwarze) er aus dem Schuhregal holen soll.

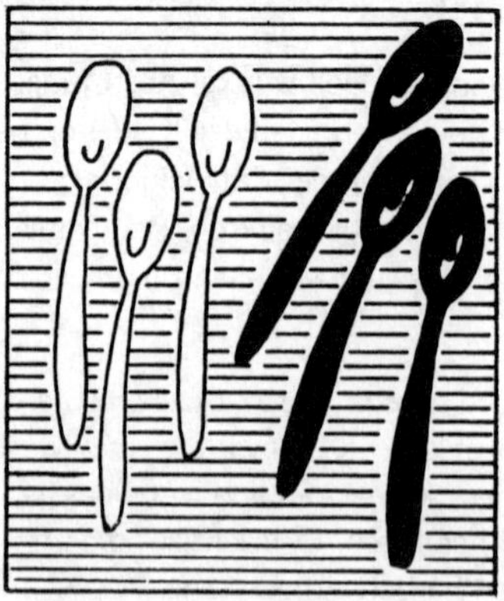

## Rot oder blau?

Der Erwachsene legt drei rote und drei blaue Plastiklöffel auf den Tisch. Er spricht dabei die jeweilige Bezeichnung sehr langsam und deutlich aus. Dann bittet er das Kind: „Gib mir bitte den ROTEN Löffel!"

Greift das Kind nach dem falschen Löffel, wird der Erwachsene eine verneinende Haltung einnehmen, durch Kopfschütteln und dem Hinweis: „Nein, das ist nicht ROT!" dem Kind gegenüber zum Ausdruck bringen, daß es eine andere Wahl treffen soll.

Beim zweiten Durchgang soll das Kind die Löffel auf Aufforderung wieder auf den Tisch legen: „In meiner Hand befinden sich die Löffel. Lege die BLAUEN Löffel wieder auf den Tisch: Jetzt darfst du sagen, was ich machen soll!"

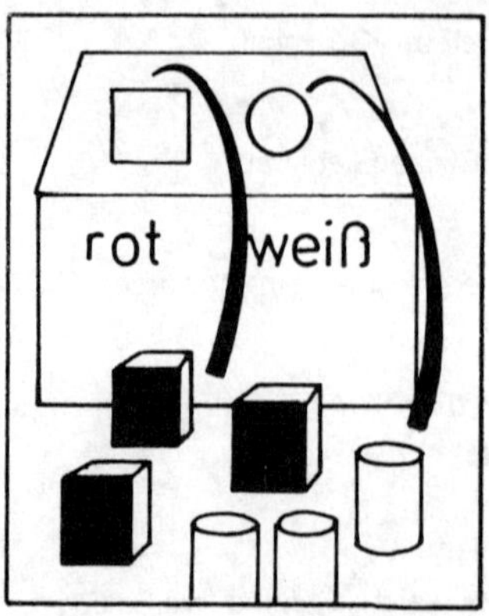


## Farben sortieren

Wenn Kinder im Haus sind, werden alle Wegwerfdinge zuvor auf ihre Spieltauglichkeit hin überprüft, bevor sie endgültig weggeworfen werden.

Hat der Erwachsene einige rote und weiße Gegenstände (Knöpfe, Flaschen, Becher, Schraubverschlüsse, Gläserdeckel usw.) zusammengetragen, bietet er sie den Kindern zum Farbsortieren an.

„Hier sind zwei Schachteln. In die eine Schachtel kommen die roten Deckel und in die andere die weißen. Bevor ihr die Deckel in die Schachtel werft, (durch den Schlitz schiebt), sagt ihr, ob sie rot oder weiß sind.

VARIATION:
Jedes Kind darf einmal Spielleiter sein. Es soll den Mitspielern sagen, was sie zu tun haben.
„Peter, hol ein ROTES und stecke es hier hinein!
Gabi, hol ein WEISSES und stecke es dort hinein!"

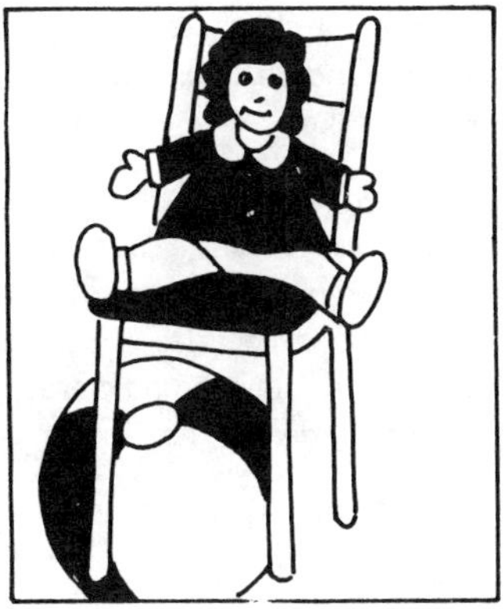

## Wo ist der Bär?

Der Erwachsene besorgt sich ein oder zwei begehrte Gegenstände und beginnt das nachfolgend beschriebene Spiel.

„Hier habe ich den braunen Teddybär. Ihr wißt, der Teddy kann gut tanzen, kann lustige Geschichten erzählen und noch viel mehr machen. Heute möchte er aber, daß ihr ihm sagt, wo er sich gerade befindet. Er setzt sich immer woanders hin und ihr sollt den Ort nennen.

Hallo, wo sitze ich? – Auf dem Tisch!
Hallo, wo sitze ich? – Auf der Uhr!"

Der Spieß wird umgedreht. Ein Kind darf sich irgendwo hinstellen, hinlegen oder hinsetzen und die anderen müssen bestimmen, wo es sich gerade hingelegt usw. hat.
„Knut steht im Schrank. – Helga sitzt hinter der Türe."

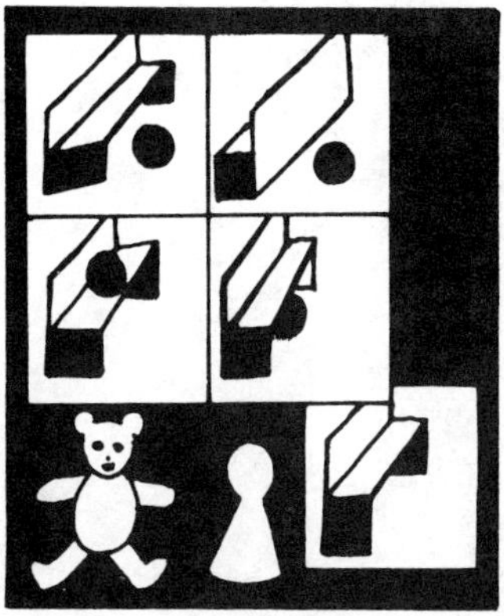

## Lotto mit Ortsbestimmungen

Der Erwachsene klebt auf vier Kärtchen jeweils das gleiche ausgeschnittene Möbelstück. Bei jedem Bild malt er einen Ball an eine andere Stelle. Einmal liegt der Ball vor dem Sofa, beim anderen Bild befindet er sich hinter dem Sofa, dann unter und schließlich auf dem Sofa.

Die Kinder schauen sich diese vier Bilder lange und gründlich an. Der Erwachsene soll die Bilder zuerst nicht kommentieren. Den Kindern soll immer Zeit und Raum zum Finden von Eigenlösungen gegeben werden. Der Erwachsene erklärt lediglich den Spielverlauf:

„Peter stellt ein Hütchen auf eines der Bilder. Ihr schaut genau hin und sagt dann, was ihr auf dem Bild seht! Was euch auf dem Bild besonders auffällt!" Beim zweiten Durchgang darf ein anderes Kind das Hütchen auf eine andere Bildkarte stellen.

Hat der Erwachsene die eingangs beschriebenen Bildkarten doppelt hergestellt, gibt er jedem Mitspieler ein Kärtchen und fordert sie auf, dieses auf das entsprechende zu legen und zu sagen, wo sich der Ball jeweils befindet.

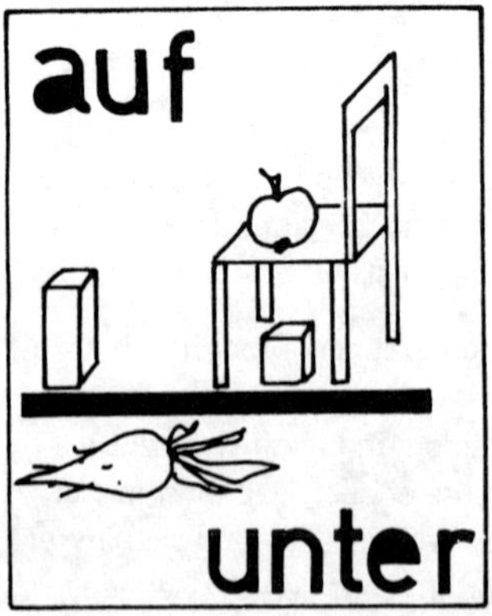


## Der Rettich wächst unter dem Boden

Die Wörter der Ortsbestimmung werden hin und wieder in ein Spiel eingebunden. Der Erwachsene legt eine Decke auf den Boden, stellt einen Stuhl darauf, zeigt den Kindern einen Rettich und legt ihn unter die Decke.

„Wo ist der Rettich? Wer sagt einen ganzen Satz?" Die Positionen des Rettichs werden gewechselt. Zu einem späteren Zeitpunkt wird der gleiche Spielaufbau, nachdem über das Wachsen der Pflanzen ausführlich gesprochen und dieses selbst im Garten erlebt worden ist, für eine Art Lernkontrolle verwendet.

„Wo wächst der Rettich? Lege ihn dort hin, wo er wächst! Sprich dazu!"

„Ich lege den Rettich dorthin, wo er wächst und ihr sprecht dazu!" Der Erwachsene wird den Rettich einige Male absichtlich falsch plazieren um zussehen, wie weit die Kinder den realen Vorgang schon abstrahieren können.

## Wo ist die Maus?

Anhand der nebenstehenden Abbildung wird der Weg der kleinen Maus verfolgt.

„Eine Maus, eine Maus!  
Wo kam sie heraus?  
Da, da, aus dem Haus!  
Über die Steine!  
Mir durch die Beine!  
Wo ist sie geblieben?  
Dort in der Ecke!  
Unter den Stufen!  
Wupp – ist sie weg!"

Während des Sprechens sollen die Kinder auf die entsprechenden Stellen des Bildes hindeuten.

VARIATION:  
Ein Kind ist die Maus und rennt analog des Textes über einige Kissen, kriecht einem anderen Kind durch die Beine, drückt sich in die Ecke, versteckt sich unter der Treppe und schlüpft schließlich zur Tür hinaus.

## In unserem Haus wohnen viele Leute

Das Sprachspiel wird mit einem Vers eingeleitet:
„In unserem Haus, in unserem Haus,
da wohnen viele, viele Leute.
Lauter lustige Leute,
lauter feine Leute,
lauter große Leute.

WO WOHNEN DIE LEUTE?

Ganz unten wohnt ein alter Mann
mit Dackel und mit Pfeife.
Daneben wohnt Fräulein Susann,
die hat gar immer woll'ne Strümpfe an."

Der Erwachsene überlegt sich weitere lustige Verse.

Die Aufgabe der Kinder besteht darin, zu zeigen, wo die Leute wohnen und mit eigenen Worten den Ort des Wohnens zu wiederholen oder zu beschreiben.

## Suchbild

Der Erwachsene schneidet aus einer Illustrierten irgendein Landschaftsbild mit Dingen im Vordergrund und Straßen, Häusern und Bäumen im Hintergrund aus. Dann malt er viele kleine schwarze Männchen in das Bild hinein. Das eine versteckt sich in den Zweigen des Baumes, das andere schaut gerade noch aus dem Schornstein heraus, das dritte ist mit einem Bein noch hinter einer Regentonne zu erkennen.

Den Kindern wird eine Geschichte erzählt, in der viele kleine Männchen verloren gegangen sind und die nun wieder gefunden werden müssen. „Wer hilft mir suchen? "

„Wo sind die kleinen schwarzen Männchen? Da, *auf* dem Dach sitzt eines! Ein Männchen sitzt ***im*** Regenfaß! *Hinter* dem Baum steht auch ein Männchen!"

Die Kinder dürfen bei einem zweiten Landschaftsbild selber die Männchen zeichnen oder aufkleben. Zum Schluß soll jeder sagen, wo er seine Männchen versteckt hat.

## ZAHLWÖRTER

Die ersten verwendeten Zahlwörter sind in der Regel mehr ein mechanisches Nachplappern der von den Erwachsenen gebrauchten Bezeichnungen. Einen echten „Zahlbegriff" erwirbt das Kind nicht vor dem zweiten bis dritten Lebensjahr. Eine Faustregel lautet, daß das Kind den Zahlbegriff entsprechend seinem Lebensalter beherrschen soll. Ein fünfjähriges Kind soll demzufolge den Zahlbegriff 5 sinngemäß anwenden können.

Die Zahlwörter entwickeln sich aus zwei unterschiedlichen Richtungen:

Einmal werden gleichartige Dinge nacheinander bezeichnet, ohne daß am Ende schon eine konkrete Summe stehen muß (Reihung). „Eine und eine und eine und eine . . . . ."

Zum anderen wird eine bestimmte Menge mit einem Blick (simultan) in ihrer Mengenhaftigkeit gesehen und erfaßt (Mengenauffassung).

Die Reihung durch das immer gleiche Wort wird allmählich ersetzt durch das Anwenden der gehörten Zahlwörter (eins, zwei, drei . . .), ohne daß mit einer Zahl gleich deren Mächtigkeit gedacht und gesehen wird.

„Drei" schließt noch nicht die Menge „3" ein, sondern ist vorerst das dritte Wort in der rhythmischen Sprechfolge.

Neben der „1" bleicht die „2" lange Zeit die einzige Zahl, die in ihrer Mengenhaftigkeit, unabhängig von der Anordnung der Dinge, anschaulich erfaßt wird. Erst nach und nach erlernt das Kind durch das ***handelnde Umgehen*** und durch ***Zählen*** die weiteren Zahlbegriffe.

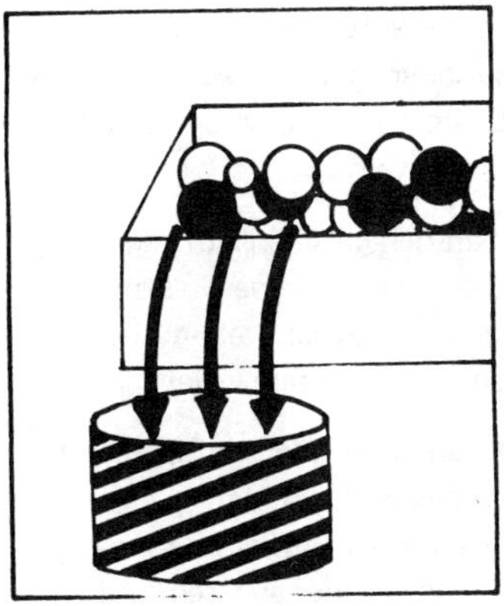

## Eins und eins und eins ....

Kinder geben gerne Dinge von einem Topf in den anderen. Der Erwachsene gestaltet daraus ein Spiel und bezieht die ersten Zahlwörter im Sinne der Reihung mit ein.

Jedes Kind bekommt zwei Gefäße. In dem einen sind Muggelsteine, Eicheln, Kieselsteine, Perlen, Stöckchen, Klötzchen usw. Das zweite Gefäß ist leer. Der Erwachsene beginnt mit seinem Spiel und ermuntert die Kinder, es ihm gleichzutun.

„Ich lege immer ein Klötzchen ums andere von der einen Schachtel in die andere. Eins und eins und noch eins usw. .... So, jetzt habe ich alle Klötzchen in dieser Schachtel. Weil es so schön war, schütte ich die Klötzchen wieder aus und gebe sie eins ums andere in die erste Schachtel zurück."

## Zwei sind ein Paar

Ein Paar sind eine überschaubare Menge. In der Regel bereitet es den Kindern keine allzu grossen Schwierigkeiten, zwei gleiche Dinge zu einem Paar zusammenzufügen.

- Die Kinder laufen nach einem vorgegebenen Takt im Zimmer frei umher. Auf ein bestimmtes Signal hin sollen sich immer zwei zusammenfinden und die Hände haltend gemeinsam weiterlaufen. Sie bilden ein Paar. Beim Aufhören des akustischen Zeichens lassen sie sich los und finden sich später wieder.
- Bei einem anderen Spielverlauf müssen sich immer zwei in einen Kreis stellen und miteinander tanzen.
- Der Erwachsene erzählt die biblische Geschichte von Noah. Alle vorhandenen Tiere werden paarweise geordnet und nebeneinander in die Arche (Schachtel) gestellt.
- Gibt es Dinge, die immer paarweise vorhanden sind? Hände, Ohren, Augen, Rollerräder usw.

## Eins und viele

Das Kind kann in diesem Entwicklungsalter noch nicht drei von vier oder fünf von sechs als Menge unterscheiden. Es sieht jedoch, ob ein Ding oder viele Dinge vorhanden sind.

– Jedes Kind erhält den gleichen Auftrag: „Lege auf diese Seite des Tisches eine Nuß und auf die andere Seite viele Nüsse! Stell in diese Ecke eine Flasche und in die andere viele!"

– Auf Bildkarten sind entweder nur ein Gegenstand oder deren viele abgebildet: „Schaut euch die Karten zuerst gut an. Auf einer Karte ist immer nur ein Ding, auf der anderen sind viele davon zu sehen.
  Bringt mir zuerst die Karten mit EINEM Ding! So, jetzt bringt mir die Karten mit VIELEN Dingen!"

## 1, 2, 3

Die ersten Zahlwörter im Sinne des Zählens leiten sich von den rhythmisch gesprochenen Verschen und Liedern, in denen Zahlen vorkommen, ab. Der Erwachsene wird hin und wieder das eine oder andere Verschen den Kindern anbieten.

1, 2, 3
Alt ist nicht neu,
neu ist nicht alt,
warm ist nicht kalt,
kalt ist nicht warm,
reich ist nicht arm.

1, 2, 3
Kinder essen Brei.

1, 2, 3, 4
Väter trinken Bier.

1, 2, 3, 4, 5
Mütter stopfen Strümpf.

1, 2, 3, 4, 5–e
Wo sind meine Strümpfe?

1, 2, 3, 4, 5, 6
Es ist doch wie verhext.

## SPIELE ZUR FESTIGUNG DES SATZBAUS

Bei der Entwicklung der Festigung des Satzbaus ist wie beim Insgesamt der Sprachentwicklung zu beobachten, daß der *Verstehen* vor dem *Sprechenkönnen* kommt. Das Kind versteht mehr und umfangreichere Sätze, als es selbst sprechen kann.

Natürlich kann das Kind nicht alle einzelnen Wörter in ihrem logischen Verhältnis zueinander erfassen, aber es wird die akzentuierten und sinntragenden Gipfel verstehen und die sie begleitenden Gebärden, die Gestik und die Mimik, den Stimmklang als zusätzliche Informationsquellen in den Verstehensprozeß mit einbeziehen.

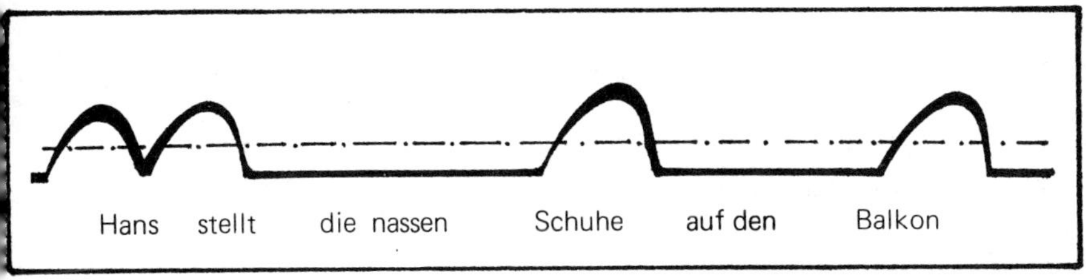


Die Entwicklung des Satzbaus gliedert sich in zwei Phasen:
1. Hauptsatzstadium
2. Nebensatzstadium

Bei den Sätzen der ersten Phase reiht das Kind eine Sinneinheit, die in sich geschlossen ist und im Hinblick auf die Satzlehre und die Logik einem Hauptsatz entspricht, aneinander. Es besteht eine Art NEBENORDNUNG. Die Wortstellung innerhalb des Satzes ist noch ungefestigt und oftmals auch sehr eigenmächtig. Erst nach und nach ist das Kind in der Lage, den Hauptgedanken in einzelne Unterteile zu zergliedern oder die im ersten Teil des Satzgebildes getroffene Aussage im zweiten Teil zu begründen, näher zu erläutern usw.

| | |
|---|---|
| Hans weint, | weil er hingefallen ist. |
| AUSSAGE ← | BEGRÜNDUNG DER AUSSAGE |

Mit der Fähigkeit eines mehr und mehr gegliederten Denkens, d.h. mit der Fähigkeit der ÜBER- und UNTERORDNUNG von Gedanken, betritt das Kind die Phase des Nebensatzstadiums.

## MERKVERSE

Sich im täglichen Ablauf wiederholende Tätigkeiten und Ereignisse werden vom Kind eher und intensiver beachtet, wenn sie in einen lustigen und melodisch gegliederten Reim eingebunden werden.

Vor dem Mittagessen zeigt der Erwachsene beispielsweise auf die Hände des Kindes, sagt den Händewaschvers, führt das Kind zum Waschbecken, wäscht gemeinsam mit ihm die Hände und spricht abermals begleitend den Text. Die Bedeutung des HANDLUNGSBEGLEITENDEN SPRECHENS besteht darin, daß der gesprochene und gehörte Satz immer mit dem gleichen Tun verbunden ist und daher eine Gedächtnisspur hinterläßt.

Beispiele für Merkverse:

- Vor dem Essen, vor dem Essen,
  Händewaschen nicht vergessen!

- Zähne putzen, Zähne putzen,
  Zahnpasta dabei benutzen!

- Nach dem Zähnespülen,
  Wasser nicht hinuterschlucken!

- Auch die Ohren fein,
  sollen stets recht sauber sein!

- Nach der Toilette, das mußt du wissen,
  darf man das Händewaschen nicht vermissen!

- Auch den Popp, den kleinen,
  muß man stets gut rein'gen!

- Schmutz'ge Fingernägel
  ist ein allgemeiner Ekel.
  Darum sollen sie stets rein
  und ausserordentlich sauber sein!

**Martin baut einen Turm**

Die Kinder haben viel Baumaterial vor sich liegen. Der Erwachsene überläßt ihnen, was sie damit anfangen möchten. Nach einer gewissen Zeit schaut er sich die Gebilde an und läßt die Kinder darüber sprechen: „Was baust du? Ich baue einen Turm! Ich baue ein Haus!" Hat jeder berichtet, was er gerade baut, sollen die Mitspieler sagen, was ihre Spielkameraden gerade tun. „Peter, kannst du mir sagen, was Martin baut? Martin baut einen Turm!"

VARIATION:
In gleicher Weise können die Kinder berichten, was sie oder ihre Spielkameraden gerade malen usw.

Der Erwachsene arrangiert solche Sprechanlässe, bei denen die Kinder eine SATZERGÄNZUNG (Objekt) anfügen müssen. Sie sollen nicht nur sagen, daß Manuela baut oder malt, sondern auch, was sie baut, malt, schreibt: „Manuela malt ***einen Baum.***"

**Monika wirft den Stein**

Der Erwachsene legt verschiedene Wurfgegenstände auf den Tisch: einen Ball, einen Stock, eine Dose, einen Stein, ein Wollknäuel, ein Knäuel aus Zeitungspapier usw. In ca. zwei Meter Entfernung stellt er einen großen Wäschekorb hin. In diesen sollen die Wurfgegenstände geworfen werden.

Vor Spielbeginn erläutert der Erwachsene die Regeln: „Jedes Kind darf sich einen Gegenstand aussuchen, ihn in den Korb werfen. Ein anderes Kind stellt sich neben den Tisch und spielt den „Reporter". Es soll sagen, mit welchem Gegenstand das jeweilige Kind wirft.

BEISPIEL:

a) „Egon wirft den Stein!
Käthe wirft die Dose!

b) Bravo: Der Stein ist im Korb!"

## Der, die oder das?

Die Kinder sitzen im Kreis. Der Erwachsene stellt einen Stuhl in die Mitte und legt allerhand Gebrauchsgegenstände, Spielzeug und sonstige Utensilien daneben auf den Boden.

Er fordert ein Kind auf, sich einen Gegenstand auszusuchen und auf den Stuhl zu legen. Danach darf der Betreffende ein anderes Kind aus der Runde fragen, was es auf den Stuhl gelegt hat oder was jetzt auf dem Stuhl liegt.
„Was liegt auf dem Stuhl? Der, die, das . . . . . liegt auf dem Stuhl!"

VARIATION:
Während des Augenblicks, in dem ein Kind etwas auf den Stuhl legt, drehen sich alle Kinder um. Dies erhöht die Spannung und den Reiz des Sprachspiels. Als zusätzliche Merk- und Orientierungshilfe ordnet der Erwachsene jedem Geschlechtswort ein bestimmtes graphisches Symbol zu. Jedesmal, wenn das Geschlechtswort genannt wird, wird auch das Symbol vorgezeigt. Später können sich Zuordnungsübungen anschließen.

## Analogiesätze

Der Erwachsene stellt mit Hilfe der gesammelten Bilder sogenannte Analogietafeln nach folgendem Muster her:

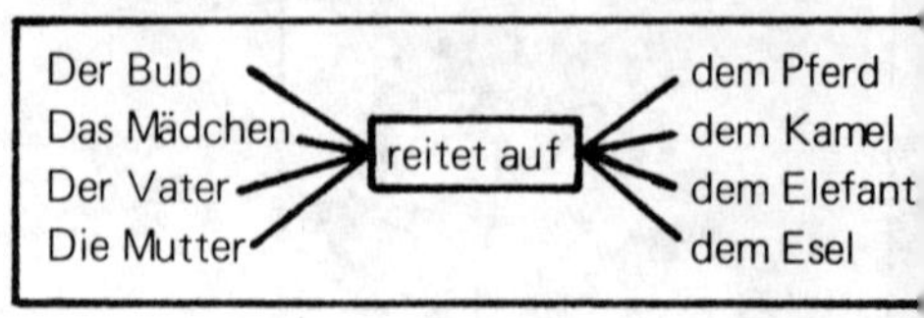


Auf der linken Seite befinden sich die verschiedenen Subjekte (Satzgegenstand), in der Mitte ist das Prädikat (Satzaussage) angeordnet, auf der rechten Seite stehen die unterschiedlichen Objekte (Satzergänzungen). Das Mittelglied dieses Modellsatzes bleibt gleich, die Außenglieder wechseln.

Der Erwachsene zeigt wortlos auf die entsprechenden Abbildungen und ermuntert das Kind zum Sprechen.

VARIATION:
Jedes Teilglied eines Satzes kann in das Analogiechema einbezogen werden:
„Der Bub ißt (Kuchen, Äpfel, Brot, Wurst usw.). Der Bub (singt, malt, turnt) im Haus."

**Bitte, ein Stück Banane!**

Ein Wunsch wird in eine Bitte gekleidet. Die Kinder sollen lernen, ihr Begehren in einem Satz auszudrücken und nicht dem Erwachsenen nur ein Wort an den Kopf zu werfen.

Der Erwachsene legt eine geschälte Banane und ein Messer in die Mitte des Tisches. Jeder, der ein Stück davon haben möchte, soll seinen Wunsch verbal äußern.

– „Bitte,ein Stück Banane!"

– „Bekomme ich, bitte, ein Stück Banane!"

– „Ich hätte gerne ein Stück Banane!"

Der Erwachsene wird daraufhin ein Stückchen abschneiden und dem Kind reichen.

VARIATION:
Jedes Kind darf mit dem Farbwürfel würfeln. Wer ein rotes oder ein blaues Feld würfelt, darf einen Wunsch äußern.

**Ich gebe Peter einen Ball**

In der Kreismitte liegen genausoviele Gegenstände wie Kinder am Spiel beteiligt sind.

Der Erwachsene spielt vor. Er geht in den Kreis, hebt einen Gegenstand auf, geht auf ein Kind zu und sagt: „Ich gebe Peter einen Ball!" Dieser bedankt sich artig, behält den Ball, geht ebenfalls in die Kreismitte, holt sich ein Ding und übergibt es einem zweiten Mitspieler.

Damit alle Kinder an die Reihe kommen, darf jeder Mitspieler nur einen Gegenstand erhalten.

VARIATION:
Es wird nicht ein Gegenstand weitergegeben, sondern es wird einer erbeten: „Ich möchte die Schachtel haben! Ich möchte vom Peter die Schachtel haben!"

## Der Junge bekommt das Auto

Aus Illustrierten werden das Bild eines Babys, eines Jugen (Mädchens) und eines Mannes (einer Frau) ausgeschnitten und auf Kartonteile aufgeklebt.

Desgleichen werden alle Spielzeugkataloge zerschnitten und die entsprechenden Bilder (s.Abb.) ebenfalls auf Pappscheiben geheftet.

Nun beginnt das Zuordnen. „Wer bekommt welches Spielzeug?" Bei jeder Zuordnung wird der Satz gesprochen: „. . . . . bekommt . . . . ."

Weil allen Sätzen das gleiche Grundmuster (SPO) und der gleiche Satzgegenstand (bekommt) zugrunde liegt, fällt es dem Kind in der Regel nicht allzu schwer, analoge Sätze zu bilden.

## Zeige mir den Schwanz!

Der Erwachsene sammelt Tierbilder und klebt sie auf festen Karton auf.

Die Kinder sitzen am Tisch. Der Erwachsene legt ein Tierbild in die Tischmitte und fordert ein Kind auf: „Zeige mir den Kopf!" Das angesprochene Kind darf nun einem anderen Kind analog des ersten Fragesatzes eine weitere Frage stellen: „Zeige mir die Ohren!"

Diese Art Sprachspiel, das einerseits die Satzbildung schult und andererseits den Wortschatz festigt, ist nach jeder sachkundigen Begegnung angebracht.

## Was paßt in meinen Koffer?

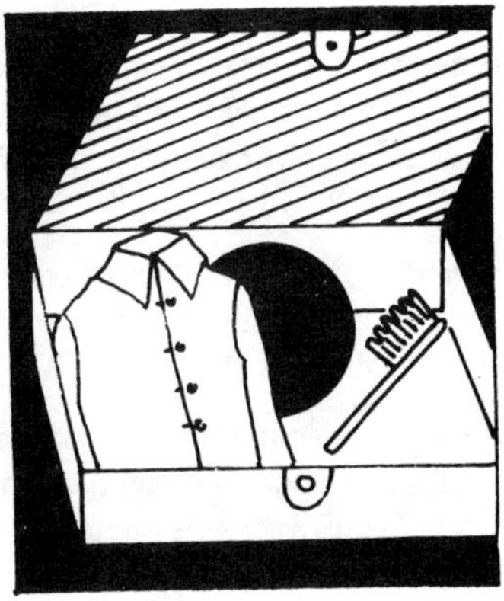

Der Erwachsene stellt einen Koffer in die Mitte und fordert die Kinder auf, gemeinsam mit ihm zu überlegen, was in den Koffer paßt und was ganz bestimmt darin keinen Platz hat.

„Paßt das Hemd in den Koffer? Ja!"
„Paßt die Zahnbürste in den Koffer? Ja!"
„Paßt der Kleiderschrank in den Koffer? Nein!"

VARIATIONEN:

– Der Erwachsene teilt einige Bildkärtchen an die Kinder aus und ermuntert sie, die abgebildeten Gegenstände, die in Wirklichkeit in den Koffer passen, hineinzulegen und die anderen zu behalten. Zum Schluß werden die Kärtchen im Koffer kontrolliert.
„Welches gehört nicht hinein?"

– Die Kinder sollen begründen, warum ein Gegenstand nicht in den Koffer paßt.
„Der Eisschrank paßt nicht in den Koffer, weil . . . ."
Mit dieser Variation kann der Nebensatz mit „weil" gefestigt und angewandt werden (s.d.)

## Meine Tante aus Amerika

Die Kinder sitzen im Kreis. Ein Kind spricht:
„Meine Tante aus Amerika ist da."
Alle anderen Kinder fragen:
„Was hat sie dir denn mitgebracht?"
Das gefragte Kind nennt einen Begriff.
„Eis!"
Die Kinder lecken pantomimisch an einem Eis, reiben sich die Bäuche und schmatzen.

Das nächste Kind kommt an die Reihe und nennt einen anderen Begriff.

**Pfannkuchen**

Pfannkuchen wurden gebacken. Jedes Kind durfte den Teig rühren und seinen eigenen Pfannkuchen backen. Jetzt soll alles noch einmal in der Vorstellung oder anhand einer Bildtafel wiederholt werden: „Was haben wir zuerst gemacht? Und dann? Und dann?"

Bereitet den Kindern das Auswendigaufsagen noch zu große Schwierigkeiten, wendet der Erwachsene folgende Methode an:

a) Der Reihe nach werden die Zutaten auf den Tisch gestellt. Zuerst steht die Mehlpackung auf dem Tisch. Der Erwachsene deutet stumm darauf und fordert die Kinder zum Sprechen auf. Dann legt er ein Ei dazu usw.

b) Aus Reklameschriften werden die Abbildungen mit den Zutaten ausgeschnitten und in der Reihenfolge der Vorgehensweise aufgeklebt. Der Erwachsene deutet jeweils mit dem Finger darauf. „Zuerst kommt das! Und dann .....?"

**Wo ist das gelbe Auto?**

Bei diesem Sprachspiel soll das Eigenschaftswort (gelb) als Attribut, d.h. als Beiwort zu einem Hauptwort verwendet werden.

Der Erwachsene stellt Dinge, die sich hinsichtlich ihrer Größe, ihrer Farbe, ihres Gewichtes, ihrer Temperatur usw. gleichen, auf den Tisch und fragt beispielsweise die Kinder: „Wo ist das *gelbe* Auto?" Die Kinder sollen das entsprechende Auto suchen und finden und die Antwort in einem ganzen Satz wiedergeben: „Da ist das *gelbe* Auto!"

VARIATION:
Anstelle von Gegenständen verwendet der Erwachsene Bildkarten.

## Mein rechter Platz ist leer

Die Kinder sitzen auf Stühlen im Kreis. Ein Stuhl bleibt unbesetzt. Derjenige, der den leeren Stuhl zu seiner Rechten hat, sagt: „Mein rechter Platz ist leer, ich wünsche mir die Christa her!" Christa steht auf und setzt sich auf den unbesetzten Stuhl. Jetzt ist der an der Reihe, der neben dem eben freigewordenen Stuhl sitzt.

VARIATION:
Jedes Kind bekommt ein Schild mit einem Tier, einem Gegenstand, einer Farbe usw. darauf umgehängt. Nun müssen die Kinder nicht mehr auf ihre Eigenanmen achten, sondern auf die neuen Symbole.

Der Gebrauch von Nebensätzen (s.d.) wird im Spiel geübt. Es wird immer wieder die gleiche Satzverbindung vorgesprochen. Außerdem ist das Kind durch das Spiel motiviert und sehr lernwillig.

## Nein, das ziehe ich nicht an!

Die Regeln der Satzbildung werden über das Nachsprechen von Modellsätzen erlernt. Der Erwachsene sucht nach solchen Sätzen, die aus dem Alltag der Kinder stammen und die sie gefühlsmäßig berühren.

BEISPIEL:
„Ich möchte euch erzählen, was ich schon viele Male erlebt habe.
Die Mutter legt abends die Kleider über den Stuhl und sagt: „Die Kleider ziehst du morgen an!" Das Kind sagt: Nein, die ziehe ich nicht an." Der Morgen kommt, die Mutter zeigt auf die Kleider und sagt: „Die . . . .!" Das Kind stampft mit dem Fuß auf und sagt: „Nein . . . .!" Da wird die Mutter ärgerlich. Sie sagt im barschen Ton: „Die . . . .!" Das Kind weint und jammert: „Nein, . . . ."

**Was der Hund alles kann**

Der Erwachsene und die Kinder beobachten einen Hund. Anschließend sprechen sie darüber und zählen auf, was der Hund alles kann:

Der Hund kann
- springen (laufen)
- schnüffeln (riechen)
- bellen
- lecken
- wedeln

Nun fragt der Erwachsene die Kinder: „Kann der Hund fliegen?"
Die Kinder sollen die Frage verneinen.
„Nein, der Hund kann nicht fliegen."
„Kann der Hund sprechen?"
„Kann der Hund singen?"

VARIATION:
Ein Kind führt bestimmte Tätigkeiten (eventuell pantomimisch) aus. Die Zuschauer sagen, was das Kind alles kann. Dann fragt ein Zuschauer das Kind: „Kannst du schwimmen?" „Kannst du fliegen?"

**Da stimmt etwas nicht!**

Der Erwachsene sammelt Tierbilder und zeichnet etwas dazu, das für das Tier nicht charakteristisch, ja gänzlich unmöglich ist. So kann er beispielsweise einer Schnecke zwei oder vier Beine dazumalen, oder er zeichnet einer Henne einen Fuchsschwanz dazu.

Er legt die Bilder wortlos vor die Kinder und macht ein fragendes Gesicht. Reagieren die Kinder nicht darauf, dann wird er sehr erstaunt tun und ausrufen:

„Ach Gott, da stimmt etwas nicht!
Kann die Schnecke laufen?
Kann das Pferd fliegen?
Kann der Hund klettern?
Kann das Buch schwimmen?"

VARIATIONEN:
Anstelle der Tätigkeiten, die verneint werden (kann nicht), kann auch der Zustand verneint werden (hat keinen . . .)
„Hat die Schlange vier Beine?
Hat der Hund Flügel?"

**. . . wenn, dann . . .**

Der Erwachsene arrangiert Anlässe, bei denen auf eine Handlung eine Folge eintritt:

| |
|---|
| Schalter umdrehen, Licht brennt;<br>Wasserhahn aufdrehen, Wasser läuft heraus;<br>schmutzige Schuhe nicht abstreifen, Schmutzspuren;<br>zu großes Loch in Sandburg graben, Burg stürzt ein;<br>Knetmassen in Sonne legen, Masse wird weich;<br>Schwamm ins Wasser legen, saugt sich voll und wird schwer. |

Jede einzelne Experimentiersituation wird genau beobachtet und versprachlicht. So wird ein Kind beispielsweise aufgefordert, den Wasserhahn aufzudrehen. Die anderen Kinder sollen zu jeder Phase einen Satz bilden.

1. „Peter dreht den Wasserhahn auf."
2. „Das Wasser läuft."

Der Erwachsene spricht einen Modellsatz. In Anlehnung daran sollen weitere gebildet werden.

1. „*Wenn* Peter den Wasserhahn aufdreht, *dann* . . . ."

Der Erwachsene gibt immer weniger vor und läßt die Kinder selbständig die vollständigen Sätze sprechen.

**. . . , weil . . . .**

Nebensätze mit „weil" geben eine Erklärung oder eine Begründung über die im ersten Teil des Satzes gemachte Aussage.

Der Junge weint. Der Bauch tut ihm weh.
Der Junge weint, (warum) weil ihm der Bauch .

Der Erwachsene wird des öfteren versuchen, sein Tun und das der Kinder zu begründen.

„Ihr dürft nicht im Sandkasten spielen, weil . . .
Peter hat Angst vor dem Hund, weil . . .
Der Turm ist umgefallen, weil . . . "

Die Begründungsversuche werden in ein Spiel eingebunden. Ein Kind liegt auf einer Decke und ist krank. Der Doktor kommt. Er fragt: „Warum ist das Kind krank? " Die anderen Kinder müssen sich nun Antworten überlegen: „ . . . . . , weil es zuviel Eis gegessen hat." Im Grunde kann auf jede Warum-Frage mit „weil" geantwortet werden. „Warum freuen sich die Kinder? Warum spielen sie im Sandkasten? Warum essen sie das Brot nicht? "

## ....., indem .....

Der Nebensatz mit „indem" nennt die Art und Weise, wie das Geschehen im Hauptsatz vor sich geht.

„Peter baut den Turm, indem er ein Klötzchen auf das andere setzt."

Der Erwachsene läßt ein Kind eine Tätigkeit (Geschirr abtrocknen) ausführen und ermuntert die anderen zu sagen, wie es das genau macht.

Am Anfang, denn das Bilden dieser Nebensätze ist nicht ganz einfach, wird der Erwachsene viel Hilfestellung geben müssen.

„Claudia putzt Schuhe"
– Wie macht sie das?
– cremt ein → .., indem sie die Schuhe eincremt
– bürstet → .., indem sie die Schuhe bürstet.

## Ich sehe ein Kind, das trägt einen schwarzen Rock

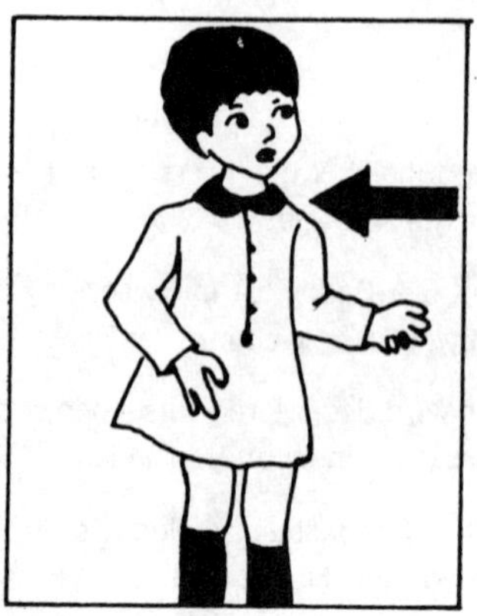

Die Kinder stehen im Kreis. Der Erwachsene beginnt: „Ich sehe ein Kind, das trägt einen schwarzen Rock (... hat einen schwarzen Rock an)!" Alle Kinder beteiligen sich an der Suche und finden diejenige, die einen schwarzen Rock trägt. Das betreffende Kind zeigt auf das gesuchte und sagt: „Gabi hat einen schwarzen Rock an!"

Das Kind, das den Beschriebenen gefunden hat, darf sich als nächstes ein Kind aussuchen und dessen Kleidung beschreiben. „Ich sehe ein Kind, das trägt blaue Hosen. Wer ist es?"

Der Erwachsene achtet darauf, daß sich nicht immer die gleichen Kinder am Spiel beteiligen, sondern daß alle Kinder an die Reihe kommen.

## GRAMMATISCHE AUSFORMUNG

Im Deutschen gibt es viele Möglichkeiten der Wortumwandlung und der Wortstellung. Bis zum Ende des zweiten und Anfang des dritten Lebensjahres werden vom Kind in der Regel die Wörter ohne Beugung (Flexion) verwendet.

**Arten der Wortveränderung (Flexion):**

Konjugation = Die Abwandlung der Zeitwörter (Verben) wird Konjugation genannt. Verben werden konjugiert. (kochen, kochst, kocht, kochte . . . .)

Deklination = Die Abwandlung der übrigen veränderlichen Wörter heißt Deklination. Sie werden dekliniert. (Baum, Bäume, des Baumes, dem Baume . . . )

Komparation = Das Eigenschaftswort (Adjektiv) benennt nicht nur die Art, sondern es gibt auch an, in welchem Grad das Merkmal an dem Ding oder Vorgang sichtbar wird.
Mit ihm kann man daher die Art zweier oder mehrer Dinge und Vorgänge miteinander vergleichen und ausdrücken, welchem von ihnen die Art in höherem oder höstem Grade beizulegen ist. Die Komparation ist die Steigerbarkeit der Adjektive. (warm, wärmer, am wärmsten . . . )

Das Kind fängt auf der einen Seite an, die gegenseitige Beeinflussung der Wörter in den gehörten Sätzen wahrzunehmen. Auf der anderen Seite möchte es mehr und mehr derartige Beziehungen selbst als Ausdrucksmittel anwenden.

Aus der Art des Gebrauchs des Verbs kann es beispielsweise ablesen, ob etwas von einer oder mehreren Personen getan wird („ißt" oder „essen"). Zur Bezeichnung solcher Beziehungen dienen ihm die ersten grammatischen Formungen.

**Verbale Klammer:**

Der mehrteiligen Satzaussage (Verbzusatz und Verb z.B. ab- brechen, auf- machen . . .) kommt bei der Satzbildung die Bedeutung und die Funktion einer KLAMMER zu. Diese Klammerfähigkeit gehört zu den größten Besonderheiten der deutschen Sprache = GESETZ DER UMKLAMMERUNG. Dieses Gesetz trägt dazu bei, die Einheit und Gleichzeitigkeit der nacheinander gesprochenen Wörter eines Satzes zu sichern.

– Peter räumt . . . . . . . . . . . . . . . . . . . . . . . . . . . . . . . . . . . . . . . auf.
– Peter räumt die Spielsachen . . . . . . . . . . . . . . . . . . . . . . . . auf.
– Peter räumt erst nach vielen Ermahnungen die Spielsachen auf.

**Persönliches Fürwort**

Mit dem persönlichen Fürwort (Personalpronomen) drückt der Redende aus, wie er von seinem Standpunkt aus die Dinge sieht. Der Redende betrachtet sich als den Mittelpunkt der Dinge – als 1. Person = ich.

Das Fürwort „es" bezieht sich auf ein neutrales vorhergehendes Hauptwort (Das Fahrrad . . . . . Es . . . . .). Es kann aber auch unpersönlich gebraucht werden, d.h. ohne eine Beziehung auf eine Person oder Sache, wenn diese nicht genannt ist oder nicht genannt werden kann: *Es* schneit . . . .

Das Kind macht hier die Erfahrung mit dem Phänomen des Nichtgreifbaren, des Numinosen im sprachlichen Bereich.

### Klaus räumt den Koffer aus

Der Erwachsene stellt einen Koffre in die Kreismitte und fordert ein Kind zum Ausräumen auf. Das Kind holt nacheinander die Dinge aus dem Koffer und stellt sie gut sichtbar auf den Boden. Was ist alles in dem Koffer?

Dadurch, daß der Erwachsene von allen Dingen mindestens zwei hineingetan hat, müssen auch die Dinge in der Mehrzahl genannt werden.

„Was da alles in dem Koffer ist! Schaut her!
Was *sind* das? Schuhe, Flaschen, Brillen, Wecker, Strümpfe.
Ich frage euch: Was ist in dem Koffer?
Ihr antwortet: In dem Koffer sind . . . !"

### Ausmalbilder

Der Erwachsene verteilt Ausmalbilder. Auf jedem Bild sind zweimal die gleichen Gegenstände abgebildet. Der erste Gegenstand ist konturiert, die Umrisse des zweiten sind punktiert.

Der Erwachsene fordert die Kinder auf, einen Gegenstand auszumalen. Danach fragt er jeden einzelnen:
„Was ist das? Das ist ein Fisch."

Danach sollen die Kinder den zweiten Gegenstand ausmalen. Wieder fragt der Erwachsene:
„Was ist das? Das *sind* Fische."

VARIATION:
- Die Bilder werden unter den Kindern vertauscht. Jeder soll sagen, was er auf dem Bild sieht.
- Alle Bilder werden an die Wand gehängt. Jedes Kind soll der Reihe nach sagen, was es auf den Bildern sieht.

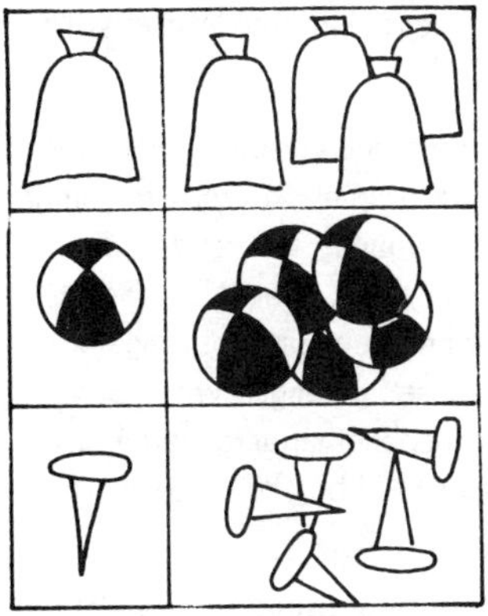

## Mehrzahl mit Umlaut

Der Erwachsene sammelt Bilder, auf denen einmal der Gegenstand in Einzahl und einmal in Mehrzahl abgebildet ist (Vorschulmappen). Er achtet darauf, daß das Wort bei der Mehrzahlbildung einen Umlaut erhält (Apfel – Äpfel).

Er legt den Kindern eine Bildtafel vor und läßt zuerst alle Dinge in Einzahl und danach in Mehrzahl benennen:

**Wörterliste:**

Apfel – Äpfel; Nagel – Nägel; Mantel – Mäntel; Ball – Bälle; Zahn – Zähne; Baum – Bäume; Zaun – Zäune; Topf – Töpfe; Knopf – Knöpfe; Rock – Röcke; Korb – Körbe; Hut – Hüte; Fuß – Füße; Stuhl – Stühle; Kuh – Kühe; Nuß – Nüsse; Wurst– Würste; Buch – Bücher.

## Dinge reinigen

Die Kinder waren im Freien und haben gespielt. Die Dinge, die sie dabei benutzt haben und die Kleidung sind schmutzig geworden. Sie werden gereinigt.

Während die Kinder die Dinge oder Kleidungsstücke reinigen, versprachlichen sie gleichzeitig ihr Tun. Zuerst kommen die Dinge an die Reihe, die in der Einzahl vorhanden sind.
„Der Ball ist schmutzig. Der Ball ist sauber."
„Die Schaufel ist schmutzig. Die Schaufel ist sauber."

Dann werden die Dinge gereinigt, die paarweise oder mehrmals vorhanden sind.
„Die Hände sind schmutzig. Die Hände sind sauber."
„Die Schuhe sind schmutzig. Die Schuhe sind sauber."

VARIATION:
Das schmutzige Geschirr wird nach dem Vesper gespült. Zuerst wird nur ein Becher gespült, dann mehrere.
„Der Bechre ist schmutzig. Der Becher ist sauber.
Die Becher *sind* schmutzig. Die Becher *sind* sauber."

## Silben fangen

Die Mehrzahlform der bekannten Wörter wird gebildet.

Der Erwachsene setzt sich vor die Kinder und beginnt das Wörterfangspiel. Er greift mit einer Hand in die Luft und fängt, während er die Silbe ausspricht, die „Na". Die gleiche Bewegung wird mit der anderen Hand durchgeführt, wobei diesmal die „se" gefangen wird. Beide Fäuste werden nebeneinandergehalten und die beiden gefangenen Silben zu „Na–se" vereinigt.

In gleicher Weise wird die Mehrzahl gebildet von: Haa–re, Hän–de, Bei–ne, Füs–se, Bäu–che usw.

Nun versuchen die Kinder, solche Wörter zu fangen.

VARIATIONEN:
Dieses Spiel kann als Vorbildung für das Silbenklatschen verwendet werden.

Der Erwachsene rollt dem Kind einen Ball zu und sagt ein Wort in Einzahl, das Kind rollt den Ball zurück und sagt das Wort in der Mehrzahl.

## Eine Nase, aber zwei Augen

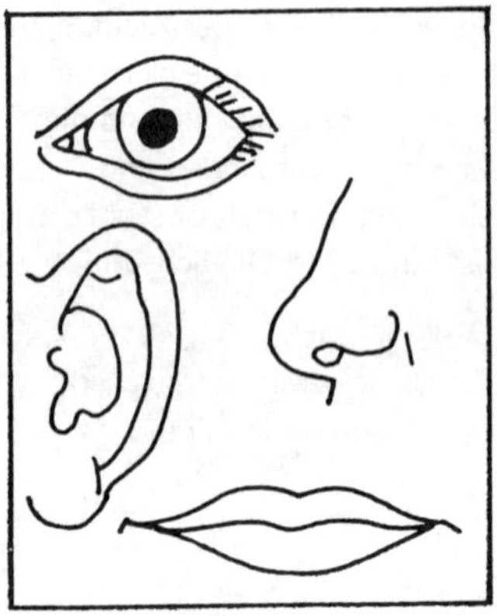

Die Kinder sitzen im Kreis. Der Erwachsene fordert ein Kind auf, in die Kreismitte zu treten. Er deutet auf dessen Nase und fordert die Kinder zum Sprechen auf.

„Nase! Das ist die Nase. Peter hat eine Nase!" Dann deutet der Erwachsene auf ein Ohr. „Ohr! Das ist ein Ohr. Peter hat ein Ohr!" Der Erwachsene wiegt den Kopf hin und her und fragt provozierend: „Peter hat *ein* Ohr? Stimmt das? Hat Peter nur *ein* Ohr? Nein! Peter hat zwei Ohren."

Die anderen Körperteile werden in gleicher Weise durchgesprochen.

Ein anderes Kind tritt in die Kreismitte und ein drittes Kind benennt die Körperteile, die einfach oder doppelt bei den Mitspielern vorhanden sind.

VARIATION:
Jedes Kind soll die eigenen Körperteile, die einfach oder doppelt vorhanden sind, nennen. „Ich habe eine Nase. Ich habe zwei Beine."

**Ich nicke mit dem Kopf!**
**Wir nicken mit dem Kopf!**

Der Erwachsene macht eine eindeutige Bewegung (z.B. mit dem Kopf nicken, mit den Händen klatschen, mit den Schultern zucken, mit den Fäusten boxen) vor und spricht dazu: „Ich nicke mit dem Kopf." Dann fordert er der Reihe nach jedes Kind zur Nachahmung auf.

Beim zweiten Durchgang nickt nicht mehr ein Kind mit dem Kopf, sondern alle. Im Chor wird der Satz gesprochen:
„Wir nick***en*** mit dem Kopf."

**Auf dem Tisch liegt / liegen . . .**

Der Erwachsene legt ein Brötchen (Semmel) auf den Tisch, deutet mit dem Finger darauf und ermuntert die Kinder zum Sprechen. „Auf dem Tisch liegt ein Brötchen (Da ist ein Brötchen)." Nach und nach legt er verschiedene Gegenstände auf den Tisch, so daß zum Schluß ca. 5 bis 6 Dinge vorhanden sind.

Beim zweiten Durchgang legt er zu jedem Einzelding noch eines oder mehrere dazu.
„Was seht ihr jetzt? Was liegt auf dem Tisch? Auf dem Tisch *liegen* (zwei) Brötchen. Auf dem Tisch *liegen* (drei) Eier."

VARIATION:
Der Erwachsene zeigt den Kindern Bilder, auf denen die Dinge in der Einzahl oder in der Mehrzahl zu sehen sind. Die Kinder sollen den entsprechenden Satz bilden.
„Auf dem Bild *sind* Hühner!
Da *sind* Hühner!

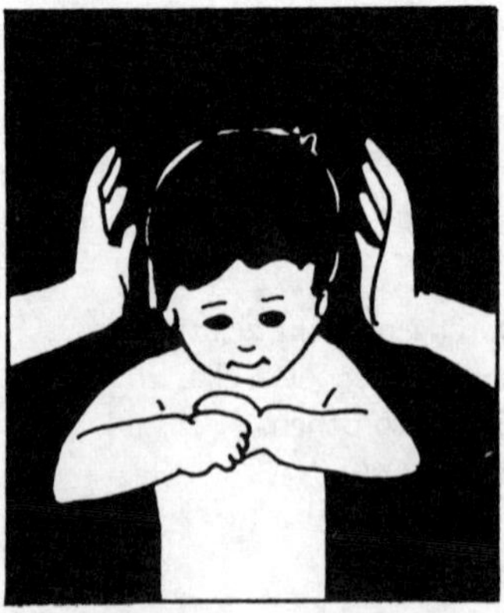

● **lauter – leiser**

Die Kinder sitzen im Kreis. Der Erwachsene sitzt dazwischen und summt eine Melodie. Gleichzeitig hält er seine beiden Hände abwechselnd an die Ohren und gibt sie wieder weg.

– Hält er die Ohren zu, wird der Ton lauter.

– Nimmt er die Hände wieder weg, wird der Ton wieder leiser.

Der Erwachsene versprachlicht seine Eindrükke: „Der Ton wird laut*er*. Der Ton wird leis*er*." Nun kommt die Reihe an die Kinder.

VARIATION:
Bei älteren Kindern kann in dieser Spielsituation der Nebensatz mit ‚wenn' angewendet werden. „Der Ton wird lauter, wenn ich die Ohren zuhalte."

● **laut – lauter**

Eigenschaften können mehr oder weniger, intensiv oder weniger intensiv vorhanden sein. Das Radio spielt, aber es kann noch lauter spielen.

Die Kinder werden auf die Steigerungsform aufmerksam gemacht.

Der Erwachsene geht nachdenklich im Zimmer umher, schaut sich die Kinder genau an, vergleicht zwei prüfend und sagt: „Anettes Haare sind lang, aber Claudias Haare sind . . . .!" Er hält inne und wartet auf die Reaktion der Kinder. In gleicher Weise werden Gegenstände, Zustände miteinander verglichen.

– Antons Hosen sind kurz, aber Peters Hosen sind . . . . !
– Der Stuhl ist . . . . , aber der Tisch ist noch . . . . !

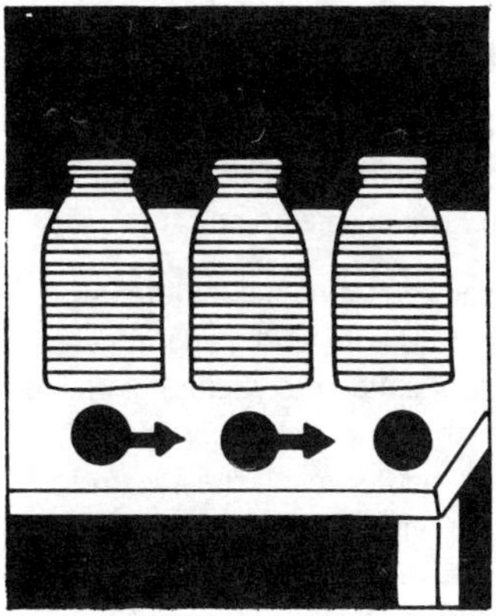

**warm — wärmer — am wärmsten**

Das Kind soll erfahren, daß sich eine Eigenschaft und der dementsprechende sprachliche Ausdruck (Eigenschaftswort) steigern können.

Der Erwachsene füllt drei Flaschen mit unterschiedlich warmem Wasser, stellt sie auf den Tisch und läßt sie hinsichtlich des Wärmegrades ordnen.

„Fühle! Wie ist diese Flasche? Warm!
Wie ist diese Flasche? Wärmer!
Wie ist diese Flasche? Noch wärmer. Sie ist am wärmsten!

Satzbildung:
Die Flasche ist warm!
Die Flasche ist wärmer!
Die Flasche ist am wärmsten!

**gut — besser**

Esswaren sind gut. Sie können jedoch mehr als gut oder sogar besser schmecken. Der Erwachsene legt ein Marmeladebrot auf den Tisch, schneidet es in kleine Würfelchen und gibt jedem Kind eines davon.

„Hm, das Brot (Marmeladebrot) schmeckt gut."

Jedes Kind wird einzeln gefragt, wie ihm das Marmeladebrot schmeckt.

Danach stellt der Erwachsene ein Stück Kuchen oder Torte auf den Tisch und verteilt dies wieder an die Kinder mit der Aufforderung, ihm zu sagen, wie der Kuchen im Vergleich zum Marmeladebrot schmeckt.

„Oh, der Kuchen schmeckt *besser!*"

VARIATION:
Es werden auf der einen Seite Getränke gesucht, die *gut* schmecken und auf der anderen Seite welche, die noch *besser* schmecken. Eine eindeutige Abklärung wird sich nicht immer finden lassen, da der Geschmack sehr individuell ist.

**Jacke – Jäckchen**

Der Gebrauch der Verkleinerungsformen „-chen" oder „-lein" bietet sich bei den mannigfachen Puppenspielen an.

Der Erwachsene setzt eine bekleidete Puppe neben ein ebenfalls vollständig angezogenes Kind. Die Kinder sollen die Kleidungsstücke genau anschauen und miteinander vergleichen. Das Kind zieht seine Jacke aus und legt sie in die Kreismitte; der Puppe wird ebenfalls die Jacke ausgezogen und neben die andere Jacke gelegt. Nach dem Aufmerksammachen auf die Größenunterschiede wird die Situation versprachlicht: licht:

„Martin hat (trägt) eine Jacke.
Die Puppe hat ein Jäckchen."

VARIATION:
„Du hast jetzt eine Hose. Früher (Baby) hattest du ein Höschen!"

**Ein Häppchen für das Püppchen.**

Die Kinder füttern ihre Puppenkinder in einer Weise, daß jedes Kind jede Puppe füttert. Dazu werden die Puppen im Kreis auf die Stühle gesetzt. Jedes Kind geht von Puppe zu Puppe, gibt ihm pantomimisch ein Löffelchen Brei und spricht dazu:
„Ein Löffelchen für das Püppchen Ella.
Ein Löffelchen für das Püppchen Monika."

Die Körperspiele werden auf die Puppen übertragen:
„Am Öhrchen zupfen!
Am Näschen rupfen!
Am Bäuchlein krabbeln!"

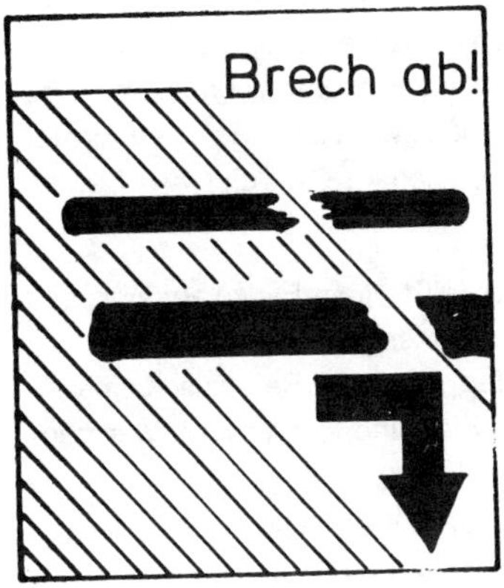


### Brich ab!

Der Erwachsene hat einige Kekse mitgebracht. Sie reichen jedoch nicht für alle Kinder. Wenn jedes Kind einen Teil davon bekommen soll, müssen sie zerteilt werden. Zuerst werden gemeinsame Überlegungen angestellt, wie die Kekse aufgeteilt werden können. Finden die Kinder keinen Lösungsweg, hält der Erwachsene einem Kind einen Keks hin mit der Aufforderung: „Brich ab!"

Dann gibt er jedem zweiten Kind einen Keks mit der Bitte, daß jedes ein anderes Kind zum Abbrechen auffordern möge.

VARIATION:
- Je zwei Kinder erhalten Knetmasse. Ein Kind soll eine lange Wurst rollen und dann das andere Kind auffordern, einen Teil für sich abzubrechen.
- Ein Kind hat eine Tafel Schokolade mitgebracht und möchte sie aufteilen. Es geht zu jedem Mitspieler und fordert ihn auf: „Brich ab!"

### Der Henkel bricht gleich ab!

Der Erwachsene hat ein zartes Papierkörbchen mitgebracht. Er legt einige Rosinen hinein und jedes Kind darf sich eine nehmen. Dann holt er einen schweren Stein und tut so, als ob er ihn hineinlegen möchte.

Reagieren die Kinder nicht in der Weise, daß sie im vorhinein sagen,daß der Henkel abbrechen wird, legt der Erwachsene den Stein wirklich hinein. Ein Malheur passiert. Der Henkel bricht ab. „Oh, was ist jetzt passiert! Schaut! Der Henkel bricht ab. Der Stein ist zu schwer!"

Nun wird das Experiment mit einem zweiten Körbchen wiederholt. Die Kinder sollen im voraus sagen: „Nein, der Henkel bricht gleich ab!"

VARIATION:
Was bricht alles ab?
- Der Erwachsene drückt mit einem Malstift sehr stark auf das Papier. Der Farbstift bricht ab.
- Der Erwachsene biegt ein dünnes Stöckchen, bis es abbricht.

Alle Situationen werden versprachlicht.

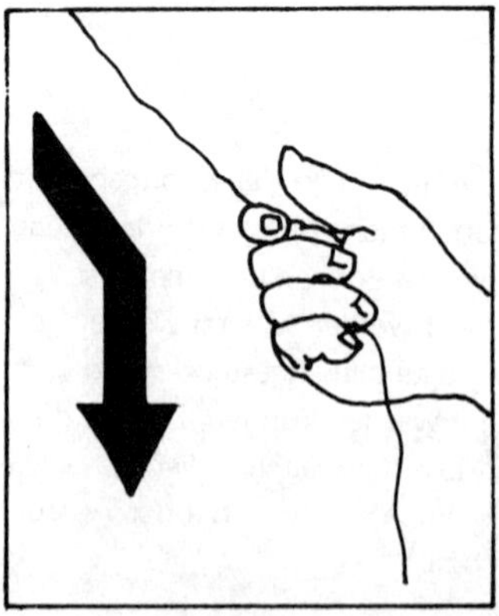

## Peter *reißt* einen Faden *ab!*

Der Erwachsene legt zwei Wollknäuel auf den Tisch. Was ist das? Was wird damit gemacht? Nach einem allgemeinen Gespräch erläutert der Erwachsene das nachfolgende Spiel: „Auf dem Tisch liegen zwei Wollknäuel – ein roter und ein blauer. Jeder reißt sich einen Faden ab!

– „Ah, Peter reißt einen Faden ab! Wer reißt als nächstes einen Faden ab?"
Alle Kinder reißen der Reihe nach einen Faden ab. Ein Kind sagt jeweils, wer den Faden abreißt.

– Jedes Kind bindet seinen Faden um die Stuhllehne. Dann darf Jedes einen beliebigen Faden abreißen. Die anderen Kinder schauen zu und sagen, sobald ihr Faden abgerissen wird: „Peter reißt meinen Faden ab!"

– An der Wand hängt der Abreißkalender. Jeden Morgen darf ein anderes Kind ein Blatt abreißen. Die Situatione wird versprachlicht: „Martin reißt das Blatt ab!"

## Die Flasche *kippt* gleich *um!*

Hohe, schlanke Gegenstände können leicht umkippen. Der Erwachsene arrangiert solch eine Kippsituation. Er stellt eine Plastikflasche so auf die Stuhlkante, daß sie jeden Moment umkippen kann. Er zeigt einen gespannten Gesichtsausdruck, deutet auf die Flasche und ermuntert die Kinder durch Blickkontakt zum Sprechen. „Schaut! Was passiert da gleich? Die Flasche kippt gleich um! Bautz! Jetzt ist es passiert. Ich stelle die Flasche nocheinmal auf die Stuhlkante. Was passiert gleich?"

VARIATION:
Der Erzieher fertigt einige Strichzeichnungen an, auf denen ein Gegenstand gleich umkippen wird (Vase auf Tischkante, Tasse auf schrägem Tablett, Eimer auf Trittkante einer Küchenleiter). Die einzelnen Situationen werden versprachlicht.

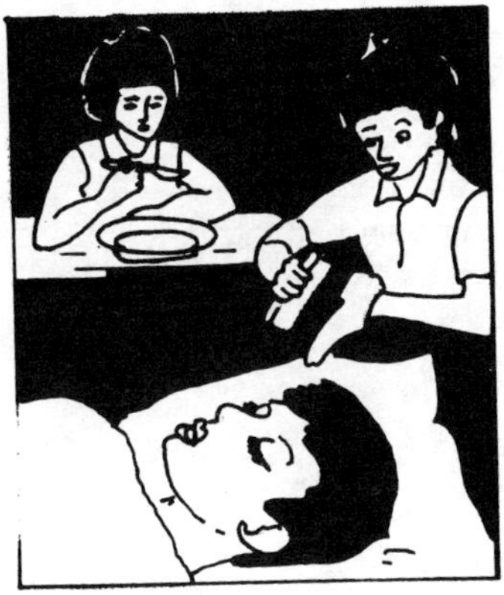

## Was mache ich?

Die Kinder sitzen im Kreis. Der Erwachsene fordert ein Kind auf, sich eine Tätigkeit auszudenken und diese dann vor allen pantomimisch vorzuspielen. Jedes Kind sagt seine Vermutung dem Nachbar ins Ohr. Dann soll das erste Kind sagen, was der Inhalt seiner Pantomime ist.
„Ich male (ein Bild)."
Die Vermutungen werden mit der Aussage verglichen.
Der Reihe nach spielt jedes Kind eine Tätigkeit vor und benennt sie unter Verwendung des persönlichen Fürwortes (1. Person Einzahl)

**Vermittlungshilfe:**
Jedesmal wenn das Kind „ich" sagt, deutet es auf sich selbst.

VARIATION:
Der Erwachsene fragt ein Kind nach dem anderen:
„Du gehst in den Kindergarten. Was machst du dort? . . . .
Du gehst mit der Mutter einkaufen. Was kaufst du ein? . . . .
Du bist am Sonntagnachmittag zu Hause. Was machst du da? . . . .
Das Essen ist noch zu heiß. Was machst du? . . ."

## Was bin ich?

Die Kinder bilden einen Stuhlkreis. Ein Kind wird aufgefordert, eine Tätigkeit pantomimisch darzustellen. Ein zweites Kind stellt sich ebenfalls in den Kreis und soll, während der andere agiert, sagen, was dargestellt wird. Es soll seinen Satz mit „Du" beginnen.
„Du riech*st* (an der Blume)."
Jedes Kind darf einmal raten.

VARIATION:
Was bin ich? Es werden Berufe dargestellt.
„Du bist ein Schneider."
Es werden Tiere dargestellt.
„Du bist ein Elefant."

**Auszählreime:**

Ich und du,
Müllers Kuh.
Müllers Esel,
der bist du.

Eichen, Birken, Buchen,
du muß suchen!

Der Frosch, der hat kein Haus.
Du bist raus!

Es war einmal ein Männchen,
das kroch ins Kaffekännchen,
dann kroch es wieder raus,
du bist aus.

Ein Junge, ein Mädchen,
eine Frau und ein Mann,
ein Hund und ein Kätzchen
und du bist dran!

- **Es regnet**

Der Erwachsene wird die Kinder in gewissen Abständen immer wieder auf das Wetter aufmerksam machen: „Schaut zum Fenster hinaus. Es regnet!"

Bilder, auf denen eine Wetterlage sehr deutlich zu erkennen ist, klebt der Erwachsene entweder auf Einzelkartonstücke oder auf eine größere Schautafel. Diese zeigt er den Kindern und läßt sie dazu sprechen: „Was könnt ihr auf dem Bild sehen? Richtig! Es schneit."

Andere Naturerscheinungen werden besprochen: der Donner und Blitz, der Hagel, der Graupel.

Das unpersönliche Fürwort „es" wird in ein Bewegungspsiel eingebunden. Bei jeder Wetterlage muß ein bestimmter Unterschlupf gefunden werden.
Alle Kinder bewegen sich frei im Raum. Wenn ein zuvor bestimmter Satz ertönt, z.B. „Es regnet", rennen alle zur Tür, wenn es heißt „Es schneit" rennen alle zum Schrank usw.

**Handspiele:**

Mit den Fingern werden alle charakteristischen Geräusche auf der Tischplatte erzeugt. Zum Schluß schlagen die Kinder mit der Faust auf den Tisch.

„Es tröpfelt. Es tröpfelt.
Es regnet. Es regnet.
Es schüttet. Es schüttet.
Es blitzt. Es schlägt ein."

**Verse:**

- Es regnet, es regnet,
  der Kuckuck wird naß!
  Bunt werden die Blumen
  und grün wird das Gras.

- Die Kinder laufen: tripp, trapp, tripp, trapp.
  Es regnet: tropf, tropf, tropf, tripp
  Die Kinder springen: hopp, hopp, hopp, hoppsassa.

- Es fängt an zu tröpfeln,
  es kommt ein Mann mit Äpfeln,
  es fängt an zu regnen,
  es kommt ein Mann mit Wecken,
  es fängt an zu gießen,
  es kommt ein Mann mit Nüssen.

- Es schneielet, es beielet,
  es weht ein kühler Wind,
  es fliegen weiße Vögele
  aufs Mützle jedem Kind.

- Es regnet, es regnet,
  es regnet, was es kann,
  und wenn's genug geregnet hat,
  dann fängt's von vorne an.

- Es regnet, Gott segnet,
  die Erde wird naß.
  Wir sitzen im Trocknen,
  was schadet uns das!

## KOMMUNIKATIONSSPIELE

Die Entwicklung der Kommunikationsfähigkeit – es gibt hierfür keinen deutschen Begriff, der den Inhalt dieses Wortes umfaßt – ist neben der Fähigkeit zur SATZBILDUNG und der ARTIKULATIONSFÄHIGKEIT das dritte Hochziel der Sprachentwicklung der sprachentwicklungsgestörten Kinder.

Genügte es bisher, auf den Gegenstand, der gewünscht und begehrt wird, zu zeigen, hinzudeuten, seinen Namen auszusprechen, so muß sich das Kind schließlich bei fortschreitender Entwicklung auch auf den SPRACHPARTNER einstellen können.

„Das Kind muß abschätzen oder durch Fragen herausfinden, was sein Gegenüber denkt, wie sein Informationsstand ist, welche möglichen Einwände zu erwarten sind und auf welche Argumente der Partner vermutlich anspricht, um so zu entscheiden, WAS es sagt. Es muß aber auch entscheiden, WIE es etwas sagt. Einem Freund gegenüber wird es eine andere Art der Ansprache wählen wie einem Fremden oder später einem Vorgesetzten gegenüber."

Wodurch lernt das Kind dieses „Regelsystem"?
Die Erwachsenen, die diese Fähigkeit besitzen, entscheiden sich hierbei nach ihrem „Sprachgefühl". DEMZUFOLGE IST DIE ENTWICKLUNG DER KOMMUNIKATIONSFÄHIGKEIT NUR IM ZUSAMMENLEBEN (INTERAKTION) MIT ANDEREN MENSCHEN MÖGLICH. Ein bedeutender Kinderpsychologe sagt in diesem Zusammenhang, daß das Kind aus seiner „ichbezogenen Sprache", bei der es zwar andere Kinder anspricht, aber nicht deren Reaktion erwartet, zur „sozialen Sprache", wo es lernt, mit anderen als den vertrauten Bezugspersonen, Gespräche zu führen, finden muß. Die Kommunikationsspiele tragen neben der unmittelbaren Sprachförderung entscheidend zur SOZIALENTWICKLUNG bei. Das Kind lernt Sprache erfolgreich als Kommunikationsmittel anzuwenden.

## Erste Versuche

Der Erwachsene spielt den Kindern mit den Handpuppen ein Kasperstück oder dergleichen vor. Die Kinder sollen mit den Kasperpuppen vertraut werden.

Wer Lust zum Spielen hat, darf sich eine Puppe aussuchen. Der Erwachsene nimmt das Kind etwas zur Seite, zeigt ihm, wie es seine Finger in der Figur des Kaspers bewegen kann kann.

Zuerst nicken sich die beiden Puppen zu, sagen einander „Guten Tag" und „Ja, ja", „Nein, nein", dann klatschen beide in die Hände und spenden Beifall, weil der aufgesagte Kinderreim gar so schön ist.

Nun berühren sich beide Puppen. Die eine streichelt die andere, berührt die Wangen, tippt sachte auf die Schulter oder zeigt auf bestimmte Körperstellen.

Erst zum Schluß, wenn das Kind die Grundbewegungen ausführen, wenn es sich mehr und mehr mit der Puppe identifizieren kann, beginnen die Gespräche und Unterhaltungen der beiden Puppen.

AUF JEDEN FALL SOLLTEN SOLCHE SPIELE UND BEWEGUNGSFOLGEN VERMIEDEN WERDEN, WO DIE PUPPEN NUR AUFEINANDER EINSCHLAGEN UND SICH BESCHIMPFEN!

DER ERWACHSENE SOLL DARAUF ACHTEN, DASS DIE KINDER NICHT SOLCHE PRIMITIVEN HANDLUNGSMUSTER ANWENDEN ODER IN SIE ZURÜCKFALLEN! GEGEBENENFALLS WIRD ER SOLCHE FIGUREN, DIE SOLCH EIN VERHALTEN PROVOZIEREN, VOR DEM SPIEL ENTFERNEN!

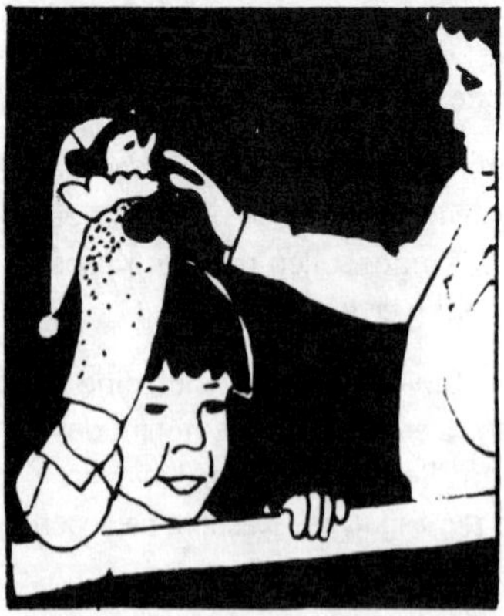

## Alle müssen zum Arzt

Jedes Kind darf sich eine Handpuppe aussuchen. Eine davon ist der Arzt (Doktor). Die Patienten haben die unterschiedlichsten Beschwerden.

„Herr Doktor, ich habe Bauchweh!
Herr Doktor, ich habe Halsweh!"

Der Arzt hört sich alles genau an und gibt dann seine Anweisungen:

„Sie müssen drei Kniebeugen machen, dann ist das Bauchweh weg!"

Die Anweisungen können realitätsbezogen oder phantastisch-lustig sein, das hängt von dem Verständnishorizont und der Spielatmosphäre ab.

VARIATIONEN:

- Eine Puppe ist der Arzt, die andere ein Patient. Vor den anderen Kindern, die im Halbkreis um die beiden Akteure sitzen, wird in Rede und Gegenrede das Stückchen vorgeführt. Die Zuschauer können sich derweil überlegen, welche Art von Dialog sie vorspielen möchten.
- Der Arzt hört mit einem Hörrohr (Stetoskop) die Herztöne des Patienten ab, klopft auf die Kniescheibe und läßt den Patienten mehrmals „Ah" sagen. Zum Schluß streckt ihm der Patient die Zunge heraus.

## Der Kaspar und der Polizist

Der Erwachsene wird in regelmäßigen Abständen oder wenn sich die Gelegenheit gerade anbietet, Puppentheaterstücke in das Spielprogramm mit aufnehmen. Neben der Schulung der Ausdrucks- und Kommunikationsfähigkeit soll damit noch zweierlei erreicht werden:

*Bewältigung von Ängsten:*
Das Kind identifiziert sich mit dem Kasper und besiegt die größten Ungeheuer und die gefährlichsten Räuber.

*Konfliktlösungen suchen und finden:*
Reale Konflikte werden im Spiel vorgelöst. Der Kasper sucht einen Freund. Wie fängt er das an? Welche Möglichkeiten hat er?

*Vorurteile abbauen:*
Petro aus Italien darf nicht mitspielen. Was meint der Kasper und was meinen die Zuschauer dazu?

## TISCHTHEATER

Beim Tischtheater werden anstelle von Kasperpuppen selbstgebastelte Figuren als Sprechhilfen verwendet. Hinter dieser Figur kann sich der Sprecher verstecken und so seine Hemmungen und Ängste überwinden. Er kann sich im Rhythmus seines Sprechens bewegen oder sich gar von den rhytmischen Bewegungen beim Sprechen leiten lassen.

- **Streichholzschachtelkopf**

  Auf eine Streichholzschachtelhülle werden Augen, Nase, Mund und Haare geklebt oder gemalt. Die lustige Figur wird über zwei oder drei Finger einer Hand geschoben und schon kann der rothaarige Franz seine Späße zum besten geben.

- **Zwei Figuren in der Schachtel**

  Diesmal wird nicht die Schachtel, sondern es werden die beiden Fingerkuppen des Zeige- und Mittelfingers angemalt. Beide erhalten je ein Gesicht. Sie werden in die halbgeöffnete Streichholzschachtel geschoben und können als Partner (Max und Moritz), als Geschwister (Brüderchen und Schwesterchen) oder als Gegner (Dieb und Polizist) auftreten.

- **Sprechende Schachtel**

  Auf einen Schachteldeckel, der mindestens zweimal so groß ist wie ein Gesicht, werden Augen, Nase und Haare gemalt. Anstelle des Mundes wird ein Loch herausgeschnitten, das so groß ist, daß ein Kind sein Gesicht hindurch schauen lassen kann. Das Gesicht in der Schachtel kann allerdings drollige und lustige Geschichten und Dinge machen und erzählen.

## Stockpuppen

Um einen Besenstiel wird ein Stück Wellpappe gewickelt. Augen, Nase, Mund und Ohren werden aus dem gleichen oder einem andern Material angeklebt. Der Spieler hält die Stockpuppe in der Hand und bewegt sie im Rhythmus des Sprechens auf und ab, hin und her.

## Fadenfiguren

Die Erwachsene oder die Kinder binden ihren Puppen, Bären, Hampelmännern einen Faden um den Hals, so daß sie sie in der Art einer Marionette auf dem Tisch oder auf dem Boden tanzen und hüpfen lassen können.

Am geeignetsten sind solche Puppen, deren Glieder frei beweglich am Körper befestigt sind. Sie können dann beim Auf- und Niederziehen ihre Arme und Beine im Sprechtakt schlenkern.

## Kartoffelpuppe

Die Kartoffel wird gewaschen und so ausgehölt, daß sie auf den Zeigefinger gesteckt werden kann. Die Augen, der Mund usw. können entweder aus dem Kartoffelfleisch herausgeschnitten oder durch das Hineinstecken von Streichhölzchen, Federn usw. angedeutet werden. Wer möchte, schiebt als Augen zwei Sonnenblumenkerne in zwei Schlitze und steckt dem wunderlichen Kerl Federn als Haarersatz in die Kopfhaut. Zum Schluß wird ein Stück Stoff über den Zeigefinger gelegt und die Figur darübergestülpt. Das Spiel kann beginnen.

## Der verwundete Fuß

Der Erwachsene bittet ein Kind während der Sommerzeit, in der die Kinder barfuß gehen, seinen Strumpf auszuziehen und seinen rechten Fuß auf den Tisch (Unterlage) zu legen.

Es beginnt eine Geschichte: Peter ist im Garten barfuß herumgesprungen. Plötzlich spürt er einen Schmerz an der rechten Fußzehe. Er ist in einen Dorn getreten. Schnell hüpft er auf einem Bein zur Mutter. Die betrachtet sich den Fuß. „Richtig, da ist ja der Dorn," sagt sie. Sie holt . . . . .
Hier an dieser Stelle können sich die Kinder an der Fortführung und Ausschmückung der Geschichte beteiligen. Was holt die Mutter? Was macht sie dann? Wer spielt es vor?

## Die kleine Raupe Nimmersatt

Ausgangspunkt für dieses Kinderspiel ist das Bilderbuch „Die kleine Raupe Nimmersatt".

Eine Raupe frißt sich durch vielerlei Obst durch, verpuppt sich und erscheint wieder als Schmetterling.

Zunächst wird die Raupe aus einem geflochtenen Seil oder aus Papier in der Art einer „Hexentreppe" gebastelt. Damit sie vor den Augen der Kinder über den Tisch kriechen kann, bindet der Erwachsene einen hauchdünnen Faden daran. Die Raupe frißt sich durch das Obst durch, indem sie hinter dem Gegenstand entlanggezogen wird. Die Kinder sprechen zu dem Vorgang:

„Am Montag frißt sie sich durch den Apfel, aber sie ist noch nicht satt.
Am Dienstag frißt sie sich durch die Birne, aber sie ist noch nicht satt."
Am Ende verschwindet die Raupe unter dem Tisch, verpuppt sich und kommt als Schmetterling (Klecksbild, Wäscheklammer mit Flügel) wieder zum Vorschein.

## Blattspiele

Der Erwachsene legt einige bunte Herbstblätter (Papierschnitzel) auf den Tisch und erzählt eine Geschichte:

„Es war ein schöner Herbsttag. Die Blätter spielten im Wind. Sie bildeten einen Kreis (ebenfalls mit den Blättern bilden), stellten sich in einer Reihe auf, ordneten sich zu Paaren und schwebten dann wieder wild durcheinander. Ein kleines noch grünes Blättchen schaute zu und wollte mitspielen. „Nein", sagten die grossen Blätter, „du bist zu klein, du kannst das nicht so schön wie wie. Such dir andere Spielkameraden." Da schaute das kleine Blättchen traurig und sagte: „Warum zeigt ihr mir nicht wie es geht. Ihr seid doch groß!" Da ließen es die großen Blätter mitspielen."

VARIATION:
Der Erwachsene fordert die Kinder zum Nachspielen auf. Der Erwachsene hält an einer Stelle inne und läßt die Kinder übelregen, wie es weitergehen könnte.

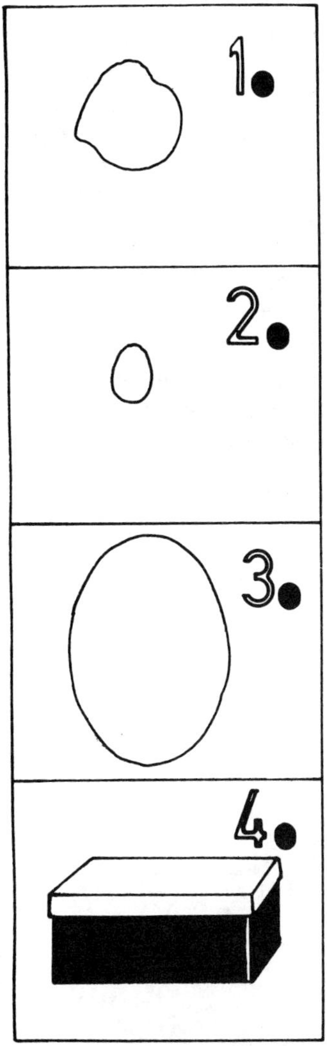


## Das verflixte Ei

Der Erwachsene, später soll das Kind dies nachahmen, malt während er spricht die entsprechenden Gegenstände. Kinder zeigen sehr viel Spaß an solchen Malgeschichten. Vor ihren Augen entstehen wunderliche Gestalten, die das Gehörte noch viel deutlicher und eindringlicher erleben lassen.

BEISPIEL: „Das Ei"

„Vater, mal uns doch ein Ei", bittet und bettelt der kleine Frank. „Ach Vater, das ist doch kein Ei, das ist eine Kartoffel. So sieht kein Ei aus." Der Vater zeichnet ein ganz kleines Ei. „Nein Vater, das Ei ist viel zu klein. Davon werden wir nicht satt." Der Vater malt ein ganz großes Ei. „Ei Vater, dieses Ei können wir doch nicht in unsere Tasche stecken. Das Ei ist viel zu groß." Da malt der Vater eine Schachtel und sagt: „In dieser Schachtel sind viele Eier. Jeder soll das herausnehmen, das ihm gefällt."

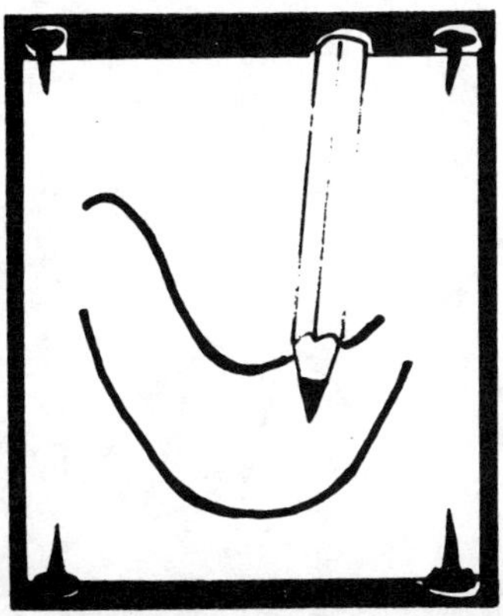

## Was gibt das?

Der Erwachsene zeichnet mit wenigen Strichen eine Figur, die zwar nicht die vollendete Gestalt zeigt, die aber doch erkennen läßt, was daraus entstehen könnte.
„Wer weiß, was das gibt?
Wer möchte weitermalen? "

## Gesichter malen

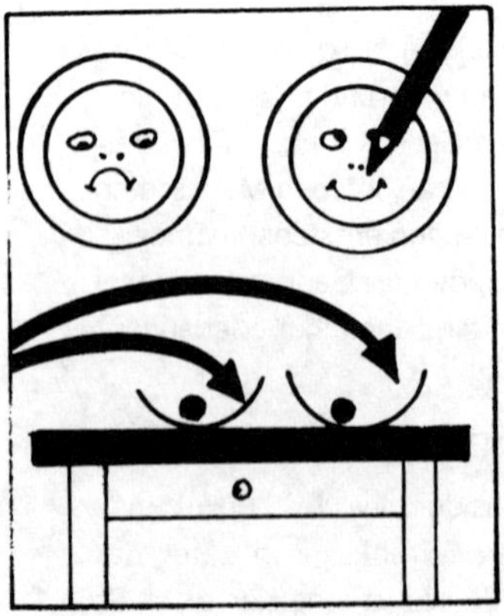

Auf Pappteller werden Gesichter gemalt – lachende, weinende, lustige, traurige, griesgrämige. Wer diese zuerst malt, der Erwachsene oder die Kinder, spielt keine Rolle. Das ergibt sich aus der jeweiligen Situation oder aus dem Maltalent der einzelnen.

Nach der Malaktion wird darüber gesprochen, wer was gemalt hat.

Die Pappgesichter werden auf den Tisch gestellt. Jeder darf drei Steinchen werfen. In welche Gesichter möchte er treffen und in welche hat er getroffen?

Der Mond ist rund,
der Mond ist rund.
Er hat zwei Augen,
Nas und und Mund.

Punkt, Punkt, Komma, Strich,
fertig ist das Mondgesicht.
Und zwei kleine Ohren dran,
und noch einen Bauch daran,
Arme, Beine auch noch dran -
fertig ist der Hampelmann!

Punkt, Punkt, Komma, Strich,
fertig ist das Mondgesicht,
und zwei spitze Ohren,
so wie sie geboren.
Ritze, ratze, ritze, ratze -
fertig ist die Miezekatze!

Gestern ging ich aus dem Haus,
gradwegs in den Wald hinaus.

An dem Weg beim Weitergehen
sah ich manch ein Gräslein stehen.

Wie ich um die Eck tu biegen,
seh ich da was Rundes liegen.

Und auf einmal guckt hervor
hier ein Ohr und da ein Ohr.
Seh zwei Augen, eine Nas,
frage ich: „Was ist denn das?"
Ruft es laut: „Ich bin ein Has!"
Frage ich: „Was machst du denn,
hockst ja da wie eine Henn?"

„Meinem Bub, dem Schreier,
lege ich zwei Ostereier!"

In einer Schüssel liegen
eine Karotte und zwei Mandarinen,
eine Banane und vier Rosinen.
Ein Weinen ist das und Klagen,
nicht zu ertragen.

Was ist da zu tun? Was machen wir?
Die vier Rosinen verspeisen wir.
Die Banane legen wir herum,
und schon ist aller Kummer um.
(frei nach J. Guggenmos)

Einmal kreuz und einmal quer,
ist das nicht 'ne Schneiderscher'?

So geht sie nicht verloren.
Das sind zwei kleine Ohren.

Nun mach ich einen Satz —
ei, ist das nicht 'ne Katz?

Punkt, Punkt, Komma, Strich,
fertig ist das Mondgesicht.
Gleich zwei kleine Ohren dran,
daß es nun auch hören kann.
Kleiner Käse, kugelrund,
gelb und lecker und gesund!
Ei, und Arme wie 'ne Acht,
ist das nicht 'ne wahre Pracht?
Dazu Beine wie 'ne Sechs —
ei, ich glaub, das ist 'ne Hexe!

Punkt, Punkt, Komma, Strich,
fertig ist das Mondgesicht,
und zwei spitze Ohren,
so wird sie geboren.
Ritze, ratze, ritze, ratze —
fertig ist die Miezekatze.

## Der Junge, der seine Suppe nicht essen will

Der Erwachsene bläst einen Luftballon auf und malt oder klebt ein Gesicht darauf. Haare werden aus Wolle oder Papierstreifen angeklebt.

Nun erzählt der Erwachsene die Geschichte vom Suppenkaspar und läßt bei jeder Episode mehr Luft ab, so daß am Ende nur noch ein zusammengeschrumpftes, dünnes Gesichtchen zu sehen ist.

Die Kinder werden an der Geschichte beteiligt. Immer wenn der Junge (morgens, mittags, abends) seine Suppe vorgesetzt bekommt, sprechen die Kinder im Chor:

„Ich esse keine Suppe. Nein!
Ich esse meine Suppe nicht!
Nein, meine Suppe ess' ich nicht!"

VARIATION:
Zwei Kinder spielen die Mutter und den Sohn. Der Sohn möchte keine Suppe essen. Er wird immer dünner (Wangen einziehen), bis er schließlich kraftlos umfällt.

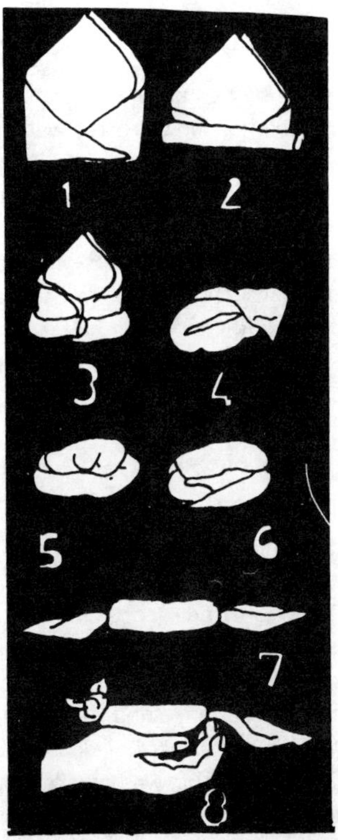


## Taschentuch-Mäuschen

Aus einem Taschentuch kann in kurzer Zeit ein Mäuschen gefaltet werden (Anleitung s. nebenstehende Abbildungen)

Das Mäuschen huscht über den Tisch, über die Köpfe und Arme der Kinder, verschwindet in der Hosentasche und sitzt plötzlich wieder auf dem Regal.

Verse:
Leise, leise, leise,
die Maus geht auf die Reise,
die Katzen geh'n ins Hühnerhaus
und schlecken alle Eier aus.

Der Regen fällt, der Wind tut weh'n,
die Katze wollte mausen geh'n.
Die Maus, die ist ins Loch geschlüpft
und kommt nicht mehr herausgehüpft.

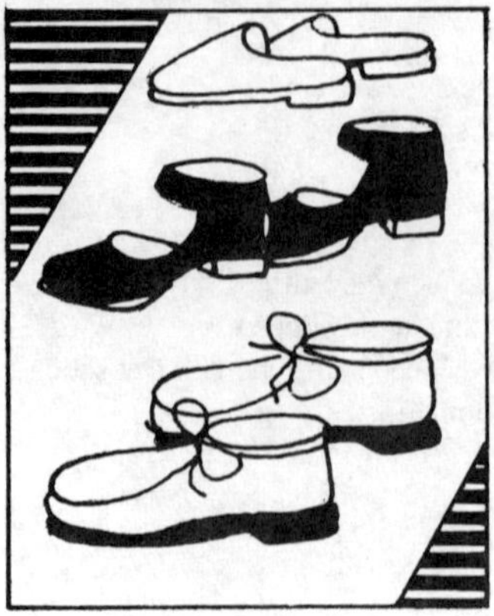

**Schlangenbeschwörer**

Fünf bis sechs Flaschenkorken werden auf einen Faden gezogen und derselbe an einer Pappröhre befestigt. Der Schlangenbeschwörer setzt sich im Schneidersitz vor die Zuschauer, verbeugt sich und beginnt, auf der „Flöte" (Papprohr) zu spielen. Während er den Kopf langsam anhebt, schlängelt sich die Schlange nach oben. Hört er mit der Musik auf, sinkt die Schlange wieder zu Boden. Nach getaner Arbeit sammelt der Schlangenbeschwörer mit einem Hut „Geld" ein.

**Schuhgeschäft**

Jedes Kind bringt einen leeren Karton mit. Die eigenen Schuhe werden fein säuberlich in der Schachtel verpackt und in das Verkaufsregal gestellt. Der Erwachsene geht in das „Schuhgeschäft" und führt eine Art Modellgespräch. Er äußert seinen Wunsch, erkundigt sich nach dem Preis, probiert die Schuhe an und stellt allerhand Fragen. Nun sind die Kinder an der Reihe.

**Die Tante kommt zu Besuch**

Wenn jemand zu Besuch kommt, müssen zuvor allerhand Vorbereitungen getroffen werden. Eine Schlafstelle muß hergerichtet, dann sollte etwas besonders Gutes gekocht oder gebacken und schließlich muß der Tisch gedeckt werden. Wer holt übrigens die Tante vom Bahnhof ab? Dieses Spiel kann auch in mehreren Etappen gespielt werden. Auf diese Weise erhält jeder Mitspieler eine Rolle (Bahnschaffner, Taxifahrer, Tante, Familienangehörige usw.)

**Wir fahren mit der Eisenbahn**

Bei diesem Rollenspiel können alle Kinder mitspielen. Aus Stühlen wird ein ganz langer Zug gebaut. Jeder Reisende geht an die Kasse, verlangt eine Fahrkarte und sucht sich einen Fensterplatz aus. Der Zugschaffner kommt und kontrolliert die Fahrkarten. Zwischendurch bietet ein Kellner Getränke und Wurstbrötchen an. Der Zug hält an verschiedenen Stationen. Bei der Endstation werden alle Reisenden aufgefordert, den Zug zu verlassen.

## Aufträge ausführen

Der Erwachsene bereitet das Spiel vor. Er zeichnet auf eine große Kartonfläche Kreise, klebt Gegenstandbilder hinein und verbindet alle Gegenstandsbereiche untereinander mit Straßen. Er legt den Spielplan auf den Gruppentisch oder auf den Boden, gibt jedem Mitspieler ein Spielzeugauto und verteilt seine Aufträge.

„Peter, fahre zum Boot! Klaus, fahre zum Schirm!"

Jedes Kind erhält einen Auftrag. Es muß zuerst schauen, wo sein Ziel liegt und dann den kürzesten Weg aussuchen. Nach der Einführung darf jedes Kind einmal Spielleiter sein.

## Spielkarten

Aus Katalogen und Reklameschriften schneiden die Kinder Abbildungen eines Sachbereiches aus (Kleidungsstücke, Toilettenartikel, Schuhe usw. und kleben die Bilder auf Bierdeckel oder sonstige Kartonkärtchen.

Spielmöglichkeiten:

- Jedes Kind bekommt gleichviel Karten. Es darf sie eine zeitlang betrachten, dann legen alle ihre Karten offen auf den Tisch und sagen, welche Karten sie haben.
- Es müssen immer vier Karten eines Gegenstandes und so viele Quartette wie Mitspieler vorhanden sein. Jedes Kind muß bestrebt sein, vier gleiche Karten zu bekommen. Dies geschieht dadurch, daß es immer eine Karte an den rechten Nachbar weitergibt und von dem linken eine erhält. Derjenige Spieler, der vier gleiche Karten hat, scheidet aus.

## ARTIKULATIONSSPIELE

Kinder mit schweren Sprachfehlern werden vom Sprachheillehrer oder Logopäden behandelt. Das steht fest und daran sollte nicht gerüttelt werden. Doch gibt es sehr viele Kinder mit leichten Sprachfehlern, die nach Rücksprache bei einem Fachmann durchaus vom Erzieher oder den Eltern mit einigem Geschick und Interesse behandelt werden können. Vor dem Sprechtraining sollten jedoch einige Hinweise beachtet werden.

### Arten der Sprachfehler

– Die größte Gruppe der Kinder mit Sprachfehlern bilden die STAMMLER (Dyslalie). Die können bestimmte Laute oder Lautverbindungen nicht richtig aussprechen oder innerhalb der Sprache nicht richtig anwenden.

Jedes Kind macht in seiner Entwicklung eine Phase des Stammelns durch (duter Daffee, ein doßer Metterling, ein sönes Swein)

BLEIBT DIE FEHLERHAFTE AUSSPRACHE ÜBER DAS 4. LEBENJAHR HINAUS BESTEHEN, HANDELT ES SICH NICHT MEHR UM EIN ENTWICKLUNGSBEDINGTES STAMMELN, SONDERN UM EINE SPRACHSTÖRUNG, DIE BEHANDELT WERDEN MUSS.

Wichtig bei dem Anbieten von fordernden Artikulationsspielen ist, daß ein qualvolles Herumüben, d.h. ein ständiges Vorsprechen und Nachsprechenlassen vermieden wird. Vielmehr ist ein anregendes, durch Gestik und Mimik unterstrichenes, gesamtkörperliches Sprechen mit viel, viel Bewegung notwendig.

– Stotternde Kinder vor dem 4. Lebensjahr dürfen nicht auf ihr Stottern aufmerksam gemacht werden, sonst ist die Gefahr, daß sich das Stottern festsetzt, zu groß. Stotternde Kinder, die älter als 4 Jahre sind, sollten dem Fachmann vorgestellt werden. Doch können die Eltern und Erzieher die Behandlung wesentlich unterstützen und entscheidend beeinflussen.

Unter STOTTERN (Balbuties) versteht man die Störung der fließenden Rede.

Der Schwerpunkt der Beeinflussung und Behandlung liegt immer in rhythmischen Spielen und Übungen. KINDERREIME, KINDERLIEDER, BEWEGUNGSSPIELE, KREISSPIELE, BEI DENEN ES LUSTIG UND HEITER ZUGEHT UND BEI DENEN DAS SPRECHEN MEHR BEGLEITEND IST, STEHEN IM VORDERGRUND.

Andererseits muß alles vermieden werden, wodurch das stotternde Kind unter Leistungsdruck oder in Verlegenheit kommt.

– Die Sprache des POLTERNDEN Kindes ist daran zu erkennen, daß sie verwaschen, undeutlich, überhastet und schlampig ist. Das Hauptziel der Behandlung dieses Sprachfehlers liegt darin, daß die Kinder konzentriert werden. Spiele zum Langsamsprechen, zur deutlichen Aussprache, dem Zergliedern von Wörtern und dem Bewußtmachen der einzelnen Wortteile bestimmen den Ablauf.

DER POLTERER MUSS DURCH SELBSTKONTROLLE ZUR BEHERRSCHUNG SEINER SPRECHFUNKTION GEFÜHRT WERDEN.

Alle Artikulationsspiele müssen getragen werden von dem Bemühen des Erwachsenen, das Kind zur INNEREN RUHE und zu einem gesunden SELBSTBEWUSSTSEIN zu führen. Kinder mit Sprachfehlern stehen immer in Gefahr, von den anderen ausgelacht und isoliert zu werden. Sie verstummen dann, haben Angst vor dem Sprechen. Daher ist das allerwichtigste Anliegen der Sprachförderung:

SPRECHFREUDIGKEIT IST WICHTIGER ALS SPRECHFERTIGKEIT.

## H – Artikulationshilfen

- Der Erwachsene haucht dem Kind seinen warmen Atem auf den Handrücken und ermuntert es zur Nachahmung, indem er die Hand des Kindes an dessen Mund führt.
- Im Winter wird die Fensterscheibe angehaucht, ansonsten hauchen der Erwachsene und das Kind gegen einen Spiegel oder eine verchromte Metallplatte.
- An geeigneter Stelle während eines Spiels fängt der Kaspar zu lachen an: „Hahaha, hahaha." Die Kinder werden aufgefordert, laut mitzulachen.
- Der Erwachsene stellt etwas Schweres mitten in den Raum und bittet die Kinder, ihm beim Wegschieben zu helfen. Damit es leichter geht, rufen alle im Chor: „Hau ruck, hau ruck!"
- Der Erwachsene spielt einen Franzosen, der Deutsch lernen möchte. Er braucht die Hilfe der Kinder, denn er sagt alles falsch: „-eute -abe ich meinen -ut vergessen."
- Wenn ein Kind Geburtstag hat oder zu irgendeinem Sieger erklärt wird, soll es auf einen Stuhl steigen und alle rufen: „Hoch soll er leben! Hoch, hoch, hoch!"

## M, N – Artikulationshilfen

- Der Erwachsene macht sichtbar vor: Auf die Zähne beißen, Lippen schließen und brummend ausatmen (Nasenatmung),

  Zunge fest an den Gaumen drücken und stimmegebend durch die Nase ausatmen.
- Die Kinder tun so, als ob sie Eis leckten, reiben sich vor Wohlbefinden den Bauch und sagen: „M, m, m schmeckt das fein!"
- Tiere werden nachgeahmt:
  „Muh, muh, muh, so macht die Kuh!
  Miau, miau, so schreit die Katze!
  Mäh, mäh, mäh, ich bis so satt,
  ich mag kein einzig Blatt!"

- Ein bekanntes Kinderlied wird auf ‚m' gesummt:

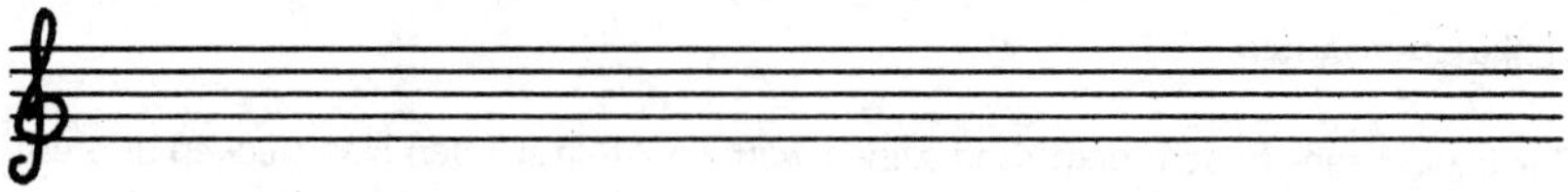

Hänschen klein, ging allein, in die weite Welt hinein.
m m m m mm m m m m m m m

- Lustige Verse, bei denen viele „m" vorkommen:
Meine Mu, meine Mu, meine Mutter schickt mich her,
ob der Ku, ob der Ku, ob der Kuchen fertig wär.
Wenn er no, wenn er no, wenn er noch nicht fertig wär,
käm ich mo, käm ich mo, käm ich morgen wieder her.

- Lieder, in denen im Text viele „M" zu hören und zu singen sind:

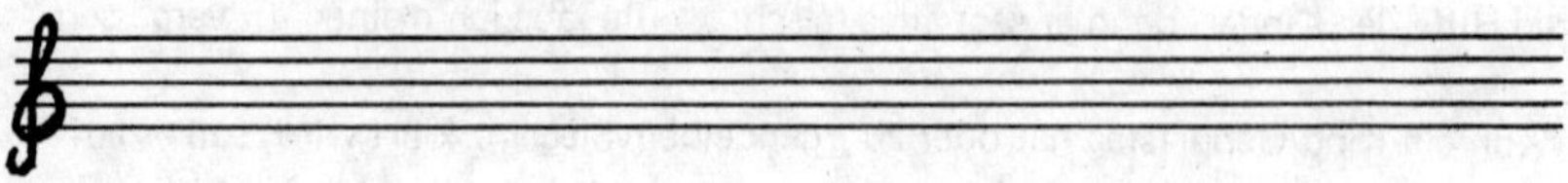

Im Mutters Stübeli, da geht ein hm, hm, hm . . . . . . . . . .

- Der Erwachsene erzählt eine Alltagsgegebenheit, wobei die Namen Nino, Minna und Heino verwendet werden. Der Ausgang der Geschichte wird offen gelassen, so daß die Kinder weitererzählen können.

  Zwischendurch fragt der Erwachsene: Wer hat dieses und jenes gesagt, getan?

- Jedem Laut wird ein bestimmtes Handzeichen zugeordnet (m = flache Hand an die Wangen legen, n = Zeigefinger an einen Nasenflügel legen). Der Erwachsene spricht Wörter, die mit M oder N anfangen und das Kind soll aufgrund des Höreindrucks das entsprechende Lautzeichen ausführen.

  VARIATIONEN:
  Was hörst du bei **M**ama zuerst?
  Zeige, wie **N**ase anfängt!

BEISPIEL EINES MUND–HAND–SYSTEMS
(nach W. Vater in Anlehnung an das PMS nach Schulte)

A. Vokale (linke Hand)

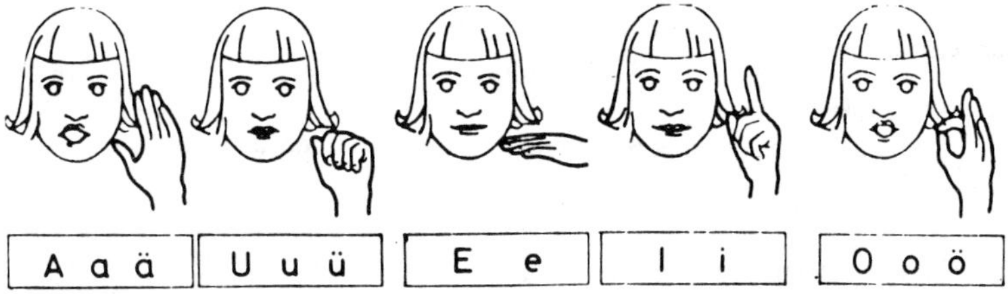


B. Konsonanten (rechte Hand)

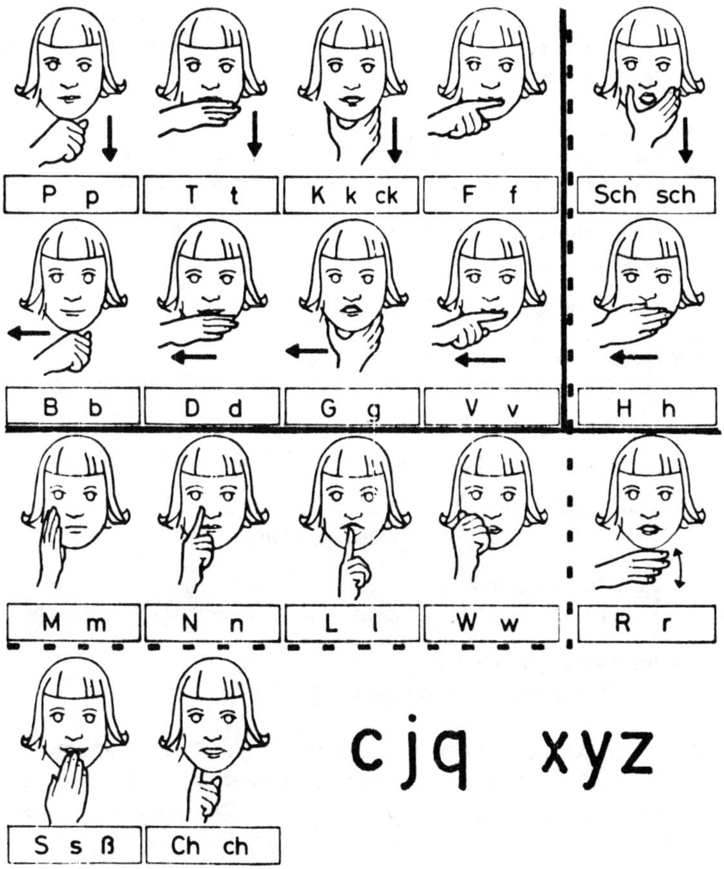

## C. Beschreibung des Mund-Hand-Systems

### a) Selbstlaute:

a, e, i, o, u = Vokale
Handstellung weist auf Mundöffnung und Lippenform hin.

### b) Mitlaute: (Konsonanten):

p, t, k = **Sprenglaute** (Explosive) – nicht stimmhaft
Handführung weist auf das plötzliche Lösen des Verschlusses hin.
Anlegestelle weist auf den Ort des Verschlusses hin.

b, d, g = **Sprenglaute** – stimmhaft
Handführung weist auf den zusätzlichen Einsatz der Stimmlippen (stimmhafte Laute) hin und dient als optisches Unterscheidungsmerkmal bezüglich der harten Sprenglaute.

f, v = **Engelaute** (Frikative)
Handstellung weist auf Ort und Art des Luftaustritts hin.
Handführung dient als optisches Unterscheidungsmerkmal.

w = Handstellung weist auf spürbare Vibrationen hin und dient als optisches Unterscheidungsmerkmal.

ch = Handstellung weist auf Bildungsort hin.

m, n = **Nasenlaute**(Nasale)
Handstellung weist auf die Stelle der spürbaren Vibrationen hin.

s, sch = **Zischlaute** (Sibilanten)
Handstellung weist auf Lippenform und Luftaustrittsart hin.

**h** = **Hauchlaut**
Handstellung weist auf Luftaustrittsart hin.

r = **Zitterlaut** (Vibrant)
Handstellung weist auf Zungenstellung und Zäpfchenbewegung hin.

l = **Seitenengelaut** (Lateral)
Handstellung weist auf Zungenanlegestelle hin.

Das Mund-Hand-System mit seinen einzelnen Lautgebärden darf nur unter dem Aspekt eines zeitlich begrenzten Hilfsmittels gesehen und angewendet werden. Es eignet sich immer dann, wenn Kinder Schwierigkeiten bei der Lautunterscheidung (Diskriminierung) haben und wenn ihnen ein optischer und motorischer Hinweis bei der Lautbildung dienlich ist.

## F – FL – FR – W – ARTIKULATIONSHILFEN

- Der Erwachsene demonstriert: Er beißt mit den beiden oberen Schneidezähnen sachte auf die Unterlippe und bläst stimmlos die Atemluft nach außen. Die Reibung erzeugt den F-Laut.

- Wird beim Blasen noch Stimme (d.h. die Stimmbänder schwingen) dazu gegeben, ist ein W-Laut zu hören.

- Die Kinder rauchen in Gedanken mit den Indianern eine Friedenspfeife und blasen den imaginären Rauch auf „ffff" aus.

- Die ausgeblasene Luft wird auf den Handrücken geleitet. Sie wird dadurch spürbar und kontrollierbar.

- Im Theaterstück muß der Kaspar schwere Arbeit verrichten. Er stöhnt und seufzt dabei „f,f,f". Er bittet die Kinder mit zu seufzen, damit es leichter gehe.

- Jeweisl zwei Kinder spielen „Hund". Sie bellen sich in hohen, tiefen Tonlagen an.

- Der Erwachsene erzählt eine Geschichte, in der so manches unglaubliche und fehlerhafte vorkommt. Die Kinder korrigieren und rufen jedesmal: **„Fehler!"**

- Wörter, die gut zu artikulieren sind: Affe, fein, auf, lauf, Fahne. Sie werden in einfache Sätze eingebaut und häufig verwendet.

- Fingerspiel:
  Mit dem Fingerchen tip, tip, tip
  Mit dem Fäustchen poch, poch, poch.
  Mit dem Zeigefinger klopf, klopf, klopf.
  Mit dem Mittelfinger tack, tack, tack.
  Mit dem Ringfinger klack, klack, klack.

- Vers:
  Fritz, Franz, Friedrerich,
  warum bist du so liederlich?
  Ich heiß ja gar nicht Friederich
  und bin auch gar nicht liederlich.

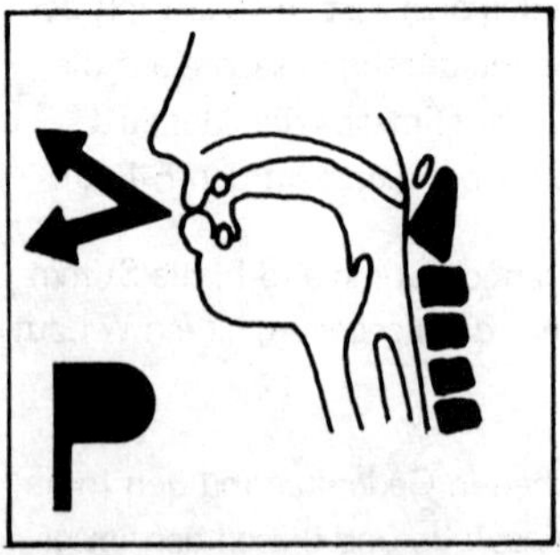

- Das Kind holt tief Luft und staut die Luft im Mundraum. Der Verschluß wird plötzlich gesprengt. Der Erwachsene hält einen Papierstreifen an den Mund des Kindes. Der druckartig ausströmende Luftstrom läßt den Papierstreifen schwingen. Die Laubildung wird sichtbar und kontrollierbar. Außerdem reizt die Bewegung des Papierstreifens zur Nachahmung.

- Ein Tischtennisball wird mit „p" über die Tischplatte geblasen.

  VARIATION:
  Rechts und links der Tischplatte knien zwei Mannschaften. Der Tischtennisball darf nicht über die Tischkante rollen.

- Das Kind soll sich mit dem Zeigefingern beide Ohren zuhalten und abwechselnd „p" und „b" sprechen. Das Schwingen und Vibrieren beim „b" kann deutlich wahrgenommen werden.

  VARIATION:
  Schwingt es bei „Peter"?
  Schwingt es bei „Ball"?
  Wer kann ein Wort sagen, bei dem es schwingt?

- Der Kasper sucht an einer bestimmten Stelle des Theaterstücks den Jäger. Er bittet die Kinder, ihm bei der Suche zu halfen. Zuvor müssen jedoch alle rufen: „Piff, paff, puff. Wo ist der Jäger? "

- Bereitet das Aussprechen der Verbindung „bl" Schwierigkeiten, kann ein Zwischenvokal (zuerst a, dann e) zwischen b und l geschoben werden: balau, belau, blau.

Lied:

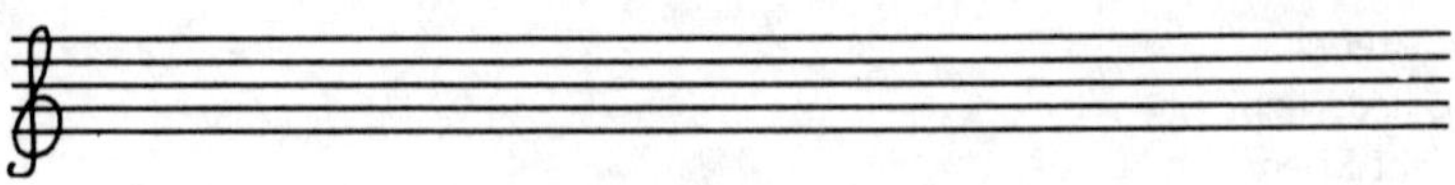

Blau, blau, blau sind alle meine Kleider . . . . . . . . . .

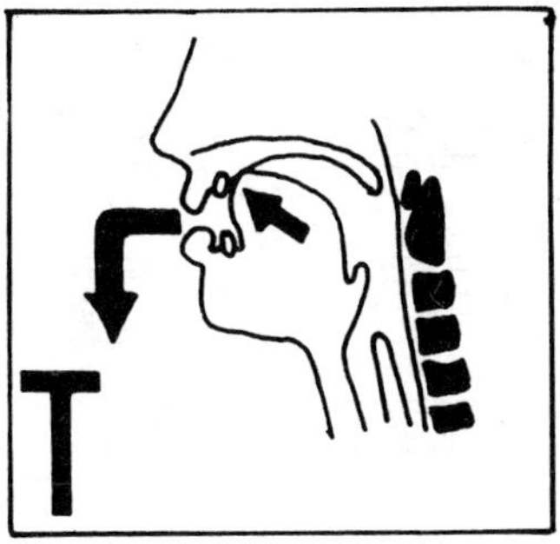


- (D) Das Kind soll, während es auf etwas bestimmt und mit kräftig ausgestreckten Zeigefinger zeigt, ein „d" oder „da!" sprechen.

  Die Angespanntheit und Streckung der Hand wirkt auf die Muskelspannung der Zunge zurück. Sie streckt und spannt sich ebenfalls in Richtung des Gaumens.

- (T) Dem Kind ein „t" auf den Handrücken sprechen. Es spürt den plötzlich und kräftig ausströmenden Luftstrom. Es wird zur Nachahmung aufgefordert.

- Bereitet das Aussprechen des „t" große Schwierigkeiten, soll das Kind seine Zungenspitze an die Oberlippe legen und trocken „spucken" (vormachen). Nach und nach wird die Zunge immer mehr nach hinten in den Mundraum geschoben. Aus dem Lippen-T soll ein Gaumen-T werden.

- Die Zungenwand legt sich hinter den Schneidezähnen an den Gaumen an und läßt keine Luft durchweichen.

- Der Erwachsene rollt aus Papier ein Rohr und spielt mit den Kinder um die Wette Trompete: tä, tä, täteretätä.

- Als Feuerwehrauto durch den Raum fahren und laut rufen: tatütata.

- Mit jedem Laut wird ein bestimmtes Handzeichen verbunden (siehe Abbildung Mund-Hand-System).

  Übungsvariationen:
  - Der Erwachsene spricht den Laut und die Kinder sollen das entsprechende Handzeichen ausführen.
  - Der Erwachsene zeigt Handzeichen und die Kinder sollen den dazugehörigen Laut gut artikuliert aussprechen.
  - Durch Handzeichen sollen die Kinder angeben, ob ein vorgesprochenes Wort mit T oder D anfängt.

- Fingerspiel:
  Das ist der Daumen.
  Der schüttelt die Pflaumen.
  Der hebt sie auf.
  Der trägt sie nach Haus.
  Und der Kleine ißt sie alle alleine auf!

**DIES IST DER VATER**

Worte: Friedrich Fröbel
Weise : mündl. überliefert

- **Mädchen und Bübchen**

Ein kleines Mädchen kommt daher,
geht auf der Straße hin und her.
Da kommt ein Büblein angegangen,
das will das kleine Mädchen fangen.
Das Mädchen rennt geschwind ins Haus
und lacht das kleine Bübchen aus.

Der rechte Zeigefinger ist der Junge, der linke das Mädchen. Der rechte Zeigefinger läuft dem linken nach. Dieser verschwindet und schaut zum Schluß aus der Hosentasche, Jakkentasche usw. heraus.

- **Tänzchen auf:**

Dideldideldum, dideldidelda . . . . .
Heidildel dideldei, heididel dideldum . . . . .
Das „Fränzchen" dreht sich um.

## K – KR – KN – ARTIKULATIONSHILFEN

(K) Das K ist ein nicht einfach zu bildender Laut. Seine Bildungsweise kann von außen nicht eingesehen werden. Mögliche Hilfen sind:

- Zur Unterscheidung von T und K werden beim T-Sprechen die Arme kräftig nach vorn (s. Zungenbewegung) gestoßen und bei K straff und fest nach hinten angewinkelt:

Arme nach vorn: ta, ta, ta – Tante, Tomate, Trompete

Arme nach hinten: ka, ka, ka – Kakao, Kuckuck, Kaffeekanne

- Treten bei der K-Bildung immer noch Schwierigkeiten auf, veranlaßt der Erwachsene das Kind, seine Zunge mit dem Daumen nach hinten oben (vormachen) in Richtung harten Gäumen zu schieben und ein K zu sprechen.

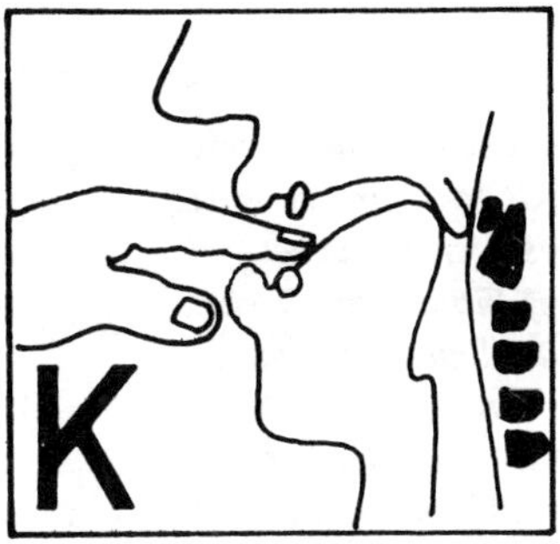


- Spiel mit Bildkarten: Der Erwachsene fordert die Kinder auf, die Bildkarten zu benennen, die sie haben möchten: „Wollt ihr „Kaffee", „Cola" oder „Kuchen" haben? "

- Ein Kind wird zum Kuckuck" erklärt. Es darf sich verstecken. Während die anderen Kinder suchen, rufen sie immer wieder: „Kuckuck, wo bist du? " Der Kuckuck gibt Antwort: „Kuckuck, Kuckuck!"

- Die Kinder spielen „Vater–Mutter–Kind". Eine Puppe liegt in der Wiege und wird geneckt: „Kille, kille, kille, lach ein bißchen, wein ein bißchen!" Oder: „Kille, kille, Kinnchen, kille, kille Näschen, kille, kille Bäckchen!"

- Auf den Verkaufsstand werden lauter Waren, die mit „K" anfangen, hingestellt. Die Kinder kaufen im K-Geschäft ein: Kuchen, Kohl, Kaffee, eine Kanne, einen Koffer usw.

- Rollenspiel: Zwei Kinder spielen Hänsel und Gretel, ein Kind stellt die Hexe dar. Es wird die Szene, bei der die beiden Kinder vom Zuckerdach naschen, dargestellt: „Knusper, Knusper, Knäuschen, wer knuspert an meinem Häuschen? "

- Alle Kinder werden in Frösche verzaubert und stimmen in das allgemeine Froschkonzert mit ein: „Quack, quack, quack!"

- Lied:

Der Kuckuck und der Esel, . . . . . . . . . .

- Sprechvers mit Bewegung:
Große Uhren machen: tick-tack, tick-tack . . .
Kleine Uhren machen: ticke-tacke, ticke-tacke . . .
Taschenuhren machen: ticketacke, ticketacke . . .
Armbanduhren machen: ticketacketicketacke . . .
Puppenuhren machen: ticktickticktick . . .
Zwergenuhren machen: tktktktk . . .

- Fingerspiel: Jeder Finger steht für ein Kaninchen bzw. einen Hund. Der Zeigefinger der rechten Hand deutet während des Sprechens auf die betreffenden Finger.

  Bei dem Text mit den Hunden werden die Hände gewechselt. Jetzt sind die Finger der rechten Hand die Tiere.

**Von Kaninchen und Hunden**

*Denk nur, unser Linchen*
*hat schon fünf Kaninchen!*
*Das erste hat ein Glöckchen um,*
*das zweite springt im Gras herum,*
*das dritte sucht sich Kraut und Klee,*
*das vierte ist so weiß wie Schnee,*
*das fünfte ist noch gar nicht groß,*
*sitzt gern dem Linchen auf dem Schoß.*
*Das sind die fünf Kaninchen*
*von unserm kleinen Linchen!*

*Fünf Hündchen hat der Franz.*
*Eins wedelt mit dem Schwanz.*
*Eins gehet wickel, wackel,*
*das ist des Fränzchens Dackel.*
*Eins ist der Spitz, der brave,*
*der hütet schon die Schafe.*
*Eins hält in dunkler Nacht*
*vor unserm Hause Wacht.*
*Und eins, das braune Kleine,*
*führt Fränzchen an der Leine.*

- Vers: *Ele, mele, mink, mank.*
  *Wo ist denn die Katz' krank?*
  *Hire! (*Auf ein Körperteil zeigen)

- **Die Knibbel-Knabbel-Maus**

*Die graue Knibbel-Knabbel-Maus,*
*die wohnt im Schnippel-Schnappel-Haus.*
*Dorthin trägt sie die Schnippelchen,*
*die Wurst- und Käsestippelchen*
*und läßt ihr Kindchen krabbeln*
*und an den Rindchen knabbeln.*

*Da wächst das Mäusekleine*
*und sucht sich bald alleine*
*die Speck- und Butterstippelchen,*
*die Brot- und Kuchenschnippelchen,*
*wird eine Knibbel-Knabbel-Maus*
*und baut ein Schnippel-Schnappel-Haus.*

- *Wer knabbert alle Knüste an,*
  *wer knabbert Schinkenknochen?*
  *Du alte Kni-Kna-Knabbermaus,*
  *du hast es wohl gerochen!*

## G – GR – NG – ARTIKULATIONSHILFEN

(G) K und G werden gut artikuliert vorgesprochen. Auf die andersartigen akustischen Klangbilder wird hingewiesen. Als zusätzliche Verdeutlichungshilfe wird die flache Hand an den Kehlkopf gelegt. Beim Sprechen des „G" ist ein Schwingen und Vibrieren zu spüren. Die Kinder können ebenfalls ihre Zeigefinger in beiden Ohren stecken und die Laute (G – K) aussprechen. Der akustische Eindruck ist unterschiedlich.

- Bereitet das Aussprechen des „G" allzugroße Schwierigkeiten, soll das Kind seinen Daumen in den Mund stecken (Daumenlutschen) und versuchen, folgende Wörter zu sprechen: Gabel, Gans, Gong, Geige . . . . .

- Allgemeines Begrüßungszeremonienspiel: Die Kinder laufen frei und ungeordnet im Raum umher. Ab und zu bleiben sie stehen und begrüßen sich gegenseitig: „Guten,Tag, Peter! Guten Tag, Claudia!"

- Der Erwachsene legt eine Eßware, die die Kinder gerne essen (Bildkarten zeigen), auf den Tisch und fragt: „Wie schmeckt Schokolade?" Die Kinder reiben sich den Bauch, lecken sich die Lippen und antworten: „Gut!"

  Die Kinder können selbst die von ihnen ausgedachten Dinge erfragen.

- Der Erwachsene legt zwei Papierstücke, ein gelbes und ein grünes, auf den Tisch und erklärt das Spiel. Während sich die Kinder umdrehen, legt er auf das grüne Papier eine Rosine und stülpt über beide Papierstücke einen Topf. Eines der Kinder soll auf einen Topf zeigen und „gelb" oder „grün" sagen. Hat es richtig geraten, bekommt es die Rosine. Jedes Kind kommt an die Reihe.

- Auf Zielscheiben schießen und jedesmal „päng" rufen.

- Verse:
  *Grau, grau Mäuschen,*
  *komm aus deinem Häuschen.*
  *Gibst du nicht dein Butterbrot,*
  *kommt die Katz und beißt dich tot.*

  *Gretel, Pastetel, was machen die Gäns?*
  *Gretel, Pastetel, sie stehen im Wasser und waschen die Schwänz.*
  *Gretel, Pastetel, was macht denn die Kuh?*
  *Sie steht auf der Weide und schreit immer „muh"!*

## S – ARTIKULATIONSHILFEN

(S) Die Kinder liegen entspannt auf dem Rücken und atmen ruhig ein und aus. Das Ausatmen wird hörbar gemacht. Die Kinder beißen die auf Zähne, ziehen einen breiten Lachmund und bilden „hsss, hsss." Ist das „hs" eingeübt, wird ein Vokal (a, o, u, e, i) davor gesetzt (ahss). Das „h" wird im Laufe der Übungsfolgen ganz weggelassen.

- Zwei Kinder stehen sich, einen Stuhl in der Mitte, gegenüber. Sie reichen sich die rechte Hand und sagen: „ss – ss – ss".

- Die Kinder stehen im Kreis. Jedes Kind soll sich der Reihe nach vorstellen. „Ich heiße . . . Ich heiße . . ."

- Die Kinder sind die Bienen und fliegen summend mit ausgebreiteten Armen im Zimmer umher: „sm, sm".

- Fragen stellen:
  Was ist alles weiß? ———— Die Hose ist weiß.
  Was ist alles heiß? ———— Die Tasse ist heiß.
  Was ist alles sauer? ———— Die Soße ist sauer.
  Was ist alles süß? ———— Die Sahne ist süß.

- Ein Kind ist der Zauberer. Es hat einen Gegenstand hinter seinem Rücken versteckt und zaubert ihn mit viel Geheimnistuerei hervor. „Simsaladim! Weiße Socken, schwarze Socken, schwarze Strümpfe. Kommt herbei ihr guten Schlümpfe! Simsaladim!"

- Lieder:

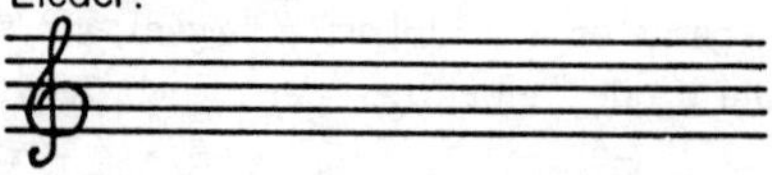

Summ, summ, summ . . . . . . . .

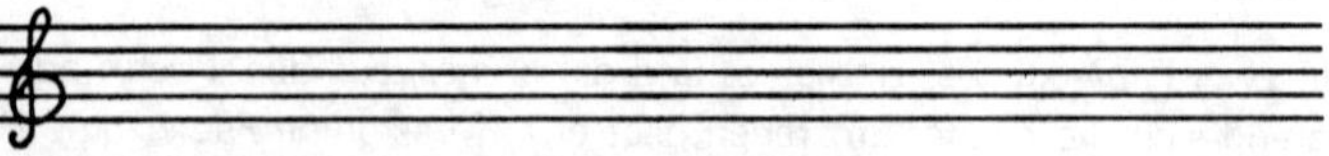

Auf einem Baum ein Kuckuck – simsaladim . . . . . .

- Verse:

*Wo tut's weh?*
*Hol ein bißchen Schnee,*
*hol ein bißchen kühlen Wind,*
*dann vergeht es ganz geschwind!*

*Wo tut's weh?*
*Trink ein Schlückchen Tee,*
*iß ein' Löffel Haferberi,*
*morgen ist es längst vorbei!*

- *Heile, heile Segen!*
*Drei Tage Regen,*
*drei Tage Sonnenschein,*
*dann wird's wieder besser sein.*

*Heile, heile Segen!*
*Sieben Tage Regen,*
*sieben Tage Schnee:*
*Es tut mir nimmer weh.*

*Heile, heile Kätzchen!*
*Kätzchen hat vier Tätzchen.*
*Vier Tätzchen und 'nen langen Schwanz:*
*Morgen ist alles wieder ganz.*

- **Schwitzkur**

Püppchen, ach, du bist so blaß,
sag mir doch nur: Fehlt dir was?
Komm, du wirst ins Bett gesteckt,
reingeschlüpft und zugedeckt!

Wart, ich koch dem armen Püppchen
rasch ein süßes Hafersüppchen.
Hinterher wird dir dann nützen
eine Tasse Tee zum Schwitzen.

Bleib im Bett und sei schön brav
wie im Stall das kleine Schaf.
Wenn ich dich am Abend hol',
bist du wieder pudelwohl!

**Paul Schick**
**Herold Verlag**

- Ich frag' die Maus:
„Wo ist dein Haus?"
Die Maus erwiedert mir:
„Sag's nicht der Katz', so sag' ich's dir:
Treppauf, treppab, erst rechts, dann links,
dann wieder rechts und dann geradeaus –
da ist mein Haus.
Die Tür ist klein, und trittst du ein,
vergiß nicht, dich zu bücken!"

**Johannes Trojan**

## SCH – ARTIKULATIONSHILFEN

(Sch) Das Kind spricht ein gut artikuliertes „s" und schiebt während des Sprechens die Lippen zu einem Schnütchen nach vorn (vormachen).

- Der Kaspar erzählt eine Geschichte, bei der ein Junge an allen Fahrrädern das Ventil des Fahrradschlauches öffnet: Beim ersten macht es „tsch", beim zweiten macht es . . . . . Die Kinder sollen das „tschschsch" langgedehnt sprechen.

- Die Kinder stehen hintereinander, fassen sich an den Schultern und spielen „Eisenbahn".
  „Sch – sch – sch, die Eisenbahn.
  Sch – sch – sch, die schnauft gar sehr.
  Sch – sch – sch, da kommt sie schon.
  Sch – sch – sch, jetzt fährt sie fort."

- Alle Hände liegen ruhig auf der Tischplatte. Ein Kind kreist mit seiner flachen Hand darüber hinweg und spricht: „Ich hab' gefischt, ich hab' gefischt, ich hab' die ganze Nacht gefischt und hab' noch keinen Fisch erwischt!"

  Bei „erwischt" saust seine Hand nieder und versucht einen „Fisch" zu erwischen.

- Verse:
  ***Husch, husch, husch,***
  ***die Katze ist im Busch.***

  ***Zisch, zisch, zisch,***
  ***der Tischler hobelt glatt den Tisch.***

- Fingerspiele: Die Hände werden mit den Fingerspitzen gegeneinandergestellt. Die Daumen bleiben frei beweglich. Sie stellen das Tor und die beiden Schweinchen dar.

***Schweinchen Fett und Schweinchen Dick***
***bleiben heut' allein zurück,***
***hinterm Tore warten sie***
***auf ihr Futter: Kommt es nie?***
***Schweinchen Fett und Schweinchen Dick***
***recken sich ein ganzes Stück***
***hinterm Tore in die Höh.***
***„Noch kein Futter da? O weh!"***
***Schweinchen Fett und Schweinchen Dick***
***ziehen traurig sich zurück.***
***Doch da öffnet sich das Tor,***
***und sie rennen schnell hervor,***
***laufen rasch zur Troge hin.***
***Plumps, da liegen beide drin!***

Zeile 1– 4: Daumen bleiben hinter dem Tor.
Zeile 5– 8: Daumen recken sich langsam in die Höhe und schauen schließlich über das Tor hinaus.
Zeile 9–10: Daumen ziehen sich wieder zurück.
Zeile 11–13: Hände werden aneinandergelegt.
Zeile 14: Daumen fallen in die trogähnlich geformten Handflächen.

## L – ARTIKULATIONSHILFEN

(L) Das Kind selbst oder der Erwachsene drücken mit dem Zeigefinger kräftig in die Mitte der Nasen-Lippen-Furche. Gleichzeitig soll das Kind ein „L" sagen. Druck erzeugt Gegendruck. Die Zunge drückt sich dem Druckpunkt entgegen, d.h. sie wölbt sich nach oben.

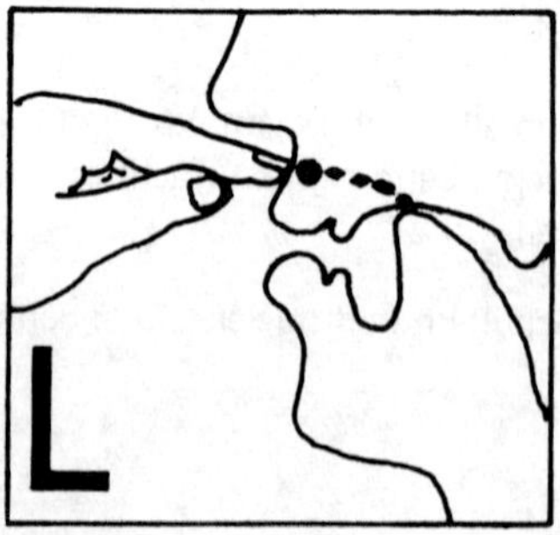


- Treten trotzdem beim Aussprechen des „L" Schwierigkeiten auf, legt das Kind den vorderen Zungensaum (vormachen) an die Oberlippe an und zieht sie langsam zurück, bis sie leicht am Gaumen anliegt.
- Der Vorhang des Kaspertheaters geht auf und der Kasper erscheint singend: „Tritra trallalla, d Kaspar, der ist wieder da!" Er fordert die Kinder zum Mitsingen auf. Der Reim wird einige Male durchgesungen.

- Allerlei Fragen:

  – Was ist alt? Der Mann ist alt!
  Was ist kalt? Die Limo ist kalt!

  – Was macht kling-kling? Die Glocke!
  Was macht klapp-klapp? Die Klapper!
  Was macht ring-ring? Die Klingel!

  – Welche Schlüssel kennst Du? Hausschlüssel, Kellerschlüssel, Garagenschlüssel, Briefkastenschlüssel, Schrankschlüssel, Kofferschlüssel, usw.

- Verse:

  – *Mahle, Müller, mahle,*
  *mahle mir mein Mehl.*

  – *Kling, klang, Gloria!*
  *Kling, klang, klapp!*
  *Klitsche, klatsche, naß!*

  – *Ilse, Bilse,*
  *niemand will'se.*
  *Kam der Koch,*
  *nahm sie doch.*

  – *Liebe, liebe Sonne*
  *komm ein bißchen runter.*
  *Laß den Regen droben,*
  *dann wollen wir dich loben.*
  *Einer schließ den Himmel auf,*
  *kommt die liebe Sonn'heraus.*

- Handspiel: Die Zeige- und der Mittelfinger der rechten Hand werden als Schneckenfühler weggestreckt, die anderen Finger sind zur Faust geschlossen. Die linke Faust liegt als Schneckenhaus auf dem rechten Handrücken.

*Ei wie langsam, ei wie langsam*
*kommt die Schneck von Ihrem Fleck!*
*Sieben lange Tage braucht sie*
*von einem Eck ins and're Eck!*

*Ei wie langsam, ei wie langsam*
*kommt die Schneck im Gras daher!*
*Potz, da würd' ich anders laufen,*
*wenn ich so ein Schnecklein wär.*

*In unserem Garten kriecht die Schnecke*
*und kommt ganz langsam nur vom Flecke.*
*Sie hat die Fühler ausgestreckt.-*
*Oh weh, jetzt hat sie mich entdeckt!*
*Sie zieht vor Schreck die Fühler ein*
*und kriecht ins Schneckenhaus hinein.*

| | |
|---|---|
| Zeile 1– 6: | Hand bewegt sich langsam über die Tischplatte. |
| Zeile 7– 8: | Mit flachen Händen knallend auf die Tischplatte schlagen. |
| Zeile 9–14: | Die Schnecke kriecht langsam über den Tisch. Bei Zeile 12 zieht sie die ausgestreckten Fühler ein. |

## R – ARTIKULATIONSHILFEN

( R ) Das „R" ist einer der schwierigsten Laute. Es kann an verschiedenen Stellen im Mundraum gebildet werden:

Lippen – R ( Kutscher R – Brrrr)
Zungen – R ( Zunge zittert im vorderen Mundbereich)
Rachen – R ( Zäpfchen schwingt im hinteren Mundbereich)

- Das Rachen–R ist die verbreitetste Bildungsform. Bei Schwierigkeiten der Bildungsweise bewegt das Kind seinen Kopf nach hinten über und gurgelt. Langsam neigt es, während es weiter gurgelt, seinen Kopf wieder nach vorn.

- Die Kinder spielen Hund und Katze. Die Katze faucht den Hund an: „chrr, chrr! "

- Sprechen wie ein Baby: „erre, erre, erre! "

- Rasseln wie ein Wecker: „ r, r, r! "

- Ein Kind darf einen Grobian spielen. Es kommandiert die anderen Kinder herum, indem es sie sie einmal aus dem Zimmer jagt und dann wieder hereinholt: „ Raus!" und „ Rein!"

● Verse:

– *Ri ra rutsch,*
*wir fahren mit der Kutsch,*
*wir fahren mit der Schneckenpost,*
*wo es keinen Pfennig kost.*
*Ri ra rutsch,*
*wir fahren mit der Kutsch.*

– *Regen, Regen, Tropfen,*
*alte Weiber kopfen,*
*hopfen in den Brunnenstein,*
*kommen nimmer trocken heim.*

*Regen, Regen, Tröpfchen,*
*fall ' mir auf mein Köpfchen!*
*Fall mir nicht daneben,*
*dann soll ich lange leben.*

● Lieder:

2. Knackt die Schale, springt der Kern,
Weihnachtsnüsse eß ich gern!
Komm bald wieder in dies Haus,
guter alter Nikolaus!

**Worte: Albert Sergel**
**Weise: Liselotte Rockel**
**aus: Liselotte Rockel „Das Liedernest"**
**Fidula Verlag, Boppard/Rhein**

## STOTTERN

Bei stotternden Kindern soll der Schwerpunkt des spielerischen Umgangs auf dem rhythmischen Geschehen liegen. Alle von Bewegung begleiteten Sprachspiele bieten sich an:

- Entspannungsübungen
- Kreisspiele
- Kinderreime
- Kinderlieder
- Tanzspiele

Es ist alles zu vermeiden, was das Kind in Erregung setzen kann, es in Verlegenheit bringt oder was es unter Druck stellt. Jede emotionale Belastung drückt sich in der Sprechweise wieder aus.

Stotternde Kinder dürfen nie wegen ihres Stotterns getadelt werden. Auch soll nicht ständig an ihnen herumkorrigiert und herumgedoktert werden. Vielmehr soll versucht werden, das Kind beim Sprechen abzulenken. Dies geschieht, indem es beispielsweise auf die das Sprechen begleitende Bewegung oder den Mund konzentriert wird.

## MEIN AUTO

2. Die Bremse los, der Motor heult,
den Winker raus, der Wagen eilt
mal links herum, mal rechts herum.
Macht Platz! Tüt tüt, brumm brumm!

3. Der Schutzmann winkt mir mit der Hand:
Fahr immer rechts am Straßenrand!
Fahr rechts auch um die Kurven rum!
Fahr rechts! Tüt tüt, brumm brumm!

**Worte: Rolf Heerdt, Weise: Richard Rudolf Klein, aus: Willkommen lieber Tag, Band 2**
**Verlag Moritz Diesterweg, Frankfurt/Main, Berlin, München.**
**Worte aus: „Gedichte für Kinder", hrsg. von Fritz Bachmann, Herbert Chiout und Roland Diehl**
**Hirschgraben-Verlag, Frankfurt/Main, 5. Auflage 1962**

Die Kinder nehmen einen Reif in die Hand und „fahren" damit im Zimmer umher. Ein Kind ist der Schutzmann, steht in der Mitte des Raumes und regelt mit den Armen den Verkehr. Die entsprechenden Geräusche werden (Aufheulen des Motors, Bremse lösen usw.) nachgeahmt.

## „MEIN WAGEN HAT VIER RÄDER"

2. Mein Wagen hat 'ne Deichsel, 'ne Deichsel hat mein Wagen,
rolle rolle rummerjan, das wollt' ich euch bloß sagen.

3. Mein Wagen hat ein Pferdchen, ein Pferdchen hat mein Wagen,
rolle rolle rummerjan, das wollt' ich euch bloß sagen.

4. Mein Wagen fährt nach Potsdam, nach Potsdam fährt mein Wagen,
rolle rolle rummerjan, das wollt' ich euch bloß sagen.

5. Und wer mit mir nach Potsdam will in meinem neuen Wagen,
rolle rolle rummerjan, der braucht es nur zu sagen.

**Worte: Paula Dehmel, Weise: Hermann Schutt**
**Aus: „Mein Wagen hat vier Räder", Verlag D. Rather, Hamburg – London**

## Fahren und fliegen

### EISENBAHN

Worte und Weise: volkstümlich

Die Kinder bilden einen Kreis und singen das Eisenbahnlied. Ein Kind geht als „Lok" prustend und schnaubend (sch, sch, sch) entgegen dem Uhrzeigersinn außerhalb des Kreises und tippt beim letzten „mit" einem Mitspieler auf die Schulter. Dieser hängt sich an die Lokomotive an und der zweite Durchgang beginnt.

### WENN ICH DOCH EIN FLIEGER WÄR

Mündlich überliefert

Mit Ausnahme des Fliegers gehen alle Kinder im Kreis. Der Flieger geht mit ausgebreiteten Armen in entgegengesetzter Richtung. Bei „Tag, ihr Leut' " bleibt er stehen und verbeugt sich vor allen an ihm vorbeigehenden Spielkameraden. Wird das letzte „surr" gesprochen, darf das Kind, vor dem er sich gerade verneigt, beim nächsten Durchgang der Flieger sein.

## Osterhasenlied

### OSTERHASENRUF

Worte und Weise: Karl Foltz
Aus: Karl Foltz, „Hörst Du nicht den feinen Ton?", Möseler Verlag, Wolfenbüttel und Zürich

● Tra ri ro,
der Sommer, der is' do!
Wir wollen 'naus in Garten
und woll'n des Sommers warten.
Tra ri ro,
der Sommer, der is' do.

Tra ri ro,
der Sommer, der is' do!
der Winter liegt gefangen,
den schlagen wir mit Stangen.
Tra ri ro,
der Sommer, der is' do.

● **BLEIB EIN WEILCHEN UNTERSTEHN**

Worte: Wilhelm Bender, aus: Wilhelm Bender, „Unsere Katz heißt Mohrle"
Mit freundlicher Genehmigung des Richard-Kaun-Musikverlages, München

2. Bleib ein Weilchen unterstehn! Der Regen wird vorübergehn.
Sonne kommt gezogen, malt den Regenbogen.
Bleib ein Weilchen unterstehn! Der Regen wird vorübergehn!

● **DER REGEN FÄLLT IN LAUB UND GRAS**

2. Doch: Regen, der im Sommer fällt, läßt fröhlich wachsen alle Welt!
Pitsche pitsche ....
3. Drum regne nur, was regnen will: Was wachsen möchte, hält fein still!
Pitsche pitsche ....

Worte und Weise: Karl Foltz
Aus: Karl Foltz, „Hörst Du nicht den feinen Ton?", Möseler Verlag, Wolfenbüttel und Zürich

● Tra ri ro,
der Sommer, der is' do!
Wir wünschen dem Herren
einen goldnen Tisch,
auf jeder Eck
einen gebacknen Fisch

und mitten hinein
drei Kannen voll Wein,
daß er dabei kann fröhlich sein.
Tra ri ro,
der Sommer, der is' do.

## DER HERBST IST DA

2. Der Herbst, der Herbst, der Herbst ist da!
Er bringt uns Obst, hei hussassa!
Macht die Blätter bunter,
wirft die Äpfel runter.
Heia hussassa, der Herbst ist da!

3. Der Herbst, der Herbst, der Herbst ist da!
Er bringt uns Wein, hei hussassa!
Nüsse auf den Teller,
Birnen in den Keller.
Heia hussassa, der Herbst ist da!

4. Der Herbst, der Herbst, der Herbst ist da!
Er bringt uns Spaß, hei hussassa!
Rüttelt an den Zweigen,
läßt die Drachen steigen.
Heia hussassa, der Herbst ist da!

**Text und Melodie: Hans R. Francke**
**Aus: Heinz Lemmermann, „Die Zugabe", Band 1, Fidula Verlag, Boppard/Rhein**

Die zum Text passenden Bewegungen werden pantomimisch ausgeführt:

| | | |
|---|---|---|
| Er bringt uns Wind | → | Blasen |
| Schüttelt ab die Blätter | → | Die Kinder schütteln sich |
| Macht die Blätter bunter | → | Arme emporheben |
| Wirft die Äpfel runter | → | Erhobene Arme lassen etwas fallen |
| Nüsse auf dem Teller | → | Mit Zeigefinger kreisende Bewegungen im Handteller |
| Birnen in den Keller | → | Gebeugt Sack tragen |
| Rüttelt an den Zweigen | → | Mit beiden Händen etwas rütteln |
| Läßt die Drachen steigen | → | Mit erhobenen Arm rückwärts laufen |

## Novembernebel

### ● NEBEL

Worte: F. A. Blumau, Weise: Richard Rudolph Klein
Aus: R. R. Klein, „Kinderlieder und Reime"
Fidula Verlag, Boppard/Rhein

Während der sehr getragenen Singweise laufen die Kinder leise und verhalten mit ausgebreiteten Armen umher. Sie bücken sich und strecken sich dann wieder, so daß eine schwingende, wellenförmige Körperbewegung zustande kommt.

### ● IM NEBEL

Alter Kinderreim
Quelle: Grete Hahn, „Lied und Spiel"
Schroedel Verlag, Hannover

Die Kinder stehen während des Singens, bewegen jedoch ihren Oberkörper rhythmisch vor und zurück.
Bei „schwing dich auf zum Gebel" öffnen sie ihre Arme weit, bei „schwing dich auf zur Himmelstür" strecken sie den Oberkörper so weit es geht.
Schließlich holen sie mit den ausgebreiteten Händen die Sonne vom Firmament zu sich her oder sie schieben die Wolken weg und erblicken freudestrahlend die Sonne.

## Schnee, Schnee, Schnee

Worte: Margarete Schmaus
Weise: volkstümliches Motiv
aus: Marg. Schmaus „Die Bildungsarbeit der Kindergärtnerin"
Verlag für Jugend und Volk, Wien

– Während des Singens oder rhythmischen Sprechens steigt die Stimmstärke an. Das Stapfen durch den kniehohen Schnee wird pantomimisch angedeutet, ebenfalls daß der Schnee bis zur Nasenspitze und bis zur Zipfelmütze reicht.

– Während des Singens zeigen die im Kreis stehenden Kinder die verschiedenen Schneehöhen mit den Händen an.

## Schlittenfahrt

B (gesprochen):
Ganz alleine fahr ich nicht, da nehm' ich mir den ........ mit!

mündlich überliefert

Die Kinder stehen in einem weiten Kreis und singen den Teil A des Schlittenfahrtliedes. Zwei Mitwpieler gehen im Uhrzeigersinn im Innenteil des Kreises. Sie sprechen den Teil B und schlagen bei „mit" das ihnen nächststehende Kind ab. Zu viert ziehen sie weiter. Auf diese Weise wird vermieden, daß die Kinder zu lange warten müssen, bis sie an die Reihe kommen.

## HEI, SO TREIBEN WIR DEN WINTER AUS

2. Wir schlagen in das alte Stroh,
da brennt der Winter lichterloh.
3. Wir stürzen ihn vom Berg zu Tal,
auf daß er sich zu Tode fall.

Worte und Weise: Cesar Bresgen
Aus: „Trariro"
Voggenreiter-Verlag, Bonn-Bad Godesberg

Mit aus alten Zeitungen zusammengerollten „Schlagstöcken" in der Hand gehen die Kinder während des Singens um einen alten Stuhl herum und schlagen abwechselnd auf ihn ein. Zum Schluß werfen sie den Stuhl um und führen einen Freudentanz auf.

## WINTER ADE

2. Winter ade! Scheiden tut weh.
Gehst du nicht bald nach Haus, lacht dich der Kuckuck aus.
Winter ade! Scheiden tut weh.

Worte: Hoffmann v. Fallersleben
Weise: volkstümlich

Die Kinder gehen ein Taschentusch schwenkend langsam umher. Ab und zu wischen sie sich zum Scheine die Tränen ab. Bei der letzten Strophe machen sie zum Winter „Ätsch!".

## GUTEN MORGEN, HERR BÄCKER!

2. Das Brot, das ist lecker,
und ich bin der Bäcker.
Das Mehl aus dem Trog,
das back' ich zu Brot.
Guten Morgen, guten Morgen!

3. Das Korn sät der Bauer.
Der Bauer hat's sauer.
Er arbeit' von früh
und hat seine Müh'.
Guten Morgen, guten Morgen!

4. Drum sollt ihr beim Essen
nicht die Arbeit vergessen,
die Müh' und die Not
nur um ein Stück Brot.
Guten Morgen, guten Morgen!

Worte: Max Barthel, Weise: Wilhelm Bender
aus: W. Bender „Unsre Katz heißt Mohrle",
Richard Kaun Verlag, Regensburg

Je zwei Kinder stehen sich gegenüber. Das eine Kind ist der Einkäufer, der andere der Bäcker. Jeder singt seine Strophe, soweit dies möglich ist, verbeugt sich vor dem anderen und führt die charakteristischen Handbewegungen aus.

## DIE MARKTFRAU

R. R. Klein „Die Marktfrau"
aus: „Kinder musizieren Heft 7"
Fidula-Verlag, 5407 Boppard, Rhein.

Die Kinder laufen auf einem abgegrenzten Raum auf und ab und preisen pantomimisch ihre Waren an.

## „ACH, LIEBER SCHUSTER DU“

**Worte und Weise: aus Pommern**

– Die Kinder gehen im Kreise um den in der Mitte knienden Schuster und halten ihm abwechseln die Füße hin.

– Der Schuster kniet in der Mitte des Kreises. Die übrigen Kinder stehen paarweise zusammen, einen Fuß auf das Knie des Partners gesetzt. Während Teil A gesungen wird, führen die knieenden Kinder pantomimisch die Bewegungen des Schusters aus. Bei Teil B des Liedes fassen sich die Kinder an den Händen und drehen sich tanzend im Kreis.

## DER SCHORNSTEINFEGER

**2. Mein Gesicht ist schwarz wie Kohle**
**von dem Scheitel bis zur Sohle,**
**und mein Herz ist frisch und frei**
**bei der Schornsteinfegerei.**

**3. Tralalala . . . . . .**

**Worte und Weise: volkstümlich in Berlin**

Die Kinder bilden einen Kreis. Zwei Kinder geben sich die Hände, halten die Arme hoch und bilden ein Tor. Der Schornsteinfeger mit dem schwarzen Hut stellt sich ins Tor und ruft: „Hi, ha, ho, habt ihr schon gehört? Morgen wird gekehrt.“

Die Kinder gehen im Kreis und singen die Strophen. Der Schonrsteinfeger geht immer in umgekehrter Richtung und führt die zum Text passenden Handlungen aus.

**MARMELADE, SCHOKOLADE**

2. Weiße Knöpfe, schwarze Knöpfe, Bänder für die Schuh'.
   Garn und Faden gibt's im Laden, greifen Sie nur zu!

3. Vogelfutter, Markenbutter, Mehl und Fett und Grieß,
   große Gurken, kleine Gurken, sauer oder süß!

4. Tag, Herr Seemann! Tag, Frau Lehmann! Womit kann ich dienen?
   Meine Eier sind nicht teuer, die empfehl ich Ihnen!

5. Grüne Seife, gelbe Seife, Ata und Persil!
   Kommen Sie und kaufen Sie! Es kostet gar nicht viel!

6. Geben Sie mir diese Wurst hier und ein viertel Quark!
   Gern geschehen! Handumdrehen! Kostet eine Mark!

7. So geht's weiter, keck und heiter, bis der Tag vorbei!
   Noch im Bette um die Wette rufen alle drei:

8. und 9. wie 1. und 2.

Worte: James Krüss
aus: Der wohltemperierte Leierkasten;
Sigbert Mohn Verlag, Gütersloh
Weise: Jutta Kegeler

Der Vorsänger, in der Regel wird es aufgrund des langen Textes ein Erwachsener sein, steht vor einem Marktstand und preist singend seine Waren an. Zwei Kinder stehen als Kunden davor.

Die übrigen Kinder gehen mit tänzelnden Bewegungen um den Marktstand herum.

## SCHIMMEL, WILLST DU LAUFEN

2. Eile, Schimmel, eile – oder Du kriegst Keile.
   Heißa, lauf nach Hindustan, da kaufe ich Dir Marzipan!
   Laufe nach Kap Morgenrot, da kauf' ich Dir ein Dreierbrot!
   Brrr, brrr, brrr!

3. wie 1.

Worte: Paula Dehmel
Weise: Karl Foltz
aus: Karl Foltz, „Hörst Du nicht den feinen Ton?"
Möseler Verlag, Wolfenbüttel und Zürich

## HOPP, HOPP, HOPP

Worte : mündl. überliefert
Weise : Ingeborg Nitsche

Die Kinder schieben einen Stecken zwischen die Beine und reiten singend umher.

## UNSERE KATZ HEISST MOHRLE

Wort und Weise: Wilhelm Bender
Verlag Schott's Söhne, Mainz

Während des Singens deuten die Kinder auf die entsprechenden Körperteile oder führen die charakteristischen Bewegungen aus.

## ICH HEISSE ALEXANDER

2. Ich wohn' in einer Hütte, die ist für mich gemacht,
bewache meine Herrschaft bei Tag und in der Nacht.
Bewache Mann und Kind und Frau, wau-wau.

3. Ich keife und ich belle in fließendem Wuwu.
Und kommt ein böser Räuber, dann schnapp ich einfach zu.
Mein Biß ist scharf, mein Kopf ist schlau. Wau-wau.

4. Eins kann ich nicht vertragen. Das ist der rote Mond.
Er ist mir zu unheimlich. Das bin ich nicht gewohnt.
Er ist ein Kerl, dem ich nicht trau. Wau-wau.

5. Doch ist der Mond, der rote, nur selten voll und rund.
Drum bin ich meist ein froher, friedlicher Schäferhund.
Ich leb auch ohne Kind und Frau sehr gut, wau-wau! Wau-wau!

Worte: James Krüss
aus: Der wohltemperierte Leierkasten, Sigbert Mohn Verlag, Gütersloh
Weise: Lore Rieck

Der Erwachsene trägt das Lied als „Vorsänger" der Kinderschar vor. Wer will und kann, darf mitsingen. Bei „Wau-wau" singen alle mit.

## ELEFANTENLIED

Worte und Weise: Karl Foltz
aus: Karl Foltz, „Hörst Du nicht den feinen Ton?"
Möseler Verlag, Wolfenbüttel und Zürich

Pantomimische Mitbewegungen:

1. „kommt gerannt" → mit Finger den Arm hinaufrennen
2. „langer Rüssel" → Arme über Kreuz legen, mit einer Hand Nase anfassen, den anderen Arm als Rüssel nach unten hängen lassen
3. „aus dem Haus" → Arm schräg gestellt über Kopf halten
4. „keinen Schlüssel" → Bewegung des Türaufschließens
5. „armer Elefant" → Hand an Wange legen, trauriges Gesicht machen
6. „Zucker von mir" → Zucker in Mund nehmen und frohes, lachendes Gesicht machen.

## POLTERN

### A. Sprachspiele, bei denen die Sprechweise verändert wird

- Langsames, deutliches Nachsprechen (Auswahl):
  - Große Krebse krabbeln im Kraut.
  - Die Katze tritt die Treppe krumm.
  - Kein kleines Kind kann kleine Kirschkerne knacken.
  - Hundert Hasen hopsen stolz über hundert Hecken.
    Hinter hundert Haufen Holz woll'n sie sich verstecken.
  - Des Schneiders Schere schneidet scharf, scharf schneidet des Schneiders Schere.
  - Der Lokomotivführer lenkt die Lokomotive.
  - Schwitzend schweißt der Schweißer den zischenden Stahl.
  - Bierbrauer Brandt braut bitteres braunes Bier.
  - Klaus Krell, der Krabbenfischer, klettert auf seinen kleinen Krabbenkutter.
  - Fischers Fritze fischte frische Fische,
    frische Fische fischte Fischers Fritze.
  - Im strengen Winter streut der Hauswart Streibel stets Streusalz.

- Abwechseln schnell und langsam sprechen

  Der Junge rennt den Berg hinunter." ⟶ schnell sprechen

  „Der Alte keucht die Treppe herauf." ⟶ langsam sprechen

- Laut – leise sprechen

  „Zum Donnerwetter, jetzt habe ich es
  euch schon zum drittenmal gesagt!" ⟶ laut sprechen

  „Komm, du kleines Mäuselein, komm
  nur schnell zur Tür herein." ⟶ leise sprechen

- Fröhlich – weinerlich sprechen

  „Morgen werd ich Kirschen pflücken." ⟶ fröhlich sprechen

  „Mein Zahn tut weh! Oh weh, oh weh!
  Ich glaub', ich muß zum Zahnarzt geh'n," ⟶ weinerlich sprechen

## B. Wörter zergliedern

- Namen ergänzen:
  ,,Wie heißt das Kind neben dir? Man . . . . ?

- Ich sage den ersten Teil des Wortes.
  Wer sagt den zweiten Teil? Sonnen . . . . ?

- Genau zuhören und nachsprechen, und zwar so langgezogen wie es nur geht.
  ,,Wooo iisst deer Wweerrnneerr? ''

- Bei ,,P'' wird in die Hände geklatscht
  Jedesmal wenn die Kinder ein ,,P'' hören, sollen sie in die Hände klatschen
  ,,**P**eter und **P**aul **p**lantschen im Wasser.''

## C. Reime ergänzen

Was nicht rauh ist, das ist glatt,
wer nicht hungrig ist, ist . . . . . .

Was nicht dünn ist, das ist dick,
wer nicht Pech hat, der hat . . . . . .

Was nicht groß ist, das ist klein,
was nicht schmutzig ist, ist . . . . . .

Was nicht hart ist, das ist weich,
wer nicht arm ist, der ist . . . . . .

Was nicht warm ist, das ist kalt,
wer nicht jung ist, der ist . . . . . .

Was nicht schmal ist, das ist breit,
was nicht eng ist, das ist . . . . . .

Was nicht grad ist, das ist krumm,
wer nicht schlau ist, der ist . . . . . .

Was nicht dunkel ist, ist hell,
was nicht langsam geht, geht . . . . . .

Was nicht gut ist, das ist schlecht,
was nicht falsch ist, das ist . . . . . .

Was nicht groß ist, das ist fein,
wer's nicht raten will, läßt's . . . . . .

– Wer fängt die Maus mit einem Satz?
  Das ist unsere fleißige . . . . . .

– Vom Himmel fällt's, tut sich nicht weh, ist weiß und kalt,
  es ist der . . . . . .

– Wer ist der Mann, er näht auch Kleider?
  Erratet's schnell, es ist der . . . . . .

## ZEICHNEN UND SPRECHEN (Auswahl)

Beim „Sprechzeichnen" dient die Bewegung gleichsam als Wegbereiter für das Sprechen. Durch Tun und Handeln, durch das rhythmische Bewegungsempfinden am eigenen und mit dem eigenen Leib werden einerseits die Ausdruckswilligkeit und andererseits die Gestaltungskraft wesentlich gesteigert. Es ist geradezu, als ob die Sprache in der Bewegungserfahrung erst ihren Schwung erhält, sich noch einmal selbst zu entdecken.

„DIE SPRACHE IST WIE DIE MUSIK, AUS DER BEWEGUNG ENTSTANDEN, DAHER KÖNNEN AUCH BEIDE NUR VOM KÖRPER HER BEGRIFFEN UND ERWORBEN WERDEN (Feudel)".

Auf diese elementare Kraft sollte bei den Sprechhilfen entwicklungsgestörter Kinder nicht verzichtet werden.

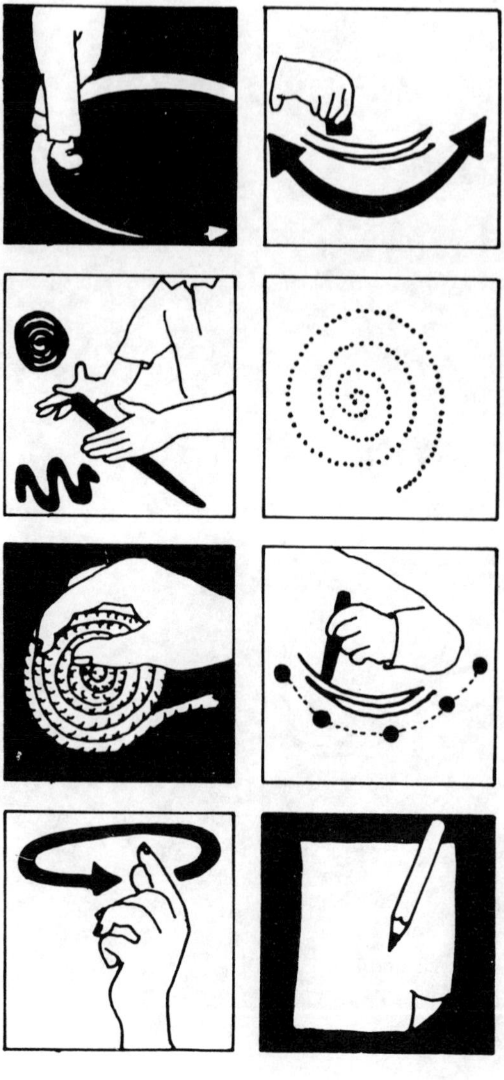

Auswirkungen auf die Gesamtheit des Kindes:

- Die Atmung wird vertieft und rhythmisiert.
- Die Urbewegung erleichtert und bahnt die Sprechbewegung vor.
- Das Kind wird vom Sprachvorgang abgelenkt. Störungen des Redeflusses treten daher nicht auf.

Die nachfolgend beschriebenen Bewegungs- und Sprechspiele beginnen mit der Bewegung des Körpers in Großbewegungen (z. B. Abgehen einer Form) und konzentrieren sich mehr und mehr auf die Kleinbewegungen.

**A. Sensibilisierung der Hand**
Falten, kneten, reißen, Fingerspiele, Geschicklichkeitsspiele

**B. Freies und gelenktes Schwingen und Sprechen**
Arme pendeln lassen, Senkrecht-Waagrecht-Bewegungen, kreisende Formen, Schwungformen, Zick-Zack-Linien, Dreiecksformen

**C. Bewegung und Spur**
Formen nachfahren (pendeln), punktierte Spiral- und andere Formen nachspuren, von Punkt zu Punkt mit Distanzvergrößerung fahren, freies Kritzeln

jeder ryhthmische Armbewegung wird mit einem Vers verbunden oder
Jeder Vers wird mit einer rhythmischen Armbewegung verbunden.
Die Spiele in der Art des Sprechzeichnens stellen eine Auswahl dar.

**Warum, warum, warum**
**ist die Banane krumm?**

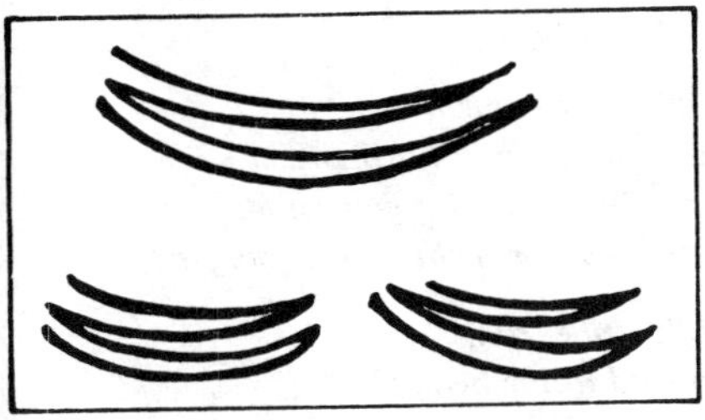

**Kind zeichnet in der Luft**
**bananenförmige Bogen**

*Kindlein mein,*
*schlaf doch ein,*
*weil die Sternlein kommen.*
*Und der Mond*
*kommt auch schon*
*wieder angeschwommen.*
*Eia, Wieglein,*
*Wieglein mein,*
*schlaf, mein Kindlein,*
*schlaf doch ein!*
(Volksgut)

*Eia, Eia, Wiegenkind,*
*um das Haus, da saust der Wind.*
*Sandmann kommt zum Tor herein,*
*huckepack sein Säckelein.*
*Ach, ich glaub', es ist zerrissen,*
*denn mein Kind hat niesen müssen*
*und die Augen fallen zu*
*schlaf nur, schlaf in guter Ruh.*
(F. Emmer)

*Sieben kleine weiße Ziegen*
*sehen unser Kindchen liegen;*
*sieben Ziegen sind gekommen,*
*habens's Kindchen aufgenommen;*
*sieben Ziegen sagen: Bäh!*
*Tut dem Kindchen nicht mehr weh.*

*Leise, Peterle, leise,*
*der Mond geht auf die Reise,*
*er hat sein weißes Pferd gezäumt,*
*das geht so still, als ob es träumt,*
*leise, Peterle, leise.*

*Stille Peterle, stille,*
*der Mond hat eine Brille,*
*ein graues Wölckchen schob' sich vor*
*das sitzt ihm grad auf Nas' und Ohr*
*stille, Peterle, stille.*

**Ja, wenn die Banane gerade wär,**
**dann wär sie keine Banane mehr.**

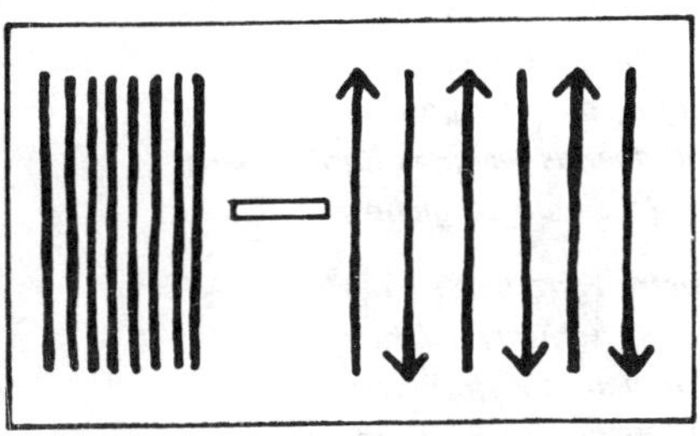

**Kind zeichnet während des Sprechens**
**gerade Striche in die Luft.**

*Der Affe hat zwei Hände,*
*zwei Beine hat er auch.*
*Das Schwein hat große Ohren*
*und einen runden Bauch.*
*Das Schaf hat krause Haare,*
*zwei Augen hat die Kuh,*
*ein Plappermaul der Papagei*
*– und all das hast auch du.*
1. Strophe (E. Recklin)

*Mückchen, Mückchen, Dünnebein,*
*Mückchen, laß das Stechen sein,*
*Stechen tut ja weh!*
*Mückchen, Mückchen weißt du was?*
*Beiß doch in das grüne Gras,*
*beiß doch in den Klee.*
(P. Dehmel)

## LIRUM, LARUM, LÖFFELSTIEL . . .

**Während des Sprechens zeichnet das Kind große Kreise auf ein auf dem Boden liegendes Packpapier**

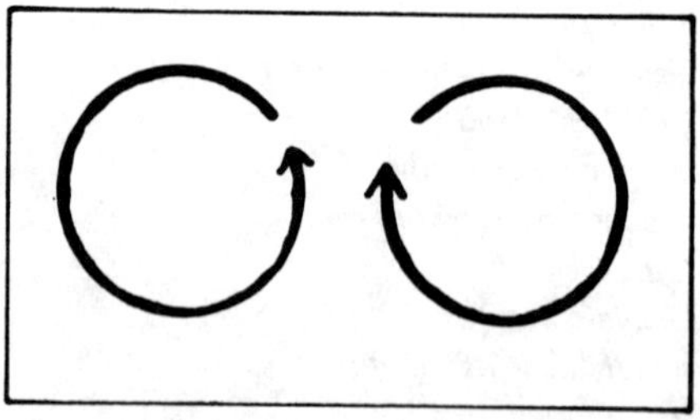

● *Schni – Schna – Schneider,*
*ich brauche neue Kleider,*
*die alten, die sind mir zu klein,*
*die neuen müssen größer sein.*
*Drum mach' mir neue Kleider,*
*du lieber Schni-Schna-Schneider.*

(Ch. Süßmann)

● *Rulle, rulle, rumpf,*
*wo ist denn mein Strumpf?*
*Such ihn schon den ganzen Morgen,*
*kannst du mir nicht deinen borgen?*

*Rulle, rulle, ruh,*
*wo sind meine Schuh?*
*Kann doch nicht so spielen gehn,*
*hat sie denn kein Mensch gesehn?*

*Rulle, rulle, Röschen,*
*wo sind meine Höschen?*
*Kann doch nicht so spielen gehn,*
*hat sie denn kein Mensch gesehn?*

*Rulle, rulle racke,*
*wo ist meine Jacke?*
*Sagt mir nur, was soll ich machen?*
*Nirgends find ich meine Sachen*

(H. Schick)

## DIDEL–DIDEL–DEI . . . . . . . . . . .

**Mit Aufschwung beginnen**

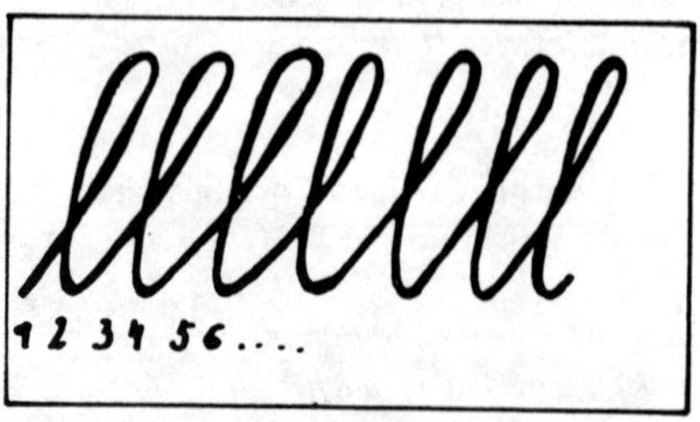


● *Guten Tag, Herr Gärtnersmann,*
*haben Sie Lavendel,*
*Rosmarien und Thymian*
*und ein wenig Quendel?*

*Ja, Madam, das haben wir*
*drunten in dem Garten,*
*möcht Madam so freundlich sein*
*und ein wenig warten.*

(Volksgut)

● *Unsere Katz heißt Mohrle,*
*hat ein schwarzes Ohrle,*
*har ein schwarzes Fell,*
*und wenn es was zu schlecken gibt,*
*dann ist sie gleich zur Stell.*

*Unsere Katz heißt Mohrle,*
*hat ein schwarzes Ohrle,*
*Augen, die sind grün,*
*und abends wenn es dunkel wird,*
*fangen sie an zu glühn.*

*Unsere Katz heißt Mohrle,*
*hat ein schwarzes Ohrle,*
*Pfötchen, die sind weich,*
*und wenn das Kind im Schlafe liegt,*
*schnurrt sie durch ihr Reich.*

(W. Bender)

Auf und ab und immerzu,
fließt die Welle ohne Ruh'

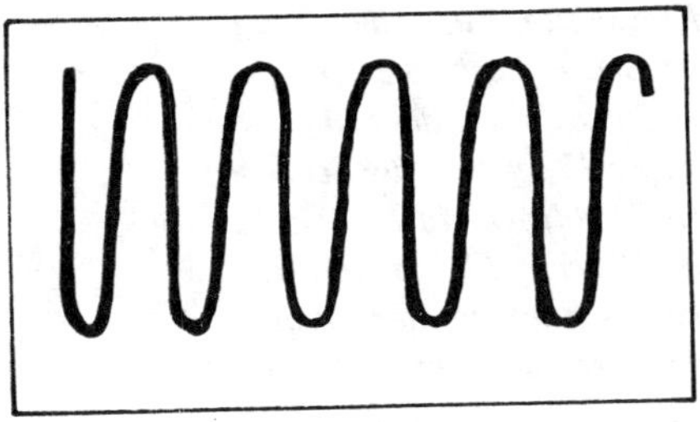

**Rhythmische, wellenförmige Bewegung (Luftmalen)**

● *Drei Enten schwinmen auf dem See*
*dickele dackele dei,*
*der einen tut der Schnabel weh,*
*dickele dackele dei,*
*die zweite hat ein schlimmes Bein,*
*dickele dackele dei,*
*die dritte will erkältet sein,*
*dickele dackele dei,*
*sie weinen sehr und klagen: ach,*
*dickele dackele dei,*
*wie groß ist unser Ungemach,*
*dickele dackele dei.*

(G. B. Vogt)

Wau, wau, wau! Der Fuchs, der ist im Bau.
Hol ihn schnell heraus, sonst ist alles aus!

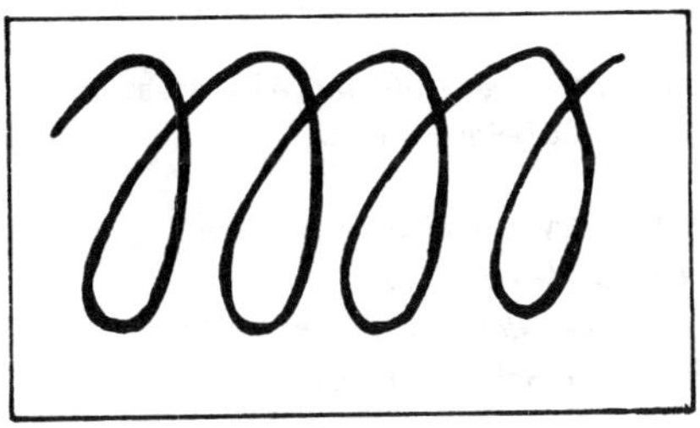

● *Erst kommt der Sonnenkäferpapa,*
*dann kommt die Sonnenkäfermama*
*und hintendrein, so winzig klein,*
*die Sonnenkäferkinderlein.*

*Sie haben rote Röcklein an*
*mit kleinen schwarzen Punkten dran*
*und machen ihren Sonntagsgang*
*die ganze Gartenbank entlang.*

(unbekannt)

**Mit Abwärtsbewegung beginnen (Stoßrichtung nach unten)**

● *Grau, grau, Mäuschen,*
*bleib in deinem Häuschen,*
*Frißt du mir mein Butterbrot,*
*kommt die Katz' und beißt dich tot.*

● *Dackel, warum*
*sind deine Beine krumm?*
*Frag nicht so dumm!*
*Lauf doch einmal so herum*
*von früh bis spät*
*mit Lies' und Gret'*
*und noch gar auf die Jagd,*
*und dann wird gefragt so dumm:*
*Dackel, warum*
*sind deine Beine so krumm?*

● *Was machen denn die Mäuschen*
*daheim in ihrem Häuschen?*
*Sie tanzen einen Mausetanz*
*um einen alten Katzenschwanz.*

*Was machen denn die Schweinchen*
*mit ihren krummen Beinchen?*
*Sie laufen von der Mutter weg*
*und wälzen sich im dicksten Dreck.*

(F.A. Blumenau)

**Glocken klingen wunderschön.**
**Woll'n sie nochmal hören.**

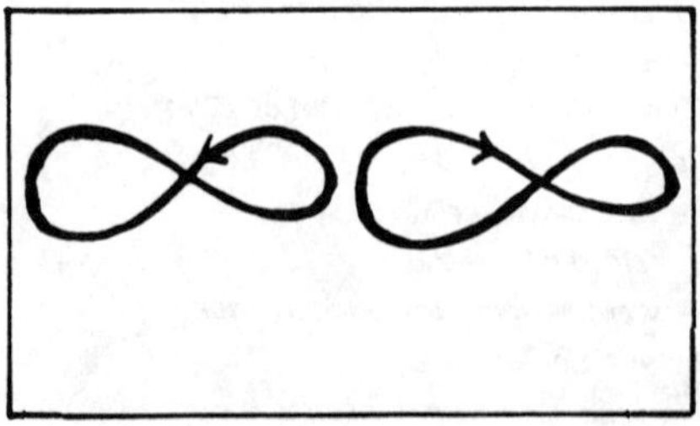

**Form der liegenden Acht mit Armen nachformen**

- *Der Schneider macht die Kleider,*
*der Schuster macht die Schuh',*
*der Bäcker backt die Brote,*
*der Bauer melkt die Kuh,*
*der Schlosser feilt die Schlüssel,*
*der Tischler macht den Tisch,*
*der Müller mahlt die Körner,*
*der Fischer fängt den Fisch.*
*Wer aber gar nichts tun will,*
*der ist ein fauler Wicht.*

(A. Sixtus)

- *Es tanzt ein Bibabutzemann*
*in unserm Haus herum.*
*Er rüttelt sich, er schüttelt sich,*
*er wirft sein Säcklein hinter sich.*
*Es tanzt ein Bibabutzemann*
*in unserm Haus herum.*

(Volksgut)

**Zicke–zacke, zicke–zacke,**
**Heu, heu, heu!**

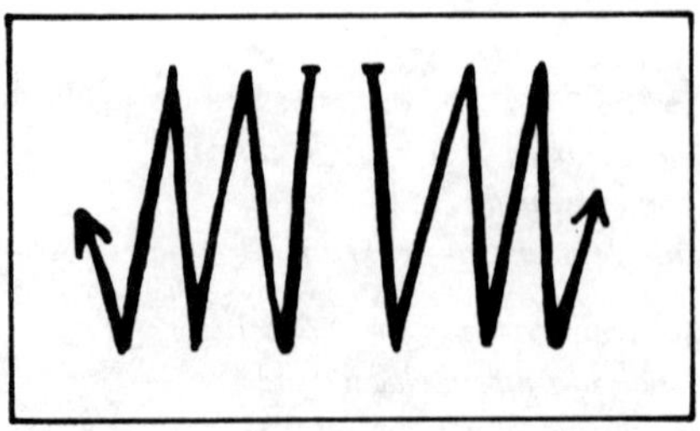

**Scharfe, zackige Auf- und Abwärtsbewegungen mit beiden Armen**

- *Ich kenn zwei kleine Fensterlein*
*in einem kleinen Haus,*
*draus guckt den lieben ganzen Tag*
*ein kleiner Schelm heraus.*

*Doch abends, wenn es dunkel wird*
*und alles geht zur Ruh,*
*dann macht geschwind der kleine Schelm*
*die Fensterläden zu.*

(G.Ch. Dieffenbach)

- *Eine Katze, ritze, ratze*
*jagte eine Maus.*
*Doch das Mäuschen*
*sprang ins Häuschen*
*lachte sie dort aus.*

*Das Mäuschen – vor Tor!*
*kam wieder hervor.*
*Und – Schwaps,*
*– mit einem Satz*
*hat es*
*die Katz*

(Aus dem Tschechischen)

1, 2, 3, 4 – 1, 2, 3, 4 . . . . .

Mit beiden Händen im Rhythmus des Sprechens dirigieren

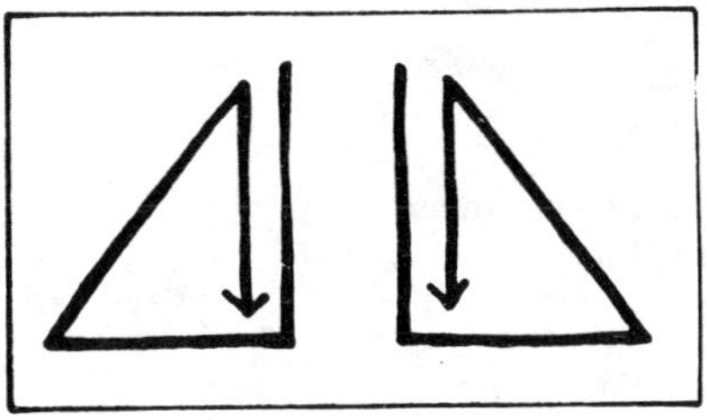

- *Kikeriki! Kikeriki!*
  *Ruft der Gockel in der Früh.*
  *Alle Vögel werden wach,*
  *auf den Bäumen, unterm Dach.*
  *Kikeriki! Kikeriki!*

  *Kikeriki! Kikeriki!*
  *Ruft der Gockel in der Früh.*
  *Weckt den „Peter" aus der Ruh*
  *und alle andern noch dazu.*
  *Kikeriki! Kikeriki!*

  (Aus der Schweiz)

- *Guten Morgen, ihr Beinchen!*
  *Wie heißt ihr denn? . . . .*
  *Ich heiße Hampel,*
  *ich heiße Strampel;*
  *und das ist Füßchen Übermut*
  *und das ist Füßchen Tunichtgut.*

  *Übermut und Tunichtgut*
  *gehen auf die Reise,*
  *platsch, durch alle Sümpfe,*
  *naß sind Schuh und Strümpfe;*
  *guckt die Rute um die Eck',*
  *laufen sie alle beide weg!*

  (P. Dehnel)

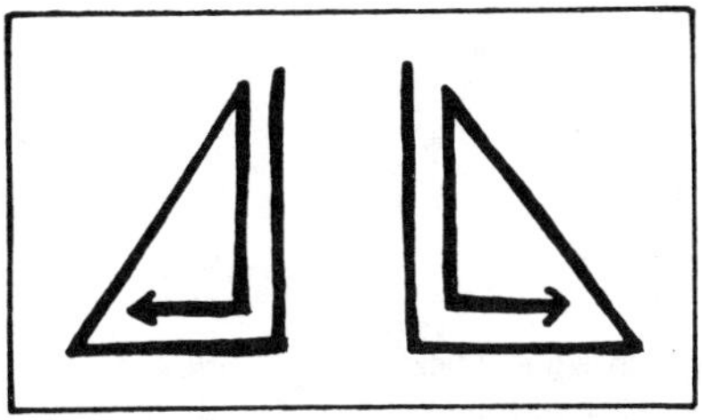

- *Eins, zwei, drei, vier, funf:*
  *ich suche meinen Srtumpf,*
  *Eins, zwei, drei, vier, fünfe:*
  *da sinds ja meine Strümpfe!*
  *Rechtes Bein und linkes Bein*
  *marsch! in euren Strumpf hinein.*

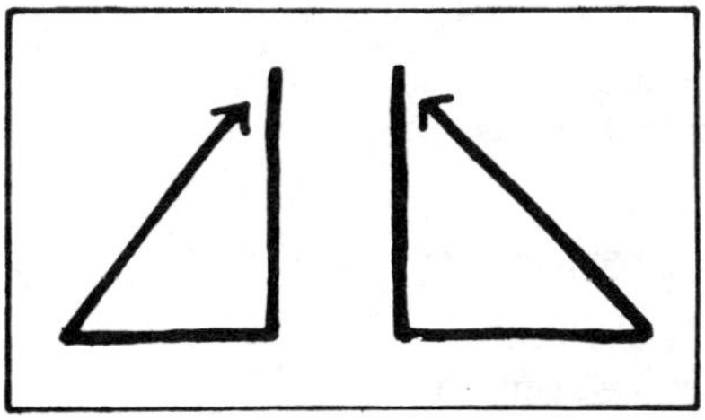

- *Dill, drall, droll,*
  *mein Körbchen, das ist voll.*
  *Kauft mir ab, ihr Leute!*
  *Schöne Blumen heute.*
  *Könnt sie billig kriegen.*
  *Wollt ihr erst mal riechen?*

  (Volksgut)

**LITERATURANGABEN** (Auswahl)

**A. Sprechen und Bewegen:**

J. Cords u.a. „Übungskarten-Familiensport" Teil I und II
F. Dümmler-Verlag, Bonn

R. Götte „Sprache und Spiel im Kindergarten"
Beltz Verlag, Weinheim und Basel

W. Löscher „kritzeln, schwingen, spuren"
Verlag Sellier GmbH, Freising

U. Möller u.a. „Sprachförderung, die Spaß macht"
Don Bosco Verlag, München

C. Krimm-von Fischer „Rhythmik und Sprachanbahnung"
Otto Maier Verlag, Ravensburg

A. Rössler u.a. „Die fröhliche Sprechschule"
C. Marhold Verlagsbuchhandlung, Berlin

W. Seyd „Sprache und Bewegung"
Neckar-Verlag, Villingen

S. Stöcklin-Meier „Sprechen und Spielen"
Otto Maier Verlag, Ravensburg

J. Wulff „Sprechfibel"
E. Reinhardt Verlag, München/Badel

W. Vater/Bondzio „Frühförderungs- und Entwicklungshilfen für behinderte Kinder"
Reha-Verlag, Bonn

W. Vater/Bondzio „Vom Laut zum Wort"
Reha-Verlag, Bonn

**B. Übungsmaterialien:**

A. Arndt u.a. „Das ist der Daumen Knudeldick"
Otto Maier Verlag, Ravensburg

E. Eisenberger „Wir wollen gute Sätze bauen" I.2. Teil
Jugend und Volk-Verlag, Wien

P. Faulbaum „Sonniges Jugendland"
A. Zickfeldt-Verlag, Hannover

L. Grunwald „Bildersprachbuch"
Verlag G. Dokter, Weissenthurm

„Bilder-Sprach-Geschichten"
Verlag G. Dokter, Weissenthurm

E. Meinerts „Ritze, ratze, fertig ist die Miezekatze
C. Bertelsmann Verlag, München

E. Schaar „Auch ich lerne sprachen"
Ricke-Verlag, Nürnberg